Allzeit gute Reise!

Museumsbahnen und Eisenbahnmuseen
in Baden-Württemberg und Bayerisch-Schwaben

Korbinian Fleischer

Allzeit gute Reise!

Museumsbahnen und Eisenbahnmuseen
in Baden-Württemberg und Bayerisch-Schwaben

www.bvd.de

Bibliografische Information der Deutschen Bibliothek
Die Deutsche Bibliothek verzeichnet diese Publikation in der
Deutschen Nationalbibliografie; detaillierte bibliografische Daten
sind im Internet über http://dnb.ddb.de abrufbar.

© 2010 by Biberacher Verlagsdruckerei GmbH & Co. KG

Texte und Fotos: Korbinian Fleischer
Karten: Ralf Paucke

Herstellung und Verlag:
Biberacher Verlagsdruckerei GmbH & Co. KG,
88400 Biberach, Leipzigstraße 26

1. Auflage · ISBN 978-3-933614-56-8

Vorwort

Es gibt keine Region in Europa, die eine höhere Dichte an Museums- und Touristikbahnen zu bieten hat als der deutsche Südwesten. Jede dieser Bahnen ist einzigartig: in der Streckenführung und in den eingesetzten Fahrzeugen, die teils seit über 100 Jahren in Betrieb sind und oftmals schon immer auf ihrer Stammstrecke verkehren. Die Strecken verlaufen teils abenteuerlich durch unsere Mittelgebirge oder durch Täler und Ebenen. Hinter jeder Bahn steckt ein Kern aktiver Museumsbahner, die in ihrer Freizeit und teils mit hohem finanziellen Einsatz dafür sorgen, dass „ihre" Bahn am Leben bleibt. Damit leisten die Museumsbahner und ihre Vereine nicht nur einen wichtigen Beitrag zur Erhaltung historisch wertvoller Technikgeschichte, sondern auch eine komplette Verkehrs-infrastruktur, die eines Tages auch wieder mit modernen Zügen befahren werden kann. Teilweise ist dies sogar schon der Fall. Auch die Option „Güter auf die Bahn" bleibt erhalten und wird teilweise schon rege genutzt. Nutzen Sie diesen Reiseführer und besuchen Sie unsere Museumsbahnen – gleich am Sonntag!

Ideal eignen sich die Bahnen für Vereinsausflüge, Betriebsausflüge oder den klassischen Familienausflug mit Kindern oder Enkeln. Meist sind die historischen Bahnen sehr gut an den öffentlichen Nahverkehr angeschlossen, so dass Sie auch Ihrem Auto einen freien Tag gönnen können.

Gute Fahrt wünscht Ihnen

Korbinian Fleischer

Inhalt

Eisenbahnmuseen & Sammlungen

Denkmalloks

Farberklärung Museumsbahnen (ab S. 20):

🟨 = Baden

🟧 = Bayerisch-Schwaben

🟥 = Württemberg

Die Museumsbahnen

Die Anfänge

Die Anfänge der Eisenbahnen finden sich im englischen Bergbau. Dort wurden zu Beginn des 19. Jahrhunderts erstmals Pferde durch Dampfwagen ersetzt, die jedoch zunächst wenig zuverlässig und recht leistungsschwach waren.

Erst mit der Dampflokomotive „Rocket" von Robert Stephenson kam 1825 der Durchbruch der neuen Technik. Damit wurden die Weichen für den Siegeszug eines Verkehrsmittels gestellt, welches das Leben der Menschen im 19. Jahrhundert in ähnlichem Maße veränderte, wie die letzten Jahre die zunehmende Nutzung von Internet und Mobilfunk. Die Entwicklung des neuen Verkehrsmittels hatte eine solche Dynamik, dass bereits am Ende des 19. Jahrhunderts die Eisenbahnnetze Europas fast vollendet waren.

Für die Entwicklung unserer modernen Gesellschaft waren die Transportmöglichkeiten der Eisenbahn eine der Voraussetzungen. Geprägt wurde das Bild der frühen Bahn überwiegend durch die mächtigen Dampflokomotiven, die auch heute noch bei vielen Menschen mit dem Begriff Eisenbahn untrennbar verbunden sind.

Regelmäßig wurden und werden ältere Fahrzeuge durch modernere Fahrzeuge ersetzt. Während bis zum Zweiten Weltkrieg kaum Altfahrzeuge der Nachwelt erhalten blieben, begann mit dem einsetzenden Ende der Dampfloks ein Bewusstseinswandel. Die alten vertrauten Dampfloks wurden mehr und mehr durch Diesel- und Elektrolokomotiven ersetzt.

Als 1976 die letzten Dampfloks aus dem regulären Dienst bei der Deutschen Bundesbahn verschwanden, war der Strukturwandel vollzogen. Diejenigen Eisenbahnfahrzeuge, deren technische Entwicklungslinien bis in die Frühzeit dieses Verkehrsmittels reichten, waren endgültig von ihren modernen Nachfolgern in Gestalt von Diesel- und Elektrolokomotiven verdrängt. Die seit den 60er-Jahren erkennbare Situation war für einige Eisenbahninteressierte die Aufforderung zum Handeln, da im Bereich der öffentlichen Museen und der Bahnverwaltungen erhebliche Defizite in Bezug auf die Vielfalt des zu Erhaltenden offenbar wurden. Um die Erinnerung an diesen wichtigen Teil unserer Industrie- und Verkehrsgeschichte zu bewahren, gründeten sich Vereinigungen auf ehrenamtlicher Basis, die durch den Erwerb ausgemusterter Fahrzeuge Sammlungen zur Eisenbahngeschichte aufbauten, die heute in ihrer Gesamtheit den Bestand der öffentlichen Institutionen weit übersteigen. Nachdem anfangs die Priorität klar bei den Dampfloks lag, kamen in den nachfolgenden Jahren auch historische Waggons sowie Diesel- und Elektroloks in den Bestand von privaten Eisenbahnsammlungen.

Eine Museumsbahn ist eine richtige Eisenbahn

Bis eine Museumsbahn oder ein Museumszug ihren Betrieb aufnehmen kann, sind zahlreiche Hürden zu meistern: Angefangen beim ausgebildeten und geprüften Personal, über die betriebsbereiten und geprüften Fahrzeuge bis hin zur Bahnstrecke gibt es Auflagen zu erfüllen. Die Länderverkehrsministerien sind als Genehmigungs- und Aufsichtsbehörde für die Genehmigung und Überwachung der Eisenbahnen zuständig. Als oftmals eigene Eisenbahnunternehmen sind Museums- oder Touristikbahnen stets für die Sicherheit ihres Betriebes selbst verantwortlich. Egal, ob eine Museumsbahn nur Fahrzeuge oder auch eine eigene Strecke betreibt, benötigt sie einen Betriebsleiter, der die Betriebssicherheit gegenüber den Mitarbeitern, Fahrgästen und Anwohnern zu verantworten

hat. Bei der großen Verantwortung des Betriebsleiters sind die hohen Anforderungen nach einer umfangreichen fachlichen Ausbildung und menschlicher Eignung verständlich. Erst nach einer Prüfung bestätigt die Aufsichtsbehörde den Betriebsleiter. Für den Betrieb der Museumsbahnen gelten daher die gleichen Regeln und Anforderungen wie für jede andere Eisenbahn. Im Wesentlichen sind dies das Allgemeine Eisenbahngesetz (AEG) und die ergänzenden Gesetze der Bundesländer sowie die darauf beruhenden Verordnungen und Vorschriften.

Mit der Bahnreform 1994 wurde die Möglichkeit geschaffen, auch ohne eigene Streckeninfrastruktur als Eisenbahnverkehrsunternehmen aktiv zu werden. Viele Museumsbahnen nutzen diese Möglichkeit und sind heute als Unternehmen selbstständig tätig. Teilweise werden von diesen Unternehmen, die meist mehrheitlich den Eisenbahnvereinen gehören, auch Güterverkehrsleistungen angeboten. Vor der Bahnreform verkehrten diese Bahnen meist unter der Betriebsführung einer nichtbundeseigenen Eisenbahn, die wegen ihrer eigenen Strecke über die erforderliche Genehmigung verfügte. Die nichtbundeseigenen Bahnen, auch „Privatbahnen" genannt, waren Anfang der 8oer-Jahre die Retter oder Geburtshelfer der jungen oder neugegründeten Museumsbahnen, da die Deutsche Bundesbahn mit dem Ende des regulären Dampfbetriebes ein Dampflokverbot auf ihren eigenen Strecken aussprach, das erst mit dem Jubiläum 150 Jahre Deutsche Eisenbahnen 1985 gelockert wurde. Neben den bei Privatbahnen untergekommenen Museumsbahnvereinen gab es auch schon immer eine Anzahl von Organisationen mit eigener Strecke, die ebenfalls als selbstständige nichtbundeseigene Eisenbahnen genehmigt waren. Die Organisationen der Museumszüge sind heute so vielfältig wie noch nie zuvor. Neben den gemeinnützigen Vereinen stehen oftmals ganze Bahngesellschaften, die sich zum Teil aus den Vereinen herausgelöst haben, aber meist im Mehrheitsbesitz der Vereine sind. Teilweise sind auch die Kommunen direkt an ihrer Museumsbahn beteiligt, sei es in einem Zweckverband oder als Gesellschafter einer GmbH. Aber auch die ursprüngliche Organisation in Form eines Vereins in Obhut einer „fremden" Bahngesellschaft hat bis heute überlebt.

Die Arbeiten hinter den Kulissen

Rund 1000 aktive Museumsbahner gibt es in Baden-Württemberg und Bayerisch-Schwaben. Neben den Aktiven haben die Vereine im Regelfall zwei Drittel passive Mitglieder, die sich fördernd für die Ziele einsetzten, sei es durch Lobbyarbeit oder finanzielle Zuwendungen. Der Arbeitsmarkt bei den Bahnen ist sicher mit Vereinigungen in anderen Bereichen vergleichbar, die hauptsächlich mit ehrenamtlichem Personal arbeiten. Je mehr Aktive, desto mehr Aktivitäten können durchgeführt werden. Ob ein alter Personenwagen restauriert werden kann oder nicht, hängt in erster Linie davon ab, ob sich Menschen finden, die sich tatkräftig daran beteiligen. Den Hobby-Eisenbahner schlechthin gibt es jedoch nicht. Je nach Interesse sind die Mitarbeiter, wie im Berufsleben, in unterschiedlichen Bereichen tätig.

Die Vielfalt bei den Vereinigungen trägt dazu bei, dass für jeden Interessierten ein Arbeitsumfeld gefunden werden kann, in dem er sich einbringen kann. Karl Bergmann von den Ulmer Eisenbahnfreunden hat die Vielfalt einmal wie folgt formuliert: „Die Betriebseisenbahner der Museumsbahnen – Lokführer, Heizer, Zugführer, Schaffner, Rangierer usw. – müssen vor ihrem Einsatz festgelegte Ausbildungsgänge durchlaufen und Prüfungen ablegen. Sie müssen sich regelmäßig fortbilden und unterliegen wie andere Eisenbahner auch einer turnusmäßigen gesundheitlichen Überprüfung. Eine besondere Bedeutung kommt schließlich den Lokführern zu. Die meisten, der heute bei Museumsbahnen tätigen Lokführer, haben ihre Befähigung nicht mehr bei Reichs- oder Bundesbahn erworben, sondern bei einer Museums- oder Touristikbahn erlernt.

Die meiste Arbeit im Gleisbau, in Lok- und Waggonwerkstatt sowie im Fahrbetrieb erfolgt ehrenamtlich. Die schweißtreibende Schufterei am Wochenende gleicht das Stillsitzen am Schreibtisch aus. Junge Menschen sammeln unter der Anleitung Älterer praktische Erfahrungen. So mancher erfüllt sich den Jugendtraum vom Lokführer. Teamgeist und Kollegialität sind gefordert. Gute Zusammenarbeit ist für den Eisenbahnbetrieb unumgänglich. Die Vereine sind längst keine reinen Männervereine mehr.

Im Lauf der Jahre entwickelten sich diese zu richtigen Familienvereinen, in denen sich die Freundinnen, Ehefrauen und Kinder der Museumsbahner nützlich machen. Heute kommen sogar junge Frauen zum Kohlen schippen, Schwellen schleppen und Fahrkarten knipsen, auch ohne männliche Begleitung. Die Vielfalt der Mitarbeiter ist ungebrochen, so dass das Staunen der Besucher und Fahrgäste groß ist, wenn sich Schaffner, Lokführer oder Heizer als Arzt, Werkzeugmacher, Rechtsanwalt, Kraftfahrer, Ingenieur oder Pfarrer und oft als Schüler, Lehrling oder Student zu erkennen geben."

Viel Geld

Nicht nur der ideelle und kulturhistorische Wert ganzer Eisenbahnsammlungen spielt bei Museumsbahnen eine bedeutende Rolle: Die reinen Unterhaltungskosten, wie zum Beispiel die Hauptuntersuchungen an Loks und Wagen, sind oftmals trotz des hohen Anteils an Eigenleistungen unbezahlbar. Eine Hauptuntersuchung an einer Dampflok kostet ohne größere Reparaturen rund 200 000 Euro, wenn sie von einer Fachfirma ausgeführt wird. Diese Hauptuntersuchung ist alle acht Jahre verpflichtend. In den Jahren nach der Hauptuntersuchung müssen Rücklagen für die kommende Untersuchung gebildet werden, damit die Lok erneut acht Jahre in Betrieb stehen kann. Oftmals ist das Einstellen von Rücklagen jedoch schwer, da die Sonderfahrten selbst gar nicht kostendeckend durchgeführt werden können. Ernorme finanzielle Belastungen treten auch im Gleisbau und bei der Unterhaltung einer Bahnstrecke auf: Einen Bahnübergang zu erneuern, kann mit bis zu 70 000 Euro zu Buche schlagen. Diese Kosten versuchen die Bahnbetreiber durch Spenden und Unterstützung der Gebietskörperschaften und natürlich durch den Fahrkartenverkauf aufzubringen. Leider versagt die DB AG im Regelfall ihre Unterstützung. Meist verdient die DB AG durch Gebühren für die Benutzung von Gleisen, Bahnhöfen und Drehscheiben sogar Geld mit den Nostalgiefahrten der Vereine. Eine alte Diesellok oder E-Lok von der DB AG zu erwerben scheitert meistens an den Preisvorstellungen seitens der großen Bahn, die für eine alte, vom Staat finanzierte und längst abgeschriebene Rangierlok bis zu 70 000 Euro kassiert.

Streckenfreischnitt gehört zu den wichtigen Aufgaben beim Streckenunterhalt.

Gleise, Schwellen und Schotter: die Infrastruktur

Genauso wichtig wie die Fahrzeuge selbst ist die Infrastruktur der Bahnen. Neben der Bahnstrecke von A nach B sind dies die Bahnanlagen an den Bahnhöfen mit Bahnsteig, Wasserkran und Bekohlungsmöglichkeit. Für die Restaurierung einer Dampflok ist eine Grube von Vorteil. Zum Umsetzen der Dampflok im Endbahnhof von einem Zug-Ende zum anderen ist ein Umsetzgleis erforderlich. Gerade dieses fehlt bei modernisierten Zweigstrecken des Regelbetriebes oft, so dass eventuelle Züge dort als „Sandwich" gefahren werden müssen, mit je einer Lok vorne und hinten am Zug. Nachdem zwei Dampfloks sehr teuer wären, greift man hierbei oft auf eine alte Diesellok zurück. Ebenso gehören natürlich Bahnhöfe, Brücken und Tunnels, Bahnübergänge und der Lokschuppen zur Infrastruktur der

Bahn. All diese Anlagen müssen regelmäßig instand gehalten werden und werden auch von behördlicher Seite alle Jahre auf Mängel überprüft. Eine Bahnstrecke verschlingt neben viel Geld auch einiges an Aufwand für die Pflege, und sei es nur der jährliche Rückschnitt der Vegetation oder das Entfernen des Grasbewuchses, was mechanisch oder chemisch möglich ist. Bei Dampfbetrieb benötigt man entlang der Strecke einen Brandschutzstreifen, der auch gemäht und gepflegt werden muss. Wald- und Böschungsbrände, die durch Dampflokomotiven verursacht werden, sind leider im Sommerhalbjahr keine Seltenheit. Wichtig im Frühjahr bei der Schneeschmelze und im Herbst bei Hochwasser ist der ordnungsgemäße Zustand der Durchlässe und Abflüsse unter den Bahngleisen. Gleis- und Weichenbauarbeiten sind ohne schweres Baugerät kaum durchführbar und deshalb sehr teuer. Dazu gehören der Tausch von verfaulten Schwellen, abgefahrenen Gleisen oder die Reparatur einer Weiche. Schienenbagger und entsprechende Baufahrzeuge sind für die Unterhaltung einer Bahnstrecke notwendig und müssen auch finanziert und unterhalten werden.

Loks und Wagen oder wie es so schön heißt: das Rollmaterial

Lokomotiven sind besonders wartungsintensiv, insbesondere, wenn sie nicht im täglichen Einsatz stehen und schon in die Jahre gekommen sind. Speziell Dampflokomotiven bedürfen der besonderen Pflege durch die Vereinsmitglieder, sollen sie doch als Imageträger fungieren und zudem immer ohne Probleme einsatzfähig sein. Ersatzteile müssen zum Teil selbst angefertigt werden. Besonders wichtig ist die zuverlässi-

ge Funktion, wenn die Züge auf Strecken verkehren, die auch noch von regulären Bahnen befahren werden. Ein Liegenbleiben auf freier Strecke kann schnell sehr teuer werden, wenn eine Abschlepplokomotive benötigt wird oder eine Fahrt ganz abgesagt werden muss. Nicht zu kurz kommen sollten die Waggons hinter historischen Zugmaschinen. Historische Plattformwagen aus der Zeit der Jahrhundertwende mit Holzaufbau oder sogenannte Donnerbüchsen aus den 30er-Jahren sind sicher die passenden Fahrzeuge auf Nebenbahnen und sehr beliebt. Ohne „Balkonwagen" ist der Reiz einer Eisenbahnfahrt nur halb so groß. Ebenso wie Dieselloks bei Triebfahrzeugen stehen die geschlossenen Personenwagen, wie auch die Güterwagen im Schatten der beliebten Plattformwagen und haben daher leider schlechtere Chancen, auf einer Museumsbahn zu überleben. Güterwagen finden sich zur Fahrrad- und Gepäckbeförderung in den Zügen wieder.

Lebendige Eisenbahngeschichte

Museumsbahnen sind Eisenbahnen zum Anfassen. Sie zeigen ihre Objekte nicht nur als starres Eisen in sterilen Hallen, sondern in Bewegung und Betrieb. Organisiert sind die Bahnen überwiegend durch Vereine, deren Leistung durch die

Aufarbeitung einer Donnerbüchse.

ehrenamtliche Arbeit der Mitglieder erbracht wird. Als Teil der Freizeit- und Kulturindustrie der modernen Gesellschaft erfüllen die Museumsbahnen im Wesentlichen drei Aufgaben: Sie bewahren einen wichtigen Teil unserer Industrie- und Verkehrsgeschichte. Sie bieten Menschen Raum für sinnvolles Engagement ohne finanziellen Anreiz und fördern damit die Bereitschaft zu ehrenamtlicher Arbeit, verbunden mit der Möglichkeit zum Erwerb neuer Fertigkeiten für den Einzelnen. Dies ist besonders für Jugendliche von Bedeutung. Ihr Angebot bietet eisenbahninteressierten Menschen die Möglichkeit, sich durch einen Museumsbesuch oder eine Mitfahrt mit dem Objekt ihrer Leidenschaft zu beschäftigen.

Das Flair der Eisenbahnfahrten und -reisen vergangener Zeiten ist auch heute noch erlebbar. Passagiere, die in die 4.-Klasse-Wagen, in den Kleinbahnzug, in einen Salonwagen oder in den legendären Rheingold-Zug einsteigen, können bei den Museumsbahnen alle Formen des Reisens buchstäblich erfahren.

Museumsbahnen und Eisenbahnmuseen leisten mit ihren Sammlungen, ihrer Forschungsarbeit auf dem Gebiet der Eisenbahngeschichte und ihrem übergeordneten Ziel, der Bewahrung technik- und sozialgeschichtlicher Objekte und Überlieferungen, einen bedeutenden Beitrag zur Kulturgeschichte unseres Landes. Die klassischen staatlichen Eisenbahn- und Technikmuseen repräsentieren größtenteils als zentrale Museen alter Schule besonders ausgewählte Objekte, die so genannten „Meisterwerke der Technik".

Dagegen ist das Spektrum der privaten Museumsbahnen und Eisenbahnmuseen oft sehr viel weiter gefasst, von der Darstellung der Feld-, Schmalspur-, Privat- und Straßenbahnen geht es bis zu großen Sammlungen einzelner Bahnverwaltungen oder spezieller Fahrzeuggattungen.

Ein Defizit der klassischen Museen kann darüber hinaus sein, dass die Objekte außerhalb ihres normalen Umfeldes gezeigt werden, eine Präsentation von Fahrzeugen und Anlagen im Betrieb ist selten möglich. Bei den Museumsbahnen ist dagegen gerade der Betrieb der wichtigste Aspekt, die dazu notwendigen vielfältigen Anlagen und Einrichtungen müssen vorhanden sein und erhalten werden.

Durch die Übernahme von Strecken und Infrastruktureinrichtungen verfügen viele Bahnen inzwischen auch über umfangreiche Gleisanlagen, Gebäude und andere Objekte, die zusammen mit dem Fahrbetrieb und den Reparatur- und Restaurierungsarbeiten aktiv betriebene Freilichtmuseen bilden.

Anreise

Abgesehen von der Schweiz hat Deutschland eines der besten Nahverkehrsnetze weltweit. In den letzten Jahren wurden der Taktfahrplan und ein umfangreicher Wochenendverkehr zum Standard. Noch Mitte der 80er-Jahre wurden viele Bahnstrecken an den Wochenenden gar nicht oder nur mit einem Alibizugpaar bedient. Auf allen Strecken gibt es seit ein paar Jahren einen Taktverkehr, der in den meisten Fällen einen Stundentakt vorsieht: „Jede Stunde – jede Richtung" war einst der Slogan der Deutschen Bundesbahn für ihre InterCity-Züge. Heute gilt er im Regionalverkehr. Durch die vertakteten Züge ist eine Ab- und Anreise auch ohne Fahrplanstudium kurzfristig möglich. Hochmoderne Fahrzeuge, meist mit Niederflureinstieg und großen Abstellflächen für Kinderwagen und Fahrräder, sowie höchst attraktive Tarife fordern dazu auf, Gebrauch von diesen Angeboten zu machen.

Seit den 70er-Jahren ist das Bahnnetz in Süddeutschland allerdings auch um mehrere tausend Kilometer Bahnstrecke reduziert worden. Ganze Regionen sind heute von der Bahn abgeschnitten und am Wochenende oftmals nur mit Pkw oder Fahrrad erreichbar. Ja, mit dem Fahrrad: Viele Nebenbahnen wurden nämlich in „tourismusfördernde"

Rad- und Wanderwege umgebaut. Im Prinzip sollte der Bus die Eisenbahn in der Fläche ersetzen. Dieser wurde jedoch oftmals so schlecht angenommen, dass die Bedienung einzelner Ortschaften mit Linienbussen am Wochenende rasch eingestellt wurde. Wo aber heute Zugverkehr stattfindet, ist dieser sehr gut und kann uneingeschränkt empfohlen werden. Alle Museumsbahnen und alle Eisenbahnmuseen sind mit öffentlichen Verkehrsmitteln erreichbar. Eine Ausnahme gibt es: Die Härtsfeldbahn in Neresheim. Dort ist leider nur die Anreise mit dem Pkw möglich, selbst eine Fahrradtour vom Bahnhof Aalen oder Dillingen (Donau) ist nur für geübte Radler empfehlenswert.

Fahrpläne

Fahrplanauskünfte erhält man heute ganz bequem über das Internetportal www.bahn.de der DB AG. Dort sind nicht nur alle Bahnhöfe zu finden, sondern auch alle Bushaltestellen, die im Linienverkehr bedient werden. Bei den einzelnen Ausflugstipps wird jeweils der Zielbahnhof genannt, der mit einem regulären Zug angefahren werden kann.

Zusätzlich gibt es seit ein paar Jahren Fahrkartenautomaten, die neben dem Ticketverkauf auch Fahrplanauskünfte bzw. Reiseverbindungen ausgeben, die auch ausgedruckt werden können. Damit lässt sich auch im Fall eines verpassten Zuges oder von Verspätungen schnell eine Alternativverbindung finden. Auch an den Fahrkartenschaltern oder bei der kostenpflichtigen Telefonauskunft der DB AG unter 01 80/5 99 66 33 erhält man Fahrplanauskünfte. Das klassische Medium für Fahrpläne ist das gedruckte Kursbuch. Leider gibt es seit 2008 kein Kursbuch für Deutschland mehr. In Bayern und Baden-Württemberg sind aber für das jeweilige Bundesland Kursbücher erhältlich. Nicht zuletzt sei auch noch auf die gelben Abfahrtafeln auf den Bahnsteigen hingewiesen. Sie informieren über die Abfahrt der Züge. Beachten sollte man außerdem die Plakate und Hinweise von Max dem Maulwurf, dem Sympathieträger für baustellenbedingte Einschränkungen im Verkehr der Deutschen Bahn AG.

Tickets

Ein wahrer Tarifdschungel eröffnet sich dem Bahnnutzer in Deutschland. Selbst Profis verlieren bei Nutella-Ticket, Sparpreis oder Tricky-Ticket oftmals den Überblick. Leider gibt es auch keine einheitliche Regelung, die einzelnen Verkehrsverbünde regeln ihre Tarifangebote selbstständig. Überregional bieten sich natürlich Fahrkarten zum Normalpreis oder mit BahnCard 50 oder BahnCard 25 an, die jedoch oftmals deutlich teurer sind als regionale Angebote. Innerhalb von Verkehrsverbünden gibt es außerdem auf Fahrkarten im Regelfall keinen BahnCard-Rabatt, eine Ausnahme bildet z. B. der Karlsruher Verkehrsverbund.

Als überregionaler Fahrschein bietet sich das Baden-Württemberg-Ticket oder Bayern-Ticket (auch bis Ulm gültig) an, das für eine Gruppe bis zu fünf Personen an allen Fahrkartenautomaten in Baden-Württemberg und Bayern zu haben ist. Mit dem Baden-Württemberg- und Bayern-Ticket kann man von Montag bis Freitag alle Nahverkehrszüge des jeweiligen Bundeslandes ab 9 Uhr beliebig oft nutzen. Die Ländertickets gelten auch am Wochenende und stellen eine Alternative zum Schönen-Wochenende-Ticket dar, das nur benötigt wird, wenn man zwei Bundesländer befahren möchte. Nahverkehrszüge sind in Baden-Württemberg und Bayerisch-Schwaben die Zuggattungen

InterRegioExpress (IRE), Regional-Express (RE), RegionalBahn (RB) und S-Bahn (S). Zusätzlich gilt das Ticket natürlich auch in den Bahnen, die nicht von der Deutschen Bahn betrieben werden. Das wären die Züge der Württembergischen Eisenbahngesellschaft (WEG), der Hohenzollerischen Landesbahn (HZL), der Südwestdeutschen Eisenbahngesellschaft (SWEG), der Schweizer Bundesbahnen (SBB), der Ortenau-S-Bahn (OSB), der Breisgau-S-Bahn (BSB), der Bayerischen Regiobahn (BRB) und dem Allgäu-Express Alex (ALX). Teilweise gilt das Ticket auch im Linienbus und in Straßenbahnen.

Am Wochenende gelten die Ländertickets ohne Zeitbeschränkung. Für Alleinreisende bietet sich das jeweilige Single-Ticket an. In den einzelnen Verkehrsverbünden gibt es weitere Angebote, die jedoch aufzuzählen, ließe den Rahmen dieses Büchleins sprengen. Informieren kann man sich am besten an den jeweiligen Fahrkartenautomaten bzw. den Informationsvitrinen.

Züge

Modernes Zugmaterial ist inzwischen zum Standard im öffentlichen Nahverkehr geworden. Moderne Doppelstockwagen oder spurtstarke Diesel- oder Elektrotriebwagen mit Niedereinstieg erfreuen den Bahnreisenden. Sprichwörtlich auf der Strecke geblieben ist die „alte Eisenbahn" mit Fenstern zum Öffnen und quietschenden Bremsen. Dafür gibt es heute die Museumsbahnen. Teilweise jedoch sind die modernen Fahrzeuge gewöhnungsbedürftig; sei es die ruckartige Neigetechnik, die Züge schneller in Kurven verkehren lässt, oder das Klappern der Aschenbecher und Gepäckablagen oder das unangenehme Fahrgeräusch mancher Elektrotriebwagen.

Fahrradbeförderung

Außer beim ICE ist die Fahrradbeförderung in allen Zügen möglich. Teilweise verkehren sogar spezielle Radzüge mit größeren Fahrradwagen. Im Regelfall ist für das Fahrrad eine Fahrradkarte erforderlich, die am Automaten oder am Schalter erhältlich ist. In manchen Regionen gibt es Einschränkungen bei der Fahrradbeförderung unter der Woche, teilweise ist diese aber auch kostenlos. Leider gibt es keine einheitliche Regelung für Baden-Württemberg und Bayern. Zu beachten ist, dass die Fahrräder in die Züge selbst verladen werden müssen. Durch niedrige Einstiege ist dies aber auch problemlos möglich. Bei den Museums- und Touristikbahnen hilft das freundliche Personal gerne bei der Verladung. Weiterführende Informationen findet man unter www.bahn.de.

Museumsbahnen

Museumsbahnen

Museumsbahnen sind die Freilicht-museen der Eisenbahn: Hier kann man den Betrieb, wie er vor vielen Jahrzehnten ablief, erleben. Muse-umsbahnen sind Eisenbahnen zum Anfassen: Sie zeigen ihre Objekte nicht nur als starres Eisen in sterilen Hallen, sondern in Bewegung und in Betrieb. Heute verkehren Dampfloks in Baden-Württemberg und Baye-risch-Schwaben zusammen mit mo-dernen Stadtbahnen oder sogar dem ICE. Für Familien ist der Besuch ein preiswertes und für die Kinder abwechslungs- und lehrreiches Vergnügen. Die Attraktion dabei ist immer, die Fahrzeuge im Betrieb zu erleben. Schließlich macht nichts das Reisen in vergangene Epochen so erfahrbar, wie die erlebte Fahrt in einem Fahrzeug aus jener Zeit. Viele Bahnen bieten auch familienbezo-gene Programme, wie zum Beispiel Nikolausfahrten oder einen Teddybä-ren-Express. Viele Kinder fahren zu solch einem Anlass zum ersten Mal in ihrem Leben mit der Eisenbahn. Die Fahrten mit einem historischen Zug zu attraktiven touristischen Zielen sind ein Angebot, das sich hauptsächlich an erwachsene Gäs-te richtet. Vorgestellt werden auch Tages- und Mehrtagestouren ins In- und Ausland. Charterfahrten anläss-lich von Hochzeiten, Geburtstagen, Betriebs- oder Vereinsausflügen ge-hören ebenfalls zum Angebot.

01 | (Augsburg–)Gessertshausen–Markt Wald(–Türkheim Bf.)

Die Staudenbahn

1991 wurde der Personenverkehr auf der Staudenbahn zwischen Gesserts-hausen und Markt Wald eingestellt. Der Güterverkehr konnte noch bis zum Jahr 1996 bis Markt Wald erhalten werden. Inzwischen gehört die Strecke Gessertshausen–Markt Wald den Anliegergemeinden, der Abschnitt Markt Wald der Betriebsgesellschaft Stauden mbH. An ausgewählten Sonn- und Feiertagen verkehrt ein Ausflugszug ab Augsburg nach Markt Wald.

DIE STRECKE

Anfang der 90er-Jahre wurde die Strecke Ulm–München im Bereich des Bahnhofs Gessertshausen neu trassiert, um die Fahrtgeschwindig-keit erhöhen zu können. Aus diesem Grund verkehren die Ausflugszüge der Staudenbahn, die in Augsburg beginnen, heute auch vom neuen Bahnhof aus, der sich rund 100 Me-ter vom alten Bahngelände entfernt befindet. Der alte Bahnhof steht heute etwas verloren am Ortsrand.

Die Strecke verlässt die Hauptbahn in einer großen Südkurve und führt anschließend gerade auf den Hal-tepunkt Margertshausen zu. Durch Wiesen und Wälder, vorbei an der Holzverladestation, erreicht der Zug den Bahnhof Fischach, den Betriebs-mittelpunkt der Strecke. Gleich hin-ter dem Bahnhof folgt die Stahlbrü-cke über die Schmutter. Als nächster Haltepunkt kommt Wollmetshofen mit dem Schloss Elmischwang, das man vom Zug aus sieht.

20

Der nächste Bahnhof ist Langen-neufnach. Das Flüsschen Neufach wird überquert und die Bahn passiert den Haltepunkt Gumpenweiler und erreicht Walkertshofen mit seinem sanierten Bahnhofsgebäude. Spätestens in Reichertshofen wird man an Ludwig Thomas Lokalbahn erinnert. Nun folgt Mittelneufnach und Oberneufnach, bevor der Endbahnhof Markt Wald im Ortsteil Anhofen erreicht wird. Nun muss die Lok zur Rückfahrt ans andere Zugende umsetzen. Die Strecke der Staudenbahn führt noch weiter bis zum Bahnhof Türkheim (Bayern) an der Strecke Memmingen–Buchloe. Während der rund sieben Kilometer lange Abschnitt bis Ettringen brachliegt und von Büschen und Bäumen überwuchert ist, wird der Abschnitt Ettringen–Türkheim im Güterverkehr durch die Firma Gebr. Lang Papierfabrik genutzt. Dieser Streckenabschnitt wurde 2009 von der BBG Stauden erworben.

GESCHICHTE

Gebaut wurde die Staudenbahn als Staatsbahn in den Jahren von 1908 bis 1912. Die Eröffnung erfolgte in mehreren Abschnitten. Gebaut wurde von beiden Seiten, von Türkheim und von Gessertshausen aus. Der Lückenschluss zwischen Markt Wald und Fischach erfolgte 1911 über Langenneufnach. Die gesamte Streckenlänge beträgt 42 Kilometer. Die verbliebene Strecke Gessertshausen–Markt Wald mit neun Zwischenhalten hat eine Länge von 27 Kilometern. 1982 wurde der erste Streckenabschnitt Ettringen–Markt Wald für den Gesamtverkehr stillge-

Soeben den Bahnhof Fischach verlassen hat Lok V 126 der Bayerischen Oberlandbahn, die aushilfsweise auf der Staudenbahn im Einsatz war.

legt, nachdem er über Jahre hinweg nur noch notdürftig instand gehalten worden war. Seitdem ist das Teilstück Markt Wald–Ettringen der Natur überlassen und zugewachsen. Der letzte Personenzug fuhr 1987 zwischen Ettringen und Türkheim. Heute findet in diesem Abschnitt nur noch Güterverkehr statt. Dank der wegweisenden Entscheidung der Papierfabrik Gebr. Lang in Ettringen, einen neuen Gleisanschluss direkt ins Werk zu legen, ist der Güterverkehr in diesem Abschnitt nachhaltig gesichert. 1991 wurde schließlich auch der Personenverkehr zwischen Gessertshausen und Markt Wald eingestellt. Zuvor war, wie bei der Deutschen Bundesbahn üblich, das Fahrplanangebot systematisch verschlechtert worden. Zwischen Markt Wald und Augsburg gab es am Schluss nur noch ein Zugpaar. Zusätzlich zum mageren Fahrplanangebot wurden alte, heruntergekommene Schienenbusse eingesetzt, nachdem die Akkutriebwagen aus Augsburg ausgemustert worden waren. 1996 kam auch das Ende des Güterverkehrs im Abschnitt Fischach–Markt Wald. Um die Strecke zu erhalten, wurde das Aktionsbündnis „Staudenbahn hat Zukunft" unter Beteiligung aller Anliegergemeinden gegründet, das mit der Staudenverkehrs-Gesellschaft mbH den Ausflugs- sowie den Güterverkehr betreibt. Die Infrastruktur betreibt

die Bahnbetriebsgesellschaft Stauden mbH. In der Diskussion befindet sich seit Jahren die Wiederaufnahme des Personenverkehrs im Rahmen des S-Bahn-Netzes Augsburg.

FAHRZEUGE

In den letzten Jahren waren die verschiedensten Fahrzeuge auf der Staudenbahn im Einsatz. Alle bisher eingesetzten Fahrzeuge stammen von den Österreichischen Bundesbahnen und bringen damit das Flair österreichischer Nebenbahnen

Fahrradverladung in Fischach.

der 80er-Jahre in die Stauden. Im Vergleich zu den Fahrzeugen der deutschen Eisenbahnen sind diese Fahrzeuge immer etwas bequemer. 2010 besteht der Staudenbahn-Ausflugszug aus einer Diesellok der Baureihe 2143 und mehreren Personenwagen sowie einem Gepäckwagen. Die Dieselloks der Baureihe 2143 wurden von 1964 bis 1977 für die nicht elektrifizierten Strecken der Österreichischen Bundesbahnen bei Simmering-Graz-Pauker gebaut. Die Loks haben eine Leistung von 1115 kW. Jede Lok hat eine Heizanlage für die Versorgung von Personenwagen mit elektrischem Strom. Der Fahrmotor wird mit Druckluft gestartet, wofür die Maschinen ein Dieselhilfsaggregat besitzen. Zwei Loks der Staudenbahn haben jedoch einen elektrischen Starter. In Österreich werden die Maschinen durch neue Loks der Baureihe 2016 „Herkules" ersetzt und gelangen so zu diversen Privatbahnen, die die zuverlässigen Maschinen gerne weiter benutzen.

Die Personenwagen, so genannte Schlierenwagen, wurden seit 1965 ebenfalls von den österreichischen Bundesbahnen beschafft. Die Waggons sind das Gegenstück zu den deutschen „Silberlingen" und entsprechen den Schweizer Einheitswagen 1. Die Waggons werden „Schlierenwagen" genannt, weil die Schweizer Fahrzeuge ursprünglich in der Stadt Schlieren gebaut wurden. Die Fahrzeuge aus Österreich wurden ebenfalls bei Simmering-Graz-Pauker gebaut. Bei den Wagen mit ihren orangefarbenen Veloursbezügen lassen sich die Fenster komplett öffnen. Die Wagen, die im „Jaffa-Anstrich" in Blutorange lackiert wurden, fuhren ursprünglich überwiegend im Fernverkehr, auch mit internationalen Verkehren nach Deutschland, Schweiz und Italien. Seit der Auslieferung neuer Fernverkehrswagen in Österreich sind sie nur noch im Regionalverkehr im Einsatz.

IM EINSATZ

Die Züge verkehren nur im Sommerhalbjahr von Mai bis Oktober an ausgewählten Sonn- und Feiertagen. Es können Fahrtage kurzfristig abgesagt werden, wenn die Fahrzeuge der Staudenbahn in Bauzugdiensten unterwegs sind. Auf der Homepage www.staudenbahn.de findet man aktuelle Änderungen.

TICKETS

Im Ausflugszug sind nur die Fahrkarten der Staudenbahn gültig. DB/AVV-Fahrscheine haben in den Sonderzügen keine Gültigkeit! Alle Züge sind mit Fahrradbeförderung. Für die Stationen Neusäß und Diedorf wird um Voranmeldung gebeten, ebenso für Gruppen ab 20 Personen bzw. 10 Fahrrädern.

AUSFLUGSTIPPS

1 | Schnerzhofer Weiher

Rund zwei Kilometer sind es vom Endbahnhof Markt Wald entlang den stillgelegten Bahngleisen bis zum Schnerzhofer Weiher. Vom Bahnhof folgt man zuerst der Straße nach Markt Wald. Am Ortsende geht links die Fuggerstraße von der Hauptstraße ab. Diesem Weg folgt man bis zu einer Kreuzung mit zwei Gebäuden. Anschließend hält man sich immer links, bis nach wenigen Minuten bereits der Schnerzhofer Weiher in Sichtweite kommt.

Im Laufe der Zeit wurde der Weiher unterschiedlich genutzt. Viele Jahrzehnte stand die Teichwirtschaft, betrieben durch das Haus Fugger-Babenhausen, im Vordergrund. Im Sommer gönnen sich seit jeher zahlreiche Einheimische und Ausflügler ein erfrischendes Bad. Die Gemeinde Markt Wald pflegt eine Badewiese am östlichen Ufer. Ein Holzsteg und eine Wasserrutsche sind vorhanden. Allerdings handelt es sich um einen unbeaufsichtigten Badeplatz, an dem Zelten und nächtliches Feiern verboten sind. Eine Vielzahl von schützenswerten Tieren und Pflanzen, die auf der Roten Liste stehen, hat sich in diesem ökologisch wertvollen Gebiet angesiedelt. Auch einige Biberfamilien sind am Weiher zu finden. Gespeist wird der Weiher aus verschiedenen Bächen, vor allem von der Rotlache, weshalb in alten Wanderkarten oft der Name „Rotlach-Weiher" zu lesen ist.

2 | Christoph-Scheiner-Turm

Für einen Spaziergang speziell mit Kindern eignet sich ein Ausflug zum Christoph-Scheiner-Turm bei Oberneufnach. Zielbahnhof ist daher Oberneufnach. Der hölzerne Aussichtsturm wurde 1988 errichtet und befindet sich bei einer Grillstelle auf einem Hügel. An schönen Tagen bietet sich hier ein herrlicher Ausblick in die Stauden und in die Alpen. Der Turm ist nach dem Jesuitenpater Christoph Scheiner benannt, der 1573 in Markt Wald geboren wurde. Er war Astronom, erfand unter anderem den Pantografen (Storchschnabel), verbesserte das Fernrohr und erforschte die Sonnenflecken.

3 | Fahrradtour nach Fischach

In den Zügen der Staudenbahn besteht die rege genutzte Möglichkeit, das Fahrrad mitzunehmen. Zwar wird für den Ausflugszug eine

Durch die naturbelassene Landschaftsinsel Stauden fährt die Staudenbahn ihrem Ziel Markt Wald entgegen.

Fahrradkarte benötigt, dafür hilft auch das freundliche Personal beim Ein- und Ausladen der Fahrräder aus dem mitgeführten Gepäckwagen. Von Markt Wald eignet sich als Fahrradtour die Strecke bis nach Fischach, mehr oder weniger entlang der Bahnlinie, ganz besonders. Oftmals führt der ausgeschilderte Radweg auf verkehrsfreien Wegen, gelegentlich aber auch auf wenig befahrenen Straßen durch die Naherholungslandschaft Stauden. Leider ist die Gaststättenanzahl unterwegs recht gering, weshalb man sich genügend Proviant mitnehmen sollte. Am Zielort Fischach besteht dann die Möglichkeit zur Einkehr.

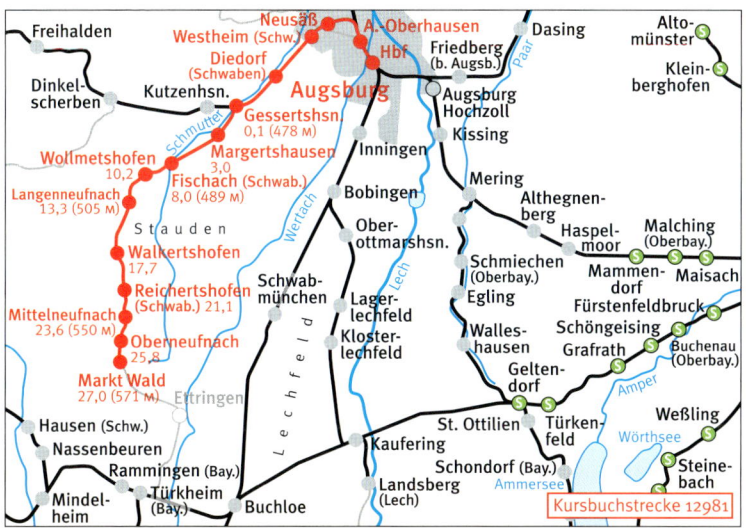

Eisenbahnnostalgie im Nördlinger Ries

Die ehemalige Reichsstadt Nördlingen war einst ein Eisenbahnknoten-bahnhof mit Strecken in (fast) alle Himmelsrichtungen. Wie es sich für einen Bahnknoten gehört, gab es dort auch ein Bahnbetriebswerk zur Wartung und Pflege der Fahrzeuge. Gäbe es das Bayerische Eisenbahn-museum Nördlingen (siehe Seite 275) mit der ihr angeschlossenen Bahn-gesellschaft BayernBahn GmbH nicht, wäre dies heute alles Geschichte, denn im regulären (Personen-)Verkehr ist Nördlingen heute nur noch ein mittlerer Durchgangsbahnhof an der Strecke Donauwörth–Aalen. Erhalten sind die Strecken Nördlingen–Dinkelsbühl–Dombühl (Romantische Schie-ne) und Nördlingen–Oettingen–Gunzenhausen (Seenland-Express).

DIE STRECKEN

Nördlingen–Dinkelsbühl–Dombühl (Romantische Schiene)

Die Strecke verläuft ab Nördlingen zunächst eben durch das Nördlinger Ries mit den Haltepunkten Waller-stein, Marktoffingen und Fremdin-gen, ehe sie durch den Oettinger Forst und Wilburgstetten langsam die Hochfläche der Frankenhöhe erreicht. Es folgen der Bahnhof Din-kelsbühl und der Haltepunkt Schopf-loch, ehe Feuchtwangen erreicht wird. Danach fällt die Strecke wieder ab und folgt dem Flüsschen Sulzach über Dorfgütingen und Vehlberg bis nach Dombühl, wo die Strecke Anschluss an die Hauptbahn Nürnberg–Crailsheim–Stuttgart findet. Die gesamte Strecke verläuft weitab von großen Straßen und schlängelt sich durch die abwechslungsreiche Landschaft. Kurze Aufenthalte in den kleinen Zwischenbahnhöfen lassen keine Langeweile aufkommen.

Nördlingen–Oettingen–Gunzenhausen (Seenland-Express)

Der Seenland-Express verbindet das Nördlinger Ries mit dem Fränkischen Seenland. Die Strecke verläuft fast geradlinig zwischen Nördlingen und Oettingen auf einem Bahndamm durch die flache Rieslandschaft. Der erste Bedarfshalt ist Dürrenzimmern, auf ihn folgt der einst wichtige Bahnhof von Oettingen. Nach dem Passieren des Bahnhofs überquert die Bahnlinie auf einer Brücke die

Wörnitz und schwenkt nach Norden ab. Die Strecke folgt dem Lauf der Wörnitz. Es folgen der Bedarfshalt Auhausen und der Bahnhof Wassertrüdingen. Die Landschaft verändert sich zunehmend, es wird hügeliger. Die Bahnstrecke hat das Ries nun verlassen und steuert über Unterschwaningen und Cronheim in Gunzenhausen den Endbahnhof der Museumsbahn an. Die Unterwegsbahnhöfe machen auf den Besucher einen morbiden und verlassenen Eindruck: Die Gebäude sind sehr vernachlässigt und die Bahnanlagen ungepflegt. Die Zeit scheint stehen geblieben zu sein, die Bahnhöfe haben ihre Bedeutung verloren. In Gunzenhausen besteht Anschluss zu den Zügen Richtung Nürnberg und Augsburg. Nur wenige hundert

Kurz vor dem Bahnhof Wilburgstetten überquert der Dampfzug aus Dinkelsbühl die Wörnitz.

Meter vom Bahnhof entfernt liegt der Altmühlsee.

GESCHICHTE
Nördlingen–Oettingen–Gunzenhausen (Seenland-Express)

Die Strecke Nördlingen–Gunzenhausen ist Teil des ersten bayerischen Staatsbahnkomplexes, der bayerischen Ludwigs-Süd-Nord-Bahn, die sich über 566 Kilometer von Lindau bis nach Hof in Oberfranken durch Bayern schlängelt. Die Süd-Nord-Bahn ist keine geradlinige Verbindung. Ziel der bayerischen Staatsbahnpolitik war es, möglichst viele Städte zu verknüpfen und gleichzeitig den erhofften Durchgangsverkehr von der Schweiz nach Mitteldeutschland lange auf eigenem Territorium zu halten. In insgesamt 14 Etappen wurde die Nord-Süd-Bahn eröffnet, zwischen Donauwörth und Oettingen (über Nördlingen) am 15. Mai 1849 und am 20. August 1849 bis nach Gunzenhausen. Durch den Bau weiterer Hauptbahnen verlor die Strecke jedoch ihre Bedeutung und hatte ab 1906 nur noch lokalen Charakter. Bis heute zeigt sich jedoch an den Bahnbauten und deren Ausführung die einstige Bedeutung dieser Strecke. Die Strecke war von Anfang an für den zweigleisigen Ausbau vorgesehen. Der lokale Güterverkehr war insgesamt schon seit jeher schwach. Im Personenverkehr hielt sich bis 1982 ein Eilzugpaar

Nördlingen–Nürnberg. Im Einsatz waren fast bis zum Ende des Personenverkehrs Akkutriebwagen der Baureihe 515. Am 29. September 1985 stellte die Deutsche Bundesbahn den Personenverkehr komplett ein. Ab 1995 wurde auch der Güterverkehr abschnittsweise eingestellt,

Mit Volldampf aus dem Bahnhof Wilburgstetten.

so dass die Strecke ab Mitte 1997 ohne Verkehr war. 1999 pachtete die BayernBahn Betriebsgesellschaft, das Eisenbahnverkehrsunternehmen des Bayerischen Eisenbahnmuseums, die Strecke langfristig von der DB, so dass ab Juni 2003 der Museumsbetrieb auf der Gesamtstrecke aufgenommen werden konnte.

Nördlingen–Dinkelsbühl–Dombühl (Romantische Schiene)

Nicht selten wurde diese Bahnstrecke als „Reichsstädtebahn" bezeichnet. Die 1876 und 1881 in Abschnitten eröffnete Bahn diente den Städten Dinkelsbühl und Feuchtwangen, die im Gegensatz zu Nördlingen beim Bau der Nord-Süd-Strecke leer ausgegangen waren. Allerdings waren aus den freien Reichsstädten des Mittelalters inzwischen einfache bayerische Landstädte ohne wirtschaftliche Bedeutung geworden. So wurde auch nur die Strecke Nördlingen–Dinkelsbühl als Hauptbahn ausgeführt, während der nördliche Abschnitt Dinkelsbühl–Feuchtwangen–Dombühl dann nach Vizinalbahnnormen (Nebenbahnnormen) erbaut wurde. Der Perso-

nen- und Güterverkehr entwickelte sich im Lauf der Jahre mäßig, da die Strecke durch dünn besiedeltes Gebiet führt. So verwundert es nicht, dass die Deutsche Bundesbahn den Personenverkehr 1985 „verkraftete" (so nannte man damals die Umstellung auf den Straßenbusverkehr). Der Güterverkehr Nördlingen–Wilburgstetten endete 1998, während er auf dem Abschnitt Wilburgstetten–Dombühl noch bis Dezember 2002 weitergeführt wurde. Die Anliegergemeinden bildeten einen Zweckverband, um die Strecke erhalten zu können. Dieser übernahm 1999 den Abschnitt Nördlingen–Wilburgstetten von der Deutschen Bahn AG. Den Abschnitt Wilburgstetten–Dombühl pachtete die BayernBahn langfristig von der DB. Am 8. Dezember

Im weiten Nördlinger Ries durchfährt der Seenland-Express in Kürze den Haltepunkt Dürrenzimmern.

2006 wurde eine 1,6 Kilometer lange Neubaustrecke bei Wilburgstetten zur Umfahrung des neuen Großsägewerks der Firma Rettenmeier in Betrieb genommen. Das Sägewerk wird auch durch die BayernBahn auf der Schiene versorgt.

Auf beiden Strecken kommen die gleichen Fahrzeuge des Bayerischen Eisenbahnmuseums zum Einsatz. Eingesetzt werden je nach Ankündigung im Fahrplan eine historische Schienenbusgarnitur der Baureihe VT 98, dem typisch roten Nahverkehrstriebwagen der Deutschen Bundesbahn, der bis in die 80er-

Zugbegleiter Sascha Christoph berät seine Fahrgäste.

Jahre in ganz (West-)Deutschland verbreitet war.

Außerdem wird ein aus Personenwagen bestehender Nahverkehrszug mit einer Bundesbahndiesellok der Baureihe V 100 oder V 60 auf den Museumsbahnen eingesetzt, was für die süddeutschen Museumsbahnen einmalig ist. Leider sind die Dieselzüge nicht so frequentiert wie die Dampfzüge, obwohl auch sie ihren Reiz haben. Hauptattraktion bleibt der Dampfzug, der mit einer Dampflok aus dem Eisenbahnmuseum Nördlingen gebildet wird. Alle eingesetzten Fahrzeuge stammen aus dem Bayerischen Eisenbahnmuseum Nördlingen (siehe Seite 275) und sind restauriert. Da beide Museumsbahnen Hauptbahncharakter

Am Endbahnhof wechselt die Lok das Zugende und es muss gekuppelt werden.

haben, sind sie ideale Strecken für die großen Schnellzug- und Güterzugdampfloks, wie zum Beispiel der 01 066, einer klassischen Schnellzuglok der 30er-Jahre. Stilecht eingesetzt werden dazugehörige Schnellzugwagen, die ebenfalls aus den 30er- und 40er-Jahren stammen. Die bayerische S 3/6 ist auch in Nördlingen zu Hause und war auch schon auf den beiden Strecken im Einsatz. Zur Zeit ist sie allerdings nicht betriebsfähig.

Das Rieskrater-Museum.

IM EINSATZ

Zu Leben erwachen die beiden Bahnstrecken an ausgewählten Sonn- und Feiertagen im Sommerhalbjahr, sowie die Strecke Nördlingen–Dombühl zum traditionellen Dinkelsbühler Weihnachtsmarkt.

TICKETS

Fahrkarten sind bei den Schaffnern im Zug und am Bahnsteig erhältlich.

AUSFLUGSTIPPS

1 | Historische Altstadt Nördlingen

Wenige Meter vom Bahnhof Nördlingen entfernt liegt die Altstadt inmitten ihrer noch komplett erhaltenen Stadtmauer. Sie beherbergt eine Fülle von liebevoll renovierten, prachtvollen Häusern aus dem Mittelalter und der Renaissance. Zwei

Sehenswürdigkeiten sind hervorzuheben: Das Rieskrater-Museum als geologisches Spezialmuseum, das ein zentrales Thema behandelt: die Entstehung von Einschlagkratern allgemein und besonders des Nördlinger Rieses. In einem aufwendig sanierten spätmittelalterlichen Scheunengebäude aus dem Jahre 1503 wird das kosmologische Ereignis mit seinen Auswirkungen dargestellt.

Kontakt:

Rieskrater-Museum: Eugene-Shoemaker-Platz 1, Tel. 0 90 81/ 2 73 82 20, E-Mail: rieskrater-museum@noerdlingen.de, Öffnungszeiten: Mai bis Oktober, Di–So 10–16.30 Uhr.

Die St.-Georgs-Kirche ist eine spätgotische Hallenkirche mit einem 89,9 Meter hohen Turm über dem Westportal, der auch „Daniel" genannt wird. 1427 wurde beschlossen, die St.-Georgs-Kirche zu bauen, 1451 konnte der Chor fertig gestellt werden und drei Jahre später wurde der Grundstein zum Kirchturm gelegt. Im Zuge der Reformation wurde die Kirche ab 1523/25 zur evangelischen Stadtkirche. Der „Daniel" bietet nach dem Erklimmen der 350 Stufen einen wunderbaren Ausblick über die Stadt und das Ries. 1539 wurde der Turm endgültig fertig gestellt. In der Turmstube wohnt seit jeher der Türmer, der über die Stadt zu wachen hat.

Info-Tel. 0 90 81 / 27 18 13.

2 | Dinkelsbühl

Etwas kleiner als in Nördlingen ist die Altstadt von Dinkelsbühl. Ein Spaziergang und der Besuch des Münsters St. Georg sind lohnenswert. Die mittelalterliche Altstadt mit ihren malerischen Gässchen und schmucken Gebäuden samt Befestigungsmauern ist sehr gut erhalten. Zwischen all den Fachwerkhäuschen gibt es unter anderem das Haus des Gitarrenbauers und das Haus des Scharfrichters zu entdecken. Sehenswerte Gebäude sind auch das Alte und das Neue Rathaus. Markant ist die versetzte Bauweise der Wohnhäuser, die von der Stadtmitte aus freie Sicht bis zum Stadttor ermöglichte, so dass in die Stadt kommende Händler und

Fremde bereits frühzeitig zu sehen waren. Für die Besichtigung der Altstadt zu Fuß sollte man rund zwei Stunden veranschlagen. Man kann sich aber auch auf einem Planwagen durch die Stadt kutschieren lassen und bekommt dann von einem Fremdenführer alles Wichtige erklärt.

Kontakt:

Touristik Service Dinkelsbühl, Altrathausplatz 14, 91550 Dinkelsbühl, Tel. 0 98 51/9 02-440, E-Mail: touristik.service@dinkelsbuehl.de.

3 | Altmühlsee: Seenland-Express

Der Altmühlsee diente ursprünglich primär technischen Zwecken, d. h. überschüssiges Wasser aus dem Kanal wird hier gespeichert und kann bei Bedarf über den rund neun Kilometer langen Überleiter – unter der Europäischen Hauptwasserscheide hindurch – zum Kleinen und Großen Brombachsee abgegeben werden. Inzwischen hat sich hier allerdings ein wahrer Ferien- und Freizeitpark entwickelt, der sämtliche Wassersportarten ermöglicht, und darüber hinaus noch viele andere Unterhaltungsmöglichkeiten.

Von 1976 bis 1984 wurde der See bei Gunzenhausen errichtet. Er ist 2,5 Meter tief, 3,5 Kilometer lang und 1,5 Kilometer breit. Im See befindet sich noch eine 1,2 km² große Vogelinsel. Um den See herum führt ein

12 Kilometer langer Ringdamm, auf dessen Krone ein Rad- und Fußweg angelegt wurde. Nahe dem Bahnhof Gunzenhausen befindet sich das Seezentrum Gunzenhausen-Schlungenhof. Dort besteht unter anderem die Möglichkeit, Tretboote auszuleihen. Die Saison geht von Ostern bis Mitte Oktober. Nähere Infos gibt Ihnen das Personal der Vermietstationen.

Kontakt:

Seezentrum Gunzenhausen-Schlungenhof, Tel. 0 98 31/8 05 05, www.altmühlsee.de.

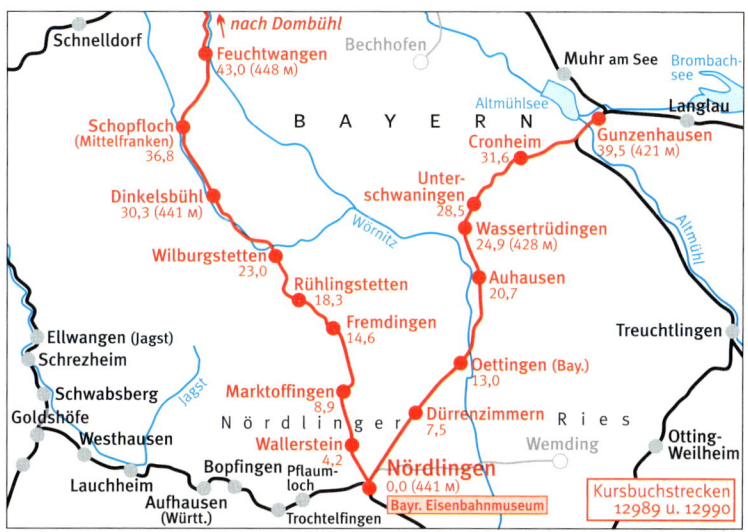

Anreise

Nördlingen liegt an der Bahnstrecke Aalen–Goldshöfe–Harburg–Donauwörth (Kursbuchstrecke 995) und wird im Stundentaktverkehr mit modernen Triebwagen der DB Regio bedient. Von Baden-Württemberg kommend ist das Baden-Württemberg-Ticket bis Nördlingen gültig. Die Anreise ist natürlich auch zu den Endbahnhöfen der Museumsbahnen möglich. Das wären im Fall des Seenland-Expresses der Bahnhof Gunzenhausen und im Fall der Romantischen Schiene der Bahnhof Dombühl. Achtung: Auch wenn der Bahnhof Dombühl nahe an der Landesgrenze zu Baden-Württemberg liegt, ist das Baden-Württemberg-Ticket nur bis Crailsheim gültig!

Kontakt

Bayerisches Eisenbahnmuseum, Postfach 1316, 86713 Nördlingen, Tel. 0 90 83/3 40 (Hr. Böhnlein), Fax 0 90 83/3 88, E-Mail: riesexpress@bayerisches-eisenbahnmuseum.de, www.bayerisches-eisenbahnmuseum.de.

Die „Schättere"

Quer über das Härtsfeld, von Aalen bis nach Dillingen an der Donau führte einst die Härtsfeldbahn. 1972 wurde sie stillgelegt und bald darauf komplett abgebrochen. Wenige Jahre danach erinnerte fast nichts mehr an diese lieb gewonnene Bahnlinie. Aber dann geschah etwas, das es in der Eisenbahngeschichte noch nicht gegeben hatte: Die komplett demontierte Strecke wurde durch den Verein „Härtsfeld-Museumsbahn" wieder zu neuem Leben erweckt.

DIE STRECKE

Der heutige Ausgangspunkt der Härtsfeldbahn ist Neresheim. Der Bahnhof liegt in der Mitte der ehemaligen Gesamtstrecke, rund 28 Kilometer vom ursprünglichen Ausgangspunkt Aalen entfernt. Neresheim war die Zentralstation der Bahn mit allen technischen Einrichtungen und der Verwaltung der Bahngesellschaft. Das Streckengleis der Härtsfeldbahn führt südwestlich am Lokschuppen entlang, geradeaus auf einem Bahndamm über den Klosteracker. Bei einer Baumgruppe an der heutigen L 2033 schwenkt die Bahn etwas ein, um anschließend die Straße mit einem Bahnübergang zu queren und weiter in Richtung des Flüsschens Egau abzusteigen. An der ehemaligen Steinmühle befindet sich heute ein Haltepunkt. Es folgt eine Stahlbrücke über die Egau, bevor das Gelände des ehemaligen Bahnhofs der Härtsfeldwerke erreicht wird. Bis 1965 befanden sich hier die Härtsfeldwerke Neresheim, der wichtigste Güterverkehrskunde der Bahn. Von nun an sind es nur noch 800 Meter bis zum Bahnhof Sägmühle, dem Endpunkt der Museumsbahn im Jahr 2010. Nach dem Bahnhof folgt die Strecke dem Waldrand in Richtung Iggenhausen, wo die neu errichteten Gleise schon liegen. Der Haltepunkt Iggenhausen liegt bei Kilometer 32,4. Einen Kilometer weiter folgt der Bahnhof Katzenstein, wo sich seit 1970 der künstlich angelegte Härtsfeldsee, der als Trinkwasserspeicher dient, befindet. Die ehemalige Trasse führt nun weiter nach Dischingen in etwa dort, wo sich heute die Landesstraße 2033 befindet, die noch vor Dischingen gekreuzt wird. Der Bahnhof Dischingen, der künftige Endpunkt der Strecke, gehört schon dem Museumsbahnverein und ist mustergültig renoviert.

GESCHICHTE

Die ursprüngliche Strecke der Härtsfeldbahn wurde in zwei Etappen erbaut. Der württembergische Streckenabschnitt von Aalen bis Ballmertshofen wurde 1901 eröffnet, die Weiterführung ins bayerische Dillingen erfolgte fünf Jahre später. Eigentümer der Nebenbahn war zunächst die Badische Lokal-Eisenbahnen-Gesellschaft, von der die Bahn im Jahre 1910 an die Württembergischen Nebenbahnen AG (Wüna) überging. Die Strecke erschloss bis zu ihrer Stilllegung 1972 das Härtsfeld auf der östlichen Schwäbischen Alb. Bereits 1956 wurde der unwirtschaftliche Betrieb mit Dampfloks auf moderne Dieseltriebwagen umgestellt. Für die Heidenheimer Firma Voith diente die Strecke gelegentlich zur Erprobung von Getrieben in unterschiedlichen Fahrzeugen, die ins Ausland geliefert wurden. Die Strecke war bis zu ihrem Ende eine beliebte Ausflugsbahn. Nach der Stilllegung der „Schättere", wie die schmalspurige Bahn im Volksmund hieß, wurden die Gleisanlagen vollständig demontiert und die Fahrzeuge verschrottet oder an andere Bahnen verkauft. Zwei der Dampflokomotiven konnten als Denkmal erhalten werden. Die Bahntrasse wurde teilweise in einen Rad- und Wanderweg umgewandelt. 1985 bildete sich der Verein „Härtsfeld-Museumsbahn" mit dem Ziel, die Härtsfeldbahn auf dem Abschnitt Neresheim–Dischingen als Museumseisenbahn zu reaktivieren. „Unmöglich" war noch die mildeste Bemerkung zu diesem Plan. Nach langen Vorarbeiten und einem fünf Jahre andauernden Planfeststellungsverfahren erfolgte 1996 der erste Spatenstich zum Wiederaufbau des ersten, drei Kilometer langen Teilstücks, welches dann 2001, zum 100. Geburtstag der Bahn, offiziell in

Betrieb genommen wurde. Seit 2002 findet in den Sommermonaten Fahrbetrieb mit dampflokbespannten Zügen und Dieseltriebwagen statt. Eine Verlängerung der Museumsbahn an den Härtsfeldsee befindet sich seit 2007 im Bau.

FAHRZEUGE

Die Sammlung der betriebsfähigen Fahrzeuge in Neresheim umfasst viele Originalfahrzeuge, die früher auf der Bahnlinie im Einsatz standen.

Die Dampflok Lok 12 wurde 1913 bei der Maschinenfabrik Esslingen gebaut und ist für die Beförderung der Museumszüge verantwortlich.

Der Triebwagen T 33 wurde von der Waggonfabrik Wismar 1934 an die Kleinbahn Bremen–Tarmstedt geliefert. 1956 übernahmen ihn die Württembergischen Nebenbahnen für die Härtsfeldbahn. In den Jahren 1961 bis 1964 erhielt er wie viele Fahrzeuge der Württembergischen Eisenbahngesellschaft bzw. der Württembergischen Nebenbahnen einen neuen Aufbau durch die Firma Auwärter. Nach der Stilllegung kam der Triebwagen noch als Ersatzteilspender auf der Strecke Amstetten–Laichingen (siehe Seite 46). Der Personenwagen HMB 1 stammt von der Stuttgarter Straßenbahn und war dort auf der Zahnradbahn „Zacketse" zwischen Degerloch und Marienplatz unterwegs (siehe Seite 189). Er ist seit der Wiedereröffnung der Bahn im Einsatz.

Ebenfalls seit 2006 im Einsatz ist der Personenwagen HMB 5, der von der Waggonfabrik Herbrand 1899 für die Strecke Mannheim–Käfertal–Heddesheim der Süddeutschen Eisenbahn-Gesellschaft geliefert wurde. Ein weiterer historischer Personenwagen ist der HMB 7. Er wurde für die Brünigbahn in der Schweiz von der Schweizerischen Industriegesellschaft in Neu-

Triebwagen T33 sammelt am Abend die letzten Besucher des Härtsfelds ein.

Vor der Kulisse des Benediktinerklosters Neresheim dampft die „Schättere" in Richtung Dischingen.

hausen im Jahr 1888 ausgeliefert. Ergänzt wird der Zug durch einen gedeckten Güterwagen und einen Niederbordwagen für den Fahrrad-transport. Für den Triebwagen T 33 ist noch ein passender Triebwa-genanhänger vorhanden. In Auf-arbeitung befindet sich noch der MAN-Schienenbus T 37. Ein normal-spuriges Exemplar davon verkehrt zwischen Hechingen und Eyach (sie-he Seite 240). Für Bauzugdienste steht die Diesellok D4 „Jumbo" zur Verfügung. Außerdem ist die Dampf-lok 11 als Denkmal aufgestellt. Sie ist eine der wenigen unter Denk-malschutz stehenden Lokomotiven in Deutschland.

IM EINSATZ

Die schmalspurige Härtsfeldbahn verkehrt an jedem 1. Sonntag in den Monaten Mai bis Oktober sowie an den Feiertagen im Mai und Juni. Immer am 2. August-Wochenende findet die Neresheimer Bahnhofho-ckete statt. Auch am Tag des Stadt-festes in Neresheim sowie am Tag des offenen Denkmals verkehren die Züge auf der Bahn. Dann hat auch der Bahnhof Dischingen geöffnet.

TICKETS

Die Zugfahrten auf der wieder aufgebauten Härtsfeldbahn waren ursprünglich als Ergänzung des Härtsfeldbahnmuseums in Neres-heim gedacht. Heute ist das Muse-um eine schöne Ergänzung der Mu-seumsbahn. Die Fahrkarten für den Zug erhält man am Schalter im Bahn-hof Neresheim. Für Familien gibt es eine Familienfahrkarte, für Vielfahrer eine Tageskarte, mit der alle Züge den ganzen Tag über mehrmals ge-nutzt werden können. Die Fahrkarten berechtigen auch zum Besuch des Härtsfeldbahnmuseums.

1 | Schauköhlerei im „Zwing"

Die Köhlerei im Naturschutzgebiet „Zwing" bei Neresheim ist eine Schauköhlerei. Sie möchte das alte Handwerk der Köhler interessierten Besuchern vermitteln und so dieses vor dem Aussterben bewahren. Ein Meiler brennt vier bis fünf Tage. Er wird auf einer kreisrunden, ebenen Bodenplatte mit einer mittigen Anhöhung von 20 cm, die das Schwitzwasser ableitet, aufgestellt. Die Kohlplatte hat einen Durchmesser von ungefähr sieben Metern. Die Holzscheite werden zum Mittelpunkt hin in zwei bis drei Ebenen aufgeschichtet und mit einer Luft abschließenden, feuerfesten Decke aus Heu, Gras, Laub und Erde abgedeckt. Für einen Meiler werden über 25 Raummeter Holz benötigt. Die fertige Holzkohle besteht aus fast reinem Kohlenstoff und hat die doppelte Brennkraft des Holzes. Sie kann beim Köhler auch erworben werden. Die Schauköhlerei ist ca. 1 Mal im Monat in Betrieb, in der Regel am ersten Wochenende. Sie ist von der Endstation Sägmühle aus über den Golfplatz Hochstatter Hof erreichbar. Der Weg ist ausgeschildert. Wanderer und Spaziergänger sind herzlich willkommen. Der Köh-ler ist an den Aktionswochenenden rund um die Uhr am Meiler anwesend.

Kontakt:
Marcus Waldinger, Dossinger Str. 21, 73450 Neresheim-Dorfmerkingen, Tel. 0 73 26/96 37 03, oder über die Tourist-Information Neresheim, Tel. 0 73 26/81 49.

2 | Kloster und Abteikirche Neresheim

Neresheim ist mit seiner Benediktinerabtei und seiner spätbarocken Klosterkirche von Balthasar Neumann überregional bekannt. Sie liegt erhaben auf dem Ulrichsberg und ist schon bei der Anfahrt mehrere Kilometer weit zu sehen. Der Zielbahnhof ist Neresheim, der ehemalige Zentralbahnhof der Härtsfeldbahn und das heutige westliche Ende der Strecke. Vom Bahnhof sind es nur wenige Meter zu Fuß bis zur Klosteranlage, die man immer im Blickfeld hat. Der Weg zum Kloster ist asphaltiert.

Die Abteikirche ist täglich von 9 Uhr bis 20 Uhr geöffnet. Im Zeitraum von Ostern bis zum 1. November gibt es täglich zwei Führungen durch die Abteikirche, Beginn ist jeweils um 11.15 Uhr und 15.15 Uhr. An Konzerttagen fällt die Nachmittagsführung aus. Die Dauer einer Führung beträgt 45 Minuten. Eine Gebühr wird nicht erhoben. Gruppen werden gebeten, sich schriftlich anzumelden. Auch das Klostermuseum kann im Rahmen einer Führung besichtigt werden.

Kontakt:

Bruder Wolfgang Aumer OSB, Benediktinerabtei, 73450 Neresheim, Tel. 0 73 26/85 01,
www.abtei-neresheim.de.

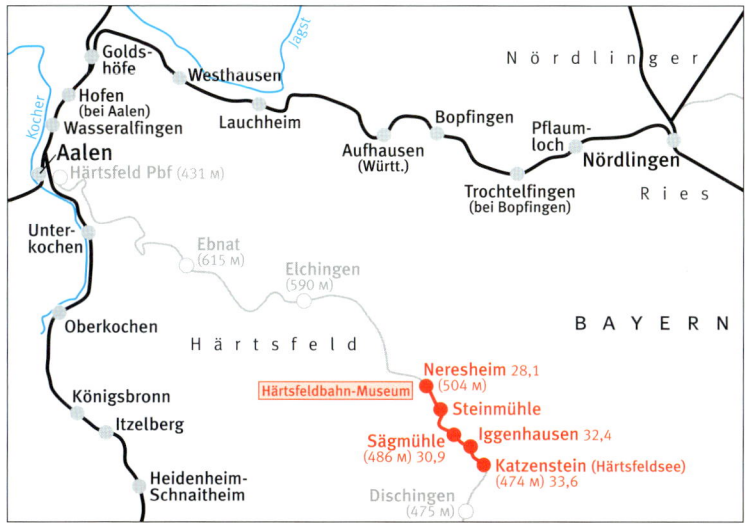

Anreise

Die Härtsfeldbahn ist die einzige Museumsbahn in Baden-Württemberg, die nicht mit dem Zug erreichbar ist. Mit dem Bus erreicht man Neresheim von Aalen. Abfahrt ist in Aalen am Busbahnhof vor dem Bahnhof auf Bussteig Nr. 7.
Die Anzahl der Busverbindungen nach Neresheim hält sich stark in Grenzen, an Sonn- und Feiertagen verkehrt der erste Bus erst am Nachmittag. Fahrplanauskünfte erhält man unter www.bahn.de (auch für den Bus). Zielhaltestelle ist Neresheim-Post, in Sichtweite des Bahnhofs. In den Bussen gilt der Tarif der Tarifgemeinschaft Ostalbmobil. Auch das Baden-Württemberg-Ticket ist in den Bussen

gültig. Natürlich ist Neresheim auch mit dem Fahrrad erreichbar. Allerdings bedarf es einer gewissen Kondition, um die steigungsreiche Strecke zu überwinden. Die ausgeschilderte Route mit dem Namen „HärtsfeldTour" führt vom DB Bahnhof Heidenheim-Schnaitheim, zwischen Aalen und Heidenheim gelegen, über Kleinkuchen nach Neresheim.

Kontakt

Härtsfeld-Museumsbahn, Betriebsstelle: Dischinger Straße 11, 73450 Neresheim, Geschäftsstelle: Postfach 9126, 73416 Aalen, Tel. an Betriebstagen: 0 73 26/57 55 oder 01 72/9 11 71 93, www.hmb-ev.de.

Auf der rauen Alb

An der berühmten Geislinger Steige gelegen, findet man die Gemeinde Amstetten, die bei Eisenbahnfreunden nicht nur wegen der Steilstrecke überregional bekannt ist. Bis 1985 war Amstetten ein kleiner Eisenbahnknotenpunkt. Die schmalspurige Bahnstrecke nach Laichingen und die normalspurige Strecke nach Gerstetten zweigten dort ab und boten der Bevölkerung auf der rauen Alb den Anschluss an die große Eisenbahn. 1985 wurde die Strecke nach Laichingen eingestellt, 1995 die Strecke nach Gerstetten. Während die Schmalspurbahn nur noch bis Oppingen als Museumsbahn in Betrieb ist, konnte die Lokalbahn nach Gerstetten komplett erhalten werden.

DIE STRECKE

Die normalspurige Nebenbahn Amstetten–Gerstetten startet im Lokalbahnhof Amstetten und wird heute durch die Sektion UEF Lokalbahn Amstetten–Gerstetten der Ulmer Eisenbahnfreunde betrieben. Amstetten hat seit dem Eisenbahnbau zwei Ortskerne: Der ursprüngliche Ort Amstetten-Dorf und der mit dem Bau der Hauptbahn Stuttgart–Ulm und seinen beiden abzweigenden Nebenbahnen entstandene Ort Amstetten-Bahnhof. Die Züge der Lokalbahn fahren nicht am eigentlichen DB-Bahnhof ab, sondern haben am Bahnhofsvorplatz ihren eigenen

Bahnsteig. Die Lokalbahn verlässt Amstetten in Richtung Osten durch den „Deutschen Wald". Es folgt die Stubersheimer Steige. Die Strecke gewinnt schnell an Höhe, bevor auf der in Fahrtrichtung linken Seite das ehemalige Bundeswehrdepot zu sehen ist. Hier ist die Dampflok 75 1118 der Lokalbahn untergebracht. Der Bundeswehr ist es zu verdanken, dass die Strecke in den 80er-Jahren überlebt hat. Am Ende der Steigung erreicht der Zug den Bahnhof Stubersheim. Von dort geht es über die Stubersheimer Alb, eine typische Kuppenalb, über Schalkstetten, Waldhausen nach Gussenstadt und Gerstetten. Im Endbahnhof befindet sich das Eisenbahn- und Riffmuseum im Bahnhofsgebäude, das an Fahrtagen geöffnet hat.

GESCHICHTE

1906 konnte der erste Teil der Strecke von Amstetten bis nach Gerstetten eröffnet werden. Zu einem geplanten Weiterbau der Strecke nach Herbrechtingen kam es jedoch nicht mehr. Für den Bahnbetrieb standen zwei Dampfloks in Gerstetten zur Verfügung, die heute nicht mehr erhalten sind. Bereits 1956 kam deren Ablösung in Form des Dieseltriebwagens T 05 der Waggonfabrik Fuchs. Dieser Triebwagen hatte einen Beiwagen und konnte auch Güterwaggons schleppen. Er war bis 1996 das Stammfahrzeug der Lokalbahn und

sollte eigentlich durch die Eisenbahnfreunde übernommen werden. Leider wurde er bei einem Unfall auf der Kochertalbahn Gaildorf–Untergröningen schwer beschädigt und später verschrottet. Der heute im Museumsverkehr laufende Triebwagen T 06 ist im Wesentlichen baugleich. Ab 1975 kamen erneut Dampfzüge auf die Lokalbahn: Die Ulmer Eisenbahnfreunde führten mit den Tenderdampflokomotiven 86 346 und 98 812 Sonderfahrten durch, aus denen sich ab 1982 regelmäßiger Museumsverkehr entwickelte. Die Württembergische Eisenbahngesellschaft versuchte in mehreren Anläufen, ab 1985 die Lokalbahn stillzulegen. Dank der Zuschüsse der Gemeinden und der

Mit einem Plattformwagen als Verstärkung passiert der Dieseltriebwagen T 06 die Stuberheimer Steige.

Der „Blaue Klaus" ist für alle Einsätze zu gebrauchen: Schneeräumfahrten, Sonderzüge, Güterverkehr oder einfach zum Rangieren.

Bundeswehr konnte der Betrieb jedoch aufrechterhalten werden. 1995 wurde dann schließlich zuerst der Personenverkehr, wenige Monate später auch der Güterverkehr eingestellt. Nach zunächst unsicherer Zukunft konnten die Ulmer Eisenbahnfreunde die Gleisanlagen und weitgehend auch Grund und Boden von den Gemeinden übernehmen.

FAHRZEUGE

Im regulären Museumsbahnverkehr stehen die Dampflok 75 1118 und ein Konglomerat verschiedener Plattformwagen unterschiedlicher Herkunft. Die Dampflok 75 1118 wurde 1921 von der Maschinenfabrik Karlsruhe erbaut und stand bis 1967 bei der Deutschen Bundesbahn unter Dampf. Sie ist die letzte Vertreterin der badischen VIc und war ursprünglich sogar bei der Berliner S-Bahn und in Mecklenburg im Einsatz. Die Personenwagen stammen von der Deutschen Bundesbahn (DB) und der Österreichischen Bundesbahn (ÖBB). Drei so genannte Spantenwagen, einer davon mit Gepäckabteil, wurden nach einem Unfall in Tegernsee kurzfristig von den Eisenbahnfreunden als Ersatz beschafft. Die Spantenwagen wurden in den 50er- und 60er-Jahren in St. Pölten in Österreich auf alten Fahrgestellen neu aufgebaut. Sie werden durch mehrere Donnerbüchsen der Bauart Bi 28 ergänzt, die teilweise von der ÖBB und der DB stammen. Als Ergänzung dient auch ein alter bayerischer Packwagen aus dem Jahr 1896. Auf der Lokalbahn ist ebenso die 98 812 zu Hause. Sie ist die erste Lokomotive der Ulmer Eisenbahnfreunde und ist aktuell nur rollfähig.

Im Triebwagenverkehr kommt der Dieseltriebwagen T 06 von 1956 zum Einsatz. Er stammt aus einer Serie von Triebwagen der Waggonfabrik Fuchs, die speziell für die Württembergische Eisenbahngesellschaft entwickelt wurde. Ergänzt wird die Fahrzeugvielfalt durch zwei blaue Werkslokomotiven, die bei der Firma Voith im Einsatz standen. Ebenso sind mehrere Güterwagen als mobile Lager vorhanden.

IM EINSATZ

Historische Dampfzüge und der historische Dieseltriebwagen T 06 verkehren von Mai bis Oktober an Sonn- und Feiertagen im Wechsel auf der Lokalbahn von Amstetten nach Gerstetten. Rund um den 6. Dezember finden Nikolausdampfzugfahrten statt, die oftmals bereits im August ausgebucht sind.

TICKETS

Im Dieseltriebwagen sind alle Regelfahrscheine gültig, wie zum Beispiel das Baden-Württemberg-Ticket, das Schöne-Wochenende-Ticket sowie die Tageskarten der Heidenheimer Tarifgemeinschaft (htv) und des DING-Verkehrsverbundes. Wer mit diesen Fahrscheinen zu den Dampfzügen reist, erhält beim Zugpersonal die Fahrkarten ermäßigt. Für den Dampfzug werden separate Fahrscheine benötigt, die im Vorverkauf im Internet oder beim Schaffner im Zug und auf dem Bahnsteig erhältlich sind. Für die Nikolausfahrten werden extra Fahrscheine benötigt, die zeitig vorbestellt werden sollten.

Raue Winter gab es nicht nur in alten Zeiten bei der Lokalbahn: 1978 und 1998 blieb auch der Museumsdampfzug im Schnee stecken.

1 | Wasserturm Gerstetten

Vom Endbahnhof Gerstetten sind es nur wenige Minuten Fußweg bis zum 40 Meter hohen Wasserturm des Zweckverbandes Wasserversorgung Ostalb, der die Hochlagen der Gemeinde Gerstetten versorgt. Bei guter Fernsicht bietet sich von der Aussichtsplattform ein Rundblick, der bis zu den Alpen reicht. Die Aussichtsplattform ist über einen Fahrstuhl zu erreichen. Sie befindet sich fast 700 m über dem Meeresspiegel.

Kontakt:
Geöffnet bei gutem Wetter an Sonn- und Feiertagen von 14–16 Uhr. Info-Tel. 0 73 23/64 10.

2 | Museum des Brauchtumsvereins Schalkstetten

Die Station zwischen Stubersheim und Waldhausen dient als Zielbahnhof für den Besuch eines kleinen, aber feinen Museums mit interessanten Exponaten. Betrieben wird das Museum vom „Verein zur Pflege des ländlichen Brauchtums Schalkstetten". Schon bei der Anreise mit der Museumsbahn spürt man das Flair der guten alten Zeit. Ob es wirklich immer die „gute alte Zeit" war, ist allerdings fraglich. Spannend war sie aus heutiger Sicht allemal wegen der beginnenden Mechanisierung

und Motorisierung der Landwirtschaft. Die Maschinen aus den Anfangstagen lassen sich heute noch in Schalkstetten im Original bestaunen. Das Museum ist jeweils an den Dampfzugfahrtagen der Museumsbahn und nach vorheriger Absprache geöffnet. Die Eintrittspreise sind gering. Inhaber einer gültigen Fahrkarte erhalten eine Ermäßigung.

Kontakt:
Hermann Eberhardt, Tel. 0 73 31/ 4 34 49, E-Mail: vorsitzender@schalkstetten.de.

3 | Wanderung entlang der Geislinger Steige

Vom Bahnhof Amstetten aus ist für Wander- und Eisenbahnfreunde eine Wanderung entlang der Geislinger Steige wirklich lohnenswert. Schöne Ausblicke auf die Bahnstrecke und die Stadt Geislingen im Talkessel krönen den an sich schon reizvollen Wanderweg. Die Tour ist rund sieben Kilometer lang und hat, außer dem Talabstieg nach Geislingen, keine größeren Steigungen. Nach dem Start am Bahnhof Amstetten geht man entlang der Bahnanlagen nordwärts, bis die Straße in die B 10 mündet. Rund 200 Meter folgt man nun der stark befahrenen Bundesstraße, bevor man nach Überquerung der Straße nach Schalkstetten die Ziegelhütte erreicht. Von nun an geht es auf der alten Bundesstraße bzw. einem Forstweg entlang der Bahnlinie. Beschildert ist der Weg Richtung Ödenturm/Helfenstein mit einem gelben Dreieck, das als Wegmarkierung dient. Über den Mühltalfels mit Ausblick auf die Geislinger Steige, den Ödenturm und die Burgruine Helfenstein erreicht man den Bahnhof Geislingen (Steige). Dort bestehen beste Bahnverbindungen in Richtung Stuttgart oder wieder zurück nach Amstetten (Fahrtrichtung Ulm). Achtung: Die IRE-Züge halten nicht in Amstetten.

Anreise

Die Anreise erfolgt über den Zielbahnhof Amstetten. Dort halten RB- und RE-Züge aus Richtung Stuttgart und Ulm im Stundentakt. Die Bahnstrecke Stuttgart–Ulm ist die Kursbuchstrecke 750. Gerstetten ist mit öffentlichen Verkehrsmitteln am Wochenende sehr schlecht erreichbar. Der Lokalbahnzug startet in Amstetten gegenüber dem DB-Bahnhof. Der Zugang ist ebenerdig und daher auch für Kinderwagen und Fahrräder geeignet. Im Triebwagenverkehr haben alle regulären Tarifangebote der DB Gültigkeit, auch das Schöne-Wochenende-Ticket und das Baden-Württemberg-Ticket. Im Dampfzug erhält man bei Vorlage dieser Fahrscheine einen Rabatt auf die Fahrkarten.

Kontakt

UEF Lokalbahn Amstetten–Gerstetten, Geschäftsstelle Familie Berka, Waldstraße 11, 89289 Pfaffenhofen-Roth, Tel. 0 73 02/63 06, www.uef-dampf.de.

Das Alb-Bähnle

Amstetten liegt am Scheitelpunkt der Geislinger Steige. Von Amstetten gehen zwei Nebenstrecken ab, die normalspurige Lokalbahn nach Gerstetten und die Schmalspurbahn nach Laichingen, die heute noch bis Oppingen als Museumsbahn in Betrieb ist.

DIE STRECKE

Das Alb-Bähnle startet am Bahnhof Amstetten (Württ.), am Scheitelpunkt der Geislinger Steige. Allerdings befindet sich der Bahnhof Amstetten und der dazugehörige Ortsteil Amstetten-Bahnhof nicht, wie oft vermutet, auf der Hochfläche der Schwäbischen Alb. Den eigentlichen Aufstieg auf die Albhochfläche vollbringen die beiden Zweigstrecken nach Oppingen und Gerstetten. Die Fahrt nach Oppingen zeigt dabei zwei herausragende Landschaftselemente der Schwäbischen Alb: Zum

einen ein enges Trockental und zum anderen die weite Kuppenalb auf der Höhe vor Oppingen. In Amstetten nimmt die Fahrt gegenüber dem Bahnhof der Hauptbahn ihren Ausgang. Das Alb-Bähnle rollt zunächst südlich, parallel zur Hauptbahn in Richtung Ulm und überquert dabei die Verbindungsstraße nach Amstetten-Dorf. In einem Bogen geht es in einem kurzen gesprengten Einschnitt durch eine Geländenase, deren helles Weißjuragestein die geologische Beschaffenheit der Alb sichtbar macht. Anschließend schwenkt die Schmalspurbahn in einer großen S-Kurve rechts ins Duital ab. Links sieht man das Anfang der 8oer-Jahre erbaute Werk der Heidelberger Druckmaschinen AG und die Landstraße nach Reutti. Auf der in Fahrtrichtung rechten Seite zeigt sich eine typische Wacholderheide der Schwäbischen Alb. Es folgt der Bahnübergang der Verbindungsstraße nach Amstetten-Dorf. Die bisher nur leicht ansteigende Strecke wechselt nun ihren Charakter und wird zu einer Steilstrecke. Die Steigung von 1:35, das ist ein Meter Anstieg auf 35 Längenmeter, ist für die Dampfmaschine harte Arbeit. Die deswegen berühmte und auch berüchtigte Geislinger Steige hat nur eine Steigung von 1:44,5. Nach Passieren eines weiteren Einschnittes hat sich die Szenerie stark verändert: Das Duital, ein typisches Trockental der Schwäbischen Alb, hat die Bahnstrecke ganz aufgenommen, und am oberen Rand des Sonnenhangs fügt sich der Bahnkörper mit dem weißen Schotterbett so schmal und unauffällig ein, als würde er schon immer dazugehören, bevor sich das Tal vollends zu einer dunklen Waldklinge verengt. Nach ein paar hundert Metern weicht der Wald zurück, die Fahrstraße nach Reutti wird überquert, und das Tal weitet sich mit Wiesen und einzelnen Büschen zu einem immer größeren Panorama. Wie ein grüner Tunnel wölben sich für einige Augenblicke kräftige Buchenkronen über den Wagendächern. Mit geschwungener Linienführung folgt das Gleis jetzt dem linken Talrain, während der Wald weit zurückgetreten ist. Nochmals tritt

Im heutigen Endbahnhof der Schmalspurbahn fährt Dampflok 99 7203 aus Amstetten ein.

links dunkler Nadelwald, rechts ein Hügel dicht an die Bahn heran, dann ist der kleine Bahnhof von Oppingen in Sichtweite. Der Oppinger Kirchturm kündet von der Existenz des Dorfes. Der kleine Bahnhof mit seinen zwei Gleisen wird nun deutlich erkennbar. Für die Museumsbahn ist hier das Ende der Strecke. Die Gleise ab Oppingen bis zum ehemaligen Endpunkt Laichingen wurden 1985 entfernt.

lichen Gründen ab. Inzwischen hatte sich 1899 die Württembergische Eisenbahngesellschaft gebildet, die das Projekt eines Bahnbaues von Amstetten nach Laichingen aufgriff. Im Juni 1900 konnte mit den Bauarbeiten begonnen werden. Mit einem großen Festakt wurde die Eröffnung der Bahn im Herbst 1901 gefeiert. Die Nebenbahn Amstetten–Laichingen war eine reine Erschließungsbahn ohne große wirtschaftliche Erfolgs-

Die rumänische Diesellok dient zur Unterstützung der Dampflok und für Bauzugdienste.

Auch T 34, ein Originalfahrzeug der Strecke, ist vorhanden.

GESCHICHTE

Bereits ab 1870 gab es Bestrebungen, die auf der Hochfläche der Alb liegenden Ortschaften Laichingen, Merklingen und Nellingen an das Eisenbahnnetz anzuschließen. Insbesondere der aufstrebende Ort Laichingen und die umliegende Leinen- und Bettwäscheindustrie erhofften sich durch einen Bahnanschluss bessere Entwicklungs- und Absatzchancen.

Die Königlich Württembergischen Staats-Eisenbahnen lehnten den Bau der Bahn aber aus wirtschaft-

aussichten. Das war auch der Grund, weshalb man sich seinerzeit für die Schmalspur entschieden hatte, um das Verhältnis Baukosten zu wirtschaftlichem Erfolg in etwa zu wahren. Die Beförderungsleistungen waren bescheiden und bewegten sich beim Personenverkehr unter der 100 000-Grenze, beim Güterverkehr lagen sie um 20 000 t/Jahr. Der Autobahnbau 1936/37 forderte der Bahn kurzfristig große Anstrengungen ab, um beachtliche Materialmengen nach Merklingen zu transportieren. 1954 wurde das Ende

Bis 1985 wurden normalspurige Güterwagen auf „Rollböcke" aufgebockt und so zu ihren Empfängern gebracht.

der Dampflokära durch die Beschaffung eines Triebwagens eingeläutet und 1956 mit der Zuweisung eines weiteren VT praktisch besiegelt. Anfang der 8oer-Jahre sah die Zukunft der Nebenbahn Amstetten–Laichingen noch rosig aus, die WEG setzte weiterhin auf die schmale Spur und machte erhebliche Anstrengungen, den Betrieb zu rationalisieren, den Fahrzeugpark zu modernisieren, die Bahnanlagen zu sanieren und das Wirtschaftsergebnis zu verbessern. Sinkende Leistungen im Güterverkehr, Zurücknahme von Zuschüssen und der aufwendige, jedoch nicht kostendeckende Schülerverkehr ließen die Kostenschere jedoch immer mehr auseinanderklaffen. Die WEG sah sich 1984 nicht mehr in der Lage, die erheblichen Verluste der Nebenbahn Amstetten–Laichingen durch Rationalisierungsmaßnahmen und Vereinfachung des Schienenbetriebes auszugleichen. Beteiligungen der Anliegergemeinden am Betriebsverlust wurden, außer von der

Gemeinde Amstetten, abgelehnt, ganz im Gegenteil, man votierte für die Umstellung auf Busbetrieb. Der Bahnbetrieb wurde am 31. August 1985 eingestellt und die Gleisanlagen schnell an einen Schrotthändler verkauft. Auf Initiative von Bürgermeister Sigloch von Amstetten wurden Grund und Boden der Strecke von den Gemeinden Amstetten und Nellingen, die Gleise von den Ulmer Eisenbahnfreunden aufgekauft. Seit 1990 wurden etliche Abschnitte der Bahn grundlegend erneuert und der Bahnhof Oppingen nutzbar gemacht.

FAHRZEUGE

Die Dampflok 99 7203 befördert die Hauptlast der Museumszüge auf dem Alb-Bähnle. Die 1904 von Borsig in Berlin gebaute Lok war ursprünglich auf der Strecke Mosbach–Mudau im Einsatz und gelangte über die Albtal-Verkehrsgesellschaft zum Alb-Bähnle. Ergänzt wird die Dampflok von der Diesellok 399 008, die auch an einigen Fahrtagen den Museumszug ziehen darf. Sie wurde 1986 in Rumänien gebaut und war in einer Kupfermine bei Helbra in der ehemaligen DDR im Einsatz.
Der Museumszug besteht aus Plattformwagen von der Appenzeller Bahn, ergänzt mit Wagen der Bayerischen Zugspitzbahn. Als Originalfahrzeuge sind in Amstetten der Dieseltriebwagen T 34 von 1937

Drei-Bahnen-Blick: Im Vordergrund die Schmalspurbahn nach Laichingen, in der Mitte die Hauptbahn Stuttgart–Ulm und im Hintergrund die Lokalbahn nach Gerstetten.

sowie die Dampflok 2s von 1901 vorhanden.

IM EINSATZ

Das Albbähnle verkehrt an ausgewählten Sonn- und Feiertagen im Sommerhalbjahr. Rund um den 6. Dezember finden die traditionellen Nikolausdampfzugfahrten statt.

TICKETS

Fahrkarten sind bei den Schaffnern im Zug und auf dem Bahnsteig erhältlich.

AUSFLUGSTIPPS

1 | Wanderung durch das Vögelestal nach Amstetten

Der Bahnhof Oppingen ist der Ausgangspunkt der 12 Kilometer langen Wanderung. Der Weg führt vom Bahnhof durch das romantische Landschaftsschutzgebiet Vögelestal, an dessen Ende sich auch eine Grillstelle befindet. Am Schluss erreicht man wieder den Bahnhof Amstetten. Der Weg vom Bahnhof Oppingen ist als E 1 beschildert. Ab dem Segelflugplatz bei Oppingen bis Amstetten-Bahnhof trägt er noch zusätzlich das gelbe Dreieck des Schwäbischen Albvereins. Einkehrmöglichkeiten bestehen im Bahnhof Oppingen oder in Amstetten-Dorf.

2 | Nellinger Heimatmuseum

Leider verkehrt das Albbähnle nicht mehr bis Nellingen, so dass zum Besuch des Heimatmuseums ein knapp drei Kilometer langer Spaziergang über die Albhochfläche erforderlich ist. Das liebevoll eingerichtete Heimatmuseum vermittelt ein lebendiges Bild vom Wohnen und Wirtschaften auf der Schwäbischen Alb in früheren Zeiten. Altes bäuerliches Mobiliar, Hausrat und Geräte können die Besucher dort bestaunen.

Den Einzug der Technik auf der Alb sieht man im Untergeschoss. Hier ist die Geschichte der schmalspurigen Eisenbahn zwischen Amstetten und Laichingen von 1900 bis 1985 in Wort und Bild dokumentiert.

Kontakt:

Das Heimatmuseum ist von April bis Oktober jeden 1. Sonntag im Monat von 14 bis 17 Uhr und nach Vereinbarung geöffnet. Führungen jederzeit auf Anmeldung bei: Heinz Zimmermann, Tel. 0 73 37/ 63 15, und Georg Scheifele, Tel. 0 73 37/3 87.

Anreise

Zielbahnhof für die Anreise ist Amstetten an der Kursbuchstrecke 750 Stuttgart–Ulm. Hier halten an Sonn- und Feiertagen mindestens stündlich RegionalExpress-Züge aus und in Richtung Stuttgart und Ulm. Der Bahnhof der Schmalspurbahn ist durch die Unterführung zu erreichen, die auch eine Rampe für Fahrräder und Rollstuhlfahrer besitzt.

Kontakt

Reservierung, Buchung, Sonderfahrten: Ulmer Eisenbahnfreunde, Sektion Alb-Bähnle, Heinrich Biro, Drosselweg 13, 73340 Amstetten, Tel. und Fax 0 73 31/79 79, E-Mail: alb-baehnle@ uef-dampf.de, www.uef-dampf.de.

Postadresse

UEF Sektion Alb-Bähnle, Industriestraße 41, 73340 Amstetten, Fax 0 73 31/71 56 50.

Das Sofazügle

Am Fuße der Schwäbischen Alb verkehrt zwischen Nürtingen und Neuffen das liebevoll „Sofazügle" genannte Bähnle. Von Mai bis September verkehrt der Dampfzug jeden 3. Sonntag im Monat und an bestimmten Feiertagen.

DIE STRECKE

Im Bahnhof Nürtingen, an der Hauptbahn Stuttgart–Tübingen gelegen, beginnt die Tälesbahn. Sie ist bis heute eine so genannte nichtbundeseigene Eisenbahn und wird von der Württembergischen Eisenbahngesellschaft mbH (WEG) betrieben, die zum französischen Mischkonzern Veolia gehört. Wenige hundert Meter nach dem Bahnhof Nürtingen in Richtung Tübingen verlässt die Tälesbahn nach Osten die Hauptbahnstrecke. Es folgen die Stationen Nürtingen-Vorstadt und Nürtingen-Rossdorf. Von der vom

Barock geprägten Stadt Nürtingen aus führt die Strecke entlang der Steinach nach Frickenhausen mit den Haltestationen Frickenhausen und Frickenhausen-Kelterstraße. Nach Passieren des Ortes erreicht der Dampfzug Linsenhofen, den nächsten Halt der Tälesbahn. In Linsenhofen steht eine der ältesten Keltern des Landkreises Esslingen (siehe Ausflugstipp 3). Ab Linsenhofen beginnt der schönste Abschnitt der Bahn: Durch grüne Wiesen, unterhalb der Burgruine Hohenneuffen, verläuft die Bahn am nördlichen Hang des Tales. Nach neun Kilometern Fahrt ist die Endstation Neuffen erreicht. Modelleisenbahner werden sofort das Empfangsgebäude erkennen; es ist von der Firma Vollmer als Bausatz für die Modellbahn erhältlich.

GESCHICHTE

Die 8,9 km lange Normalspurstrecke Nürtingen–Neuffen wurde am 1. Juni 1900 im Personenverkehr und am 21. Juni 1900 im Güterverkehr eröffnet. Sie war die erste Nebenbahn der 1899 gegründeten Württembergischen Eisenbahn-Gesellschaft AG (WEG). 1901 wurden die Steintransporte von Neuffen für das Nürtinger Zementwerk aufgenommen, das bis 1974 für zahlreiche Güterzüge auf der Strecke sorgte. Im Jahr 1907 erfolgte die Eröffnung einer zentralen

Betriebswerkstätte für die WEG, die zu diesem Zeitpunkt bereits mehrere Bahnen in Betrieb hatte. Bis zum Ende des Zweiten Weltkriegs durchlief das Bähnle viele Höhen und Tiefen. 1953 erfolgt die Anschaffung eines ersten Dieseltriebwagens; ab 1958 kam ein zweiter Dieseltriebwagen zum Einsatz. Damit war das Ende der alten Dampfeisenbahn besiegelt. Aber nicht lange: Bereits 1971 führte die Gesellschaft zur Erhaltung von Schienenfahrzeugen (GES) ihre ersten Dampfzugfahrten auf der Tälesbahn durch. Während der reguläre Verkehr in den nachfolgenden Jahren stetig modernisiert wurde, entwickelte sich das Sofazügle im Laufe der Jahre zu einer überregional bekannten Attraktion. Seit dem Jahr 2000 verkehren im

Im Bahnhof Neuffen erwarten viele Ausflügler die Ankunft des Zügles mit Lok 11 von 1911.

Zwischen Linsenhofen und Neuffen schnauft das Sofazügle dem Endbahnhof entgegen.

regulären Bahnbetrieb moderne RegioShuttles, die die Altfahrzeuge aus den 20er- und 50er-Jahren ersetzt haben.

FAHRZEUGE

Die Zuggarnitur des Sofazügles ist etwas Besonderes: Sie ist stilrein aus Fahrzeugen um die Jahrhundertwende gebildet. Fast alle Fahrzeuge stammen von der Hohenzollerischen Landesbahn. Sie wurden in liebevoller Kleinarbeit restauriert und fahren inzwischen seit über 30 Jahren unter der Regie des Vereins GES Stuttgart durchs Neuffener Tal.

Gezogen wird der historische Zug in der Regel von Lok 11, einer 1911 bei der Maschinenfabrik Esslingen gebauten Dampflok. Mit Lok 16, Baujahr 1928, steht eine weitere Dampflok zur Verfügung.

Lok 16 von 1928 steht auf der Tälesbahn unter Dampf.

Für Snacks und Getränke sorgt der mitgeführte Restaurationswagen.

Diese Maschine wurde bei der AEG (heute Bombardier) gebaut. Die dazugehörigen Personenwagen mit ihren offenen Plattformen stammen aus den Jahren 1900 bis 1908.

IM EINSATZ

Unter Dampf steht das Sofazügle von Mai bis September, jeweils am 3. Sonntag im Monat. Zusätzlich verkehren die Dampfzüge am 3. Advent mit dem Nikolaus im Zug. Jeder Zug wird mit einem Restaurationswagen bewirtschaftet.

TICKETS

Fahrkarten sind bei den Schaffnern im Zug erhältlich. VVS-Tickets haben keine Gültigkeit. Für Familien gibt es eine Familienrückfahrkarte.

AUSFLUGSTIPPS

1 | Burg Hohenneuffen

Schon bei der Anreise nach Neuffen sieht man auf der linken Seite das 743 m hoch aufsteigende Felsmassiv des Hohenneuffen bergspornartig aus dem Albtrauf ragen. Seine Felskuppe trägt ein heterogenes Ruinenensemble, das in seinem Kern auf eine hochmittelalterliche Höhenburg zurückgeht. Im 16. Jahrhundert begann der Um- und Ausbau des Hohenneuffen zu einer Landesfestung. In einer Zeit politischer Unruhen, eine Folge der Reformation, suchte

Burg Hohenneuffen.

Herzog Ulrich seinen Herrschaftsbereich durch ein effizientes Stützpunktsystem zu sichern. Zu diesem Zweck ließ er seit 1543 die Höhenburg einer umfassenden Renovierung unterziehen und ihre Fortifikationsanlagen dem militärtechnischen Entwicklungsstand anpassen. Die damals in Massivbauweise ausgeführten drei Rundbastionen für die Geschützpostierung, der über drei Meter hohe, kasemattierte Obere Wall und die neue Zugangsstraßenführung zur Burg haben das Erscheinungsbild bis heute entscheidend mitbestimmt. Zunehmende Baufälligkeit, nachlassende Nutzung und allgemeines Desinteresse beschleunigten den Verfall der Festung, deren Auflassung schließlich in Übereinstimmung mit den Auflagen des Rastatter Friedens 1801 offiziell dekretiert wurde. Erst im 20. Jahrhundert setzten gezielte Sanierungen ein. Am 2. August 1948 war der Hohenneuffen Schauplatz der denkwürdigen Drei-Länder-

Konferenz, der Minister- bzw. Staatspräsidenten der drei südwestdeutschen Nachkriegsländer. Es wurde damals die staatliche Vereinigung vorbereitet, die 1952 mit der Gründung von Baden-Württemberg vollzogen wurde. Vom Bahnhof Neuffen führt ein ausgeschilderter Wanderweg zur Burgruine. An Fahrtagen des Sofazügles verkehrt ab Neuffen auch ein Pendelbus auf den Berg.

2 | Freilichtmuseum Beuren

Sieben Freilichtmuseen gibt es in Baden-Württemberg. Eines davon ist das bekannte Museumsdorf bei Beuren unweit der Burg Hohenneuffen. In und um die historischen Wohn- und Wirtschaftsgebäude aus den Landkreisen Esslingen, Ludwigsburg, Böblingen, Reutlingen und dem Alb-Donau-Kreis wird das Wohnen, Arbeiten und Leben vergangener Tage gezeigt. Ausstellungen und Veranstaltungen ergänzen

Das Freilichtmuseum Beuren.

das Angebot. Sehenswert sind auch die Museumsäcker mit alten Kulturpflanzen und die kleinen Hausgärten an den Museumsgebäuden. Eine der Attraktionen ist das Museumslädle. An Fahrtagen des Sofazügles verkehrt ab Neuffen auch ein Pendelbus zum Freilichtmuseum.

Kontakt:
Freilichtmuseum Beuren, In den Herbstwiesen, 72660 Beuren,
Tel. 0 70 25/9 11 90-0, E-Mail:
info@freilichtmuseum-beuren.de,
www.freilichtmuseum-beuren.de.

3 | Alte Kelter Linsenhofen

In Linsenhofen steht eine alte und inzwischen schön restaurierte Kelter. Sie wurde 1526 urkundlich erstmals erwähnt und wahrscheinlich 1501 errichtet. Einst wurde hier aus Trauben oder Äpfeln mit einer Presse Saft gewonnen. Wein- und Obstanbau, die Verarbeitung und Vermarktung waren bis in das letzte Jahrhundert für die Linsenhofener Bevölkerung die Haupteinnahmequelle, weshalb die Kelter eine große wirtschaftliche Bedeutung für die Gemeinde hatte. Seit 1970 wird die weitere Nutzung der Kelter beziehungsweise des Kelterplatzes lebhaft diskutiert. 1980 stellte das Landesdenkmalamt die bauhistorische Qualität heraus und verhinderte den Abbruch des historischen Gebäudes. Seit 2005 kümmert sich ein Bürgerverein um das Gebäude, das abschnittsweise seit 2008 restauriert wird. Die alte Kelter liegt im Ortskern von Linsenhofen. Man erreicht die Kelter entweder vom Bahnhof Linsenhofen aus oder mit einer Wanderung vom Bahnhof Neuffen.

Kontakt:

Bürgerverein Kelter Linsenhofen, Peter Kowallek, Haldenstraße 7, 72636 Frickenhausen-Linsenhofen, Tel. 0 70 25/48 14, E-Mail: peter.kowallek@t-online.de.

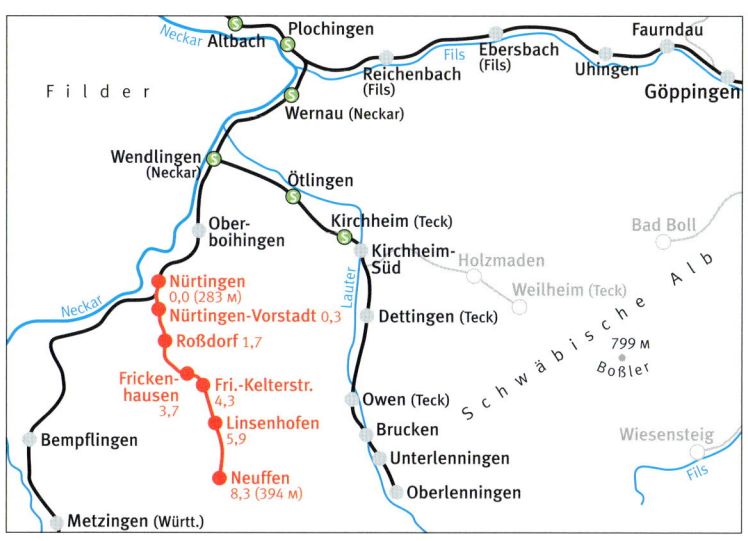

Anreise

Der Zielbahnhof für eine Fahrt mit dem Sofazügle ist Nürtingen. Nürtingen ist mit der Bahn sehr gut zu erreichen. Von Stuttgart verkehrt der direkte RegionalExpress (RE) Stuttgart–Tübingen bis in die große Kreisstadt. Dieser Zug ist auch ideal für die Anreise aus Richtung Tübingen. Wer von Richtung Ulm nach Nürtingen möchte, muss in Plochingen vom IRE bzw. RE umsteigen. Zusätzlich zu den schnellen RE-Zügen erreicht man Nürtingen auch noch mit der Regionalbahn Plochingen–Herrenberg. Nürtingen liegt im Verkehrsverbund VVS, der auch eine günstige Tageskarte im Angebot hat (Gruppentagesticket bzw. Einzeltagesticket).

Kontakt

Gesellschaft zur Erhaltung von Schienenfahrzeugen Stuttgart (GES), Postfach 71 01 16, 70607 Stuttgart, Tel. 0 70 25/41 64 (abends), E-Mail: reservierung@ges-ev.de, www.ges-ev.de.

Der Feurige Elias

Im unmittelbaren Einzugsgebiet von Stuttgart liegt die Strohgäubahn, die vom Dampfzug „Feuriger Elias" der Gesellschaft zur Erhaltung von Eisenbahnfahrzeugen befahren wird. Die knapp 25 Kilometer lange und landschaftlich sehr reizvolle Bahn führt vom Bahnhof Korntal an der Württembergischen Schwarzwaldbahn (Haltestelle der S-Bahn-Linie 6) nach Weissach. Benannt ist der Zug nach dem biblischen Propheten Elias, der mit einem von feurigen Pferden gezogenen Wagen gen Himmel gefahren sein soll (2. Kön 2,11). Früher wurden umgangssprachlich viele Nebenbahnen so bezeichnet.

DIE STRECKE

Direkt hinter dem Bahnhof Korntal schwenkt die Bahn in einer Rechtskurve von der Strecke der S-Bahn nach Weil der Stadt ab. Es folgt der Haltepunkt Korntal-Gymnasium, der vom Dampfzug durchfahren wird. In Fahrtrichtung links wird der künstlich geschaffene Aussichtsberg Grüner Heiner passiert. Unter der Autobahn A 81 hindurch kommt schon Münchingen in Sichtweite. Parallel des schmalen Fischbachs verläuft die Strecke am Fuß des Hühnerbergs und der Esslinger Höhe nach Schwieberdingen hinab. Hinter dem Bahnhof wird auf einer neuen Betonstahlbrücke die Glems überquert. Entlang des Heimbergs verlässt die Strecke wieder das Glemstal. In

Fahrtrichtung rechts erkennt man Schloss Nippenburg und die alte Hagmühle im Talgrund. Es folgt der Bahnhof Hemmingen. Die Strecke steigt weiter an und führt in einer S-Kurve durch den Wald am Eulerberg nach Heimerdingen. Hinter Heimerdingen wird der höchste Punkt der Strecke mit 398 Metern über dem Meer erreicht. Nun folgt der Abstieg durch den Bonlander Wald ins deutlich tiefer gelegene Weissach, dem Endbahnhof der Strohgäubahn und damit auch dem Endpunkt der Fahrt mit dem Feurigen Elias. In Weissach befinden sich die Bahnbetriebsanlagen der Württembergischen Eisenbahngesellschaft, die den regulären Betrieb auf der Strohgäubahn abwickelt.

GESCHICHTE

Ursprünglich war die Strohgäubahn als Schmalspurbahn pro-

jektiert. 1898 sollte die geplante Meterspurbahn von Zuffenhausen über die Gemeinden Münchingen, Schwieberdingen, Hemmingen, Heimerdingen, Weissach, Eberdingen, Nussdorf, Iptingen, Mönsheim, Wurmberg und Wiernsheim mit einer Gesamtlänge von rund 50 Kilometern nach Pforzheim führen. Durch das neue Verkehrsmittel sollte die Perspektive der im Schatten der Industrialisierung gelegenen Dörfer im Strohgäu verbessert werden. Leider waren die Gemeinden westlich von Weissach und Heimerdingen nicht in der Lage, die notwendige Beteiligung von 3000 Reichsmark je Kilometer aufzubringen, weshalb die Strecke so nie verwirklicht wurde. Dagegen konnte 1905 mit dem Bau einer normalspurigen Strecke von Korntal bis Weissach begonnen werden, die 1906 eingeweiht wurde und von der Württembergischen

Zwei Generationen treffen sich beim Rangieren im Bahnhof Weissach, die V 100 mit Baujahr 1962 und die Dampflok 50 3636 von 1941.

Vor der Abfahrt wird „Dampf gekocht".

Nebenbahnen AG betrieben wurde. Diese Gesellschaft unterhielt auch die nahe Filderbahn und konnte dank ihres neuen Gesellschafters, der Westdeutschen Eisenbahn-Gesellschaft, weitere Nebenbahnen errichten. Bereits in den 30er-Jahren kamen auf der Strohgäubahn schon die ersten Triebwagen zum Einsatz, bis Mitte der 50er-Jahre noch parallel zu den vorhandenen Dampfloks. Nach dem Zweiten Weltkrieg übernahmen Triebwagen der Maschinenfabrik Esslingen und der Waggonfabrik Fuchs den Dienst auf der Strecke. Später wurden diese durch MAN-Schienenbusse ergänzt. 1981 wurde speziell für mehrere Privatbahnen in Süddeutschland ein neu-

es Fahrzeug entwickelt, das die alten Schienenbusse ersetzen sollte. Der NE81 genannte Triebwagentyp ist bis heute auf der Strohgäubahn im Einsatz, ergänzt durch moderne RegioShuttle-Triebwagen, die ab 2011 die letzten NE81 ablösen sollen. Nachdem die Württembergische Eisenbahngesellschaft mbH und die Württembergischen Nebenbahnen GmbH bereits in Personalunion geführt wurden, fusionierten die beiden Gesellschaften 1984 zur Württembergischen Eisenbahngesellschaft mbH. In den letzten Jahren gab es Diskussionen, wie die Strohgäubahn für die Zukunft gerüstet werden sollte. Die Verlängerung der Stuttgarter Straßenbahn war eine der untersuchten Varianten. Inzwischen ist aber klar, dass die Stichbahn eine dieselbetriebene Strecke bleiben wird. Dichten Taktverkehr gibt es auf der Strecke nur zwischen Korntal und Hemmingen. Bis Weissach verkehren nur wenige Züge.

FAHRZEUGE

Zum Einsatz kommt mit dem Dampfzug eine große Güterzugdampflok der Baureihe 50. Die Lok 50 3636 gehört mit zu den gelungensten Konstruktionen der Deutschen Reichsbahn. Die so genannten Einheitslokomotiven wurden ab 1939 in großen Stückzahlen gebaut und waren sowohl im Personen- als auch Güterzugverkehr zu finden. Die 50 3636 gehörte zu den Lokomotiven, die in den Jahren 1959 bis 1963 von der Deutschen Reichsbahn in der DDR umfangreich modernisiert wurden. Seit 1991 zieht sie regelmäßig den Museumsdampfzug Feuriger Elias auf der Strohgäubahn und auf verschiedenen Strecken im Raum Stuttgart. Jeder Zug führt einen Restaurationswagen, in dem Getränke und kleine Speisen erhältlich sind.

Zum Rangieren ist im Endbahnhof Weissach oft die Diesellok V 100 1357 vorhanden. Die V 100 war die klassische Maschine für Nebenbahnen in Westdeutschland und weit verbreitet. Durch Streckenstilllegungen oder Übernahme der Personenzüge durch Triebwagen wurden diese Maschinen ab Mitte der 80er-Jahre in größerer Stückzahl

Im Feurigen Elias kann man noch „Holzklasse" reisen.

arbeitslos. Der Dampfzug besteht mehrheitlich aus Spantenwagen der ehemaligen Österreichischen Bundesbahnen. Diese Waggons wurden ab Mitte der 50er-Jahre in Österreich aus Teilen unterschiedlicher Länderbahnwaggons einheitlich umgebaut. Im Gegensatz zu den deutschen Umbauwagen haben sie aber offene Plattformen. Teilweise wird der Feurige Elias auch noch durch historische Wagen ergänzt, die von der Hohenzollerischen Landesbahn stammen, und natürlich wird auch ein Güter- oder Gepäckwagen für die Fahrradbeförderung mitgeführt.

IM EINSATZ

Der Museumszug „Feuriger Elias" verkehrt jeweils am 1. Sonntag im Monat von Mai bis Oktober. Saisonbeginn ist traditionell der 1. Mai. Am ersten Dezemberwochenende finden Nikolausfahrten statt. Die Zuggarnitur des Feurigen Elias ist auch öfter rund um Stuttgart auf Gleisen der Deutschen Bahn AG unterwegs.

TICKETS

Fahrscheine für den Feurigen Elias erhält man auf dem Bahnsteig, bei den Schaffnern des Dampfzuges oder im Zug selbst. VVS-Fahrscheine haben im Dampfzug keine Gültigkeit. Für Familien gibt es eine ermäßigte Familienrückfahrkarte. Es können auch Teilstreckenkarten gelöst werden.

AUSFLUGSTIPPS

1 | Holzarten kennen lernen

In Weissach erreicht man nach einem kurzweiligen Spaziergang das Holzarten-Lehrschauhäuschen bei der Vorbergblickhütte. Zielbahnhof ist die Endstation der Strohgäubahn, Weissach. Von dort führt der Weg durch die Gemeinde Weissach, entlang der Bahnhof- und Hauptstraße. In der Mitte des Ortes zweigt rechts die Porschestraße ab. Dieser ist bis zur Einmündung der Iptinger Straße zu folgen.

Blick vom Dampfzug auf den Grünen Heiner.

Über den Feldweg in Verlängerung der Straße sind es nur noch wenige Minuten Fußweg zur Vorbergblickhütte. Hier können sich Erwachsene und Kinder auf anschauliche Art und Weise mit unseren heimischen Hölzern beschäftigen. Insgesamt 20 verschiedene Baumarten, wie z. B. Linde, Buche, Ahorn, Weide, Pappel oder Fichte, sind hier ausgestellt. Aufklappbare Stammabschnitte können befühlt und begutachtet werden.

Eine Lehrtafel informiert über unser Ökosystem und aktuelle Themen vom Forst und Naturschutz. Bei der Vorbergblickhütte befindet sich auch ein Grillplatz.

Kontakt:

Gemeinde Weissach, Rathausplatz 1, 71287 Weissach, Tel. 0 70 44 / 93 63-0.

2 | Grüner Heiner

Wer mit der Strohgäubahn von Korntal nach Münchingen fährt, kann ihn eigentlich nicht übersehen, den Grünen Heiner. So wird die künstliche Erhebung genannt, die sich unweit der Autobahn A 81 befindet. Der Grüne Heiner ist eine ehemalige, knapp 70 Meter hohe Schuttdeponie aus den 50er-Jahren des letzten Jahrhunderts. Er erreicht eine Höhe von 395 m über NN und wird heute zur Naherholung genutzt. Auf dem Gipfel befindet sich eine hölzerne Aussichtsplattform, die bei guter Sicht einen Blick bis zum Mittelwellensender Mühlacker, dem Heuchelberg oder aber zum nicht weit entfernten Schloss Solitude ermöglicht. Das im Jahr 1999 installierte Windrad gilt heute als Wahrzeichen von Stuttgart-Weilimdorf. Erreichbar ist die Erhebung vom S-Bahnhof Korntal, dem Startbahnhof der Strohgäubahn oder vom Bahnhof Münchingen aus. Die gut ausgebauten und geteerten Wege von den Bahnhöfen zum Grünen Heiner sind auch ideal für Ausflüge mit Kinderwagen oder dem Fahrrad.

3 | Glemsmühlenradweg

Der Ausflug mit dem Feurigen Elias kann wunderbar mit einer Radtour entlang der Glems verbunden werden. Im Dampfzug sowie in der S-Bahn bei der Anreise werden Fahrräder mitgenommen. Die meisten der insgesamt neunzehn Mühlen ent-lang des Weges sind noch erhalten, ein Teil sogar noch in Betrieb. Alle Mühlen sind mit Informationstafeln ausgestattet. Der Weg kann auch in Etappen gefahren werden. Insgesamt ist der Glemsmühlenradweg 40 Kilometer lang. Eine mögliche Tour wäre von Schwieberdingen ins Enztal nach Bietigheim-Bissingen. Bis dorthin verkehrt die Stuttgarter S-Bahn (S 5). Eine andere Möglichkeit wäre der Start in Höfingen, der S-Bahn-Station nach Ditzingen (S 6 nach Weil der Stadt).

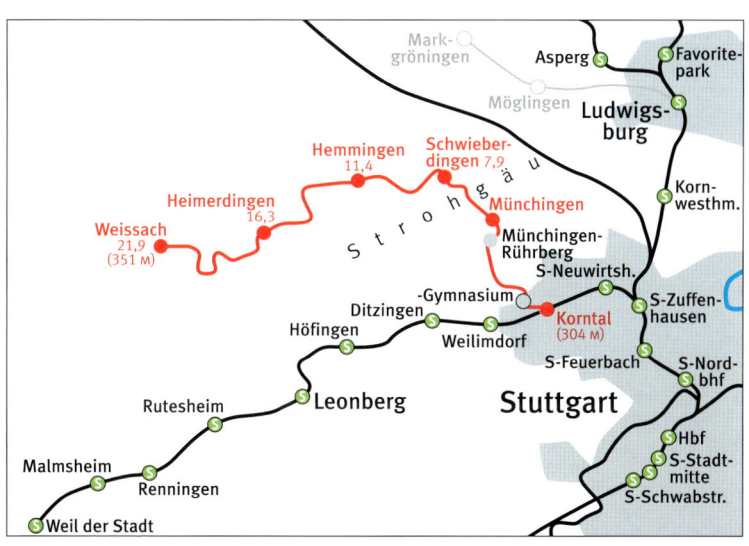

Anreise

Die Anreise zum Feurigen Elias erfolgt mit der S 6 von Stuttgart nach Weil der Stadt. Der Zielbahnhof ist Korntal, von wo aus der Dampfzug ins Strohgäu startet. Die S-Bahn verkehrt in einem dichten Taktverkehr.

Kontakt

Gesellschaft zur Erhaltung von Schienenfahrzeugen Stuttgart (GES), Postfach 71 01 16, 70607 Stuttgart, Tel. 07 11/44 67 06, E-Mail: reservierung@ges-ev.de, www.ges-ev.de.

Die Schwäbische Waldbahn

Von 1988 bis 2010 fuhr kein Zug nach Welzheim. Die nun sanierte Schwäbische Waldbahn, der obere Abschnitt der Wieslauftalbahn Schorndorf
–Welzheim, konnte 2010 als Ausflugsbahn reaktiviert werden. Schon
in einer Festschrift zur Streckeneröffnung 1911 hieß es: „Wohl zu den
interessantesten und schönsten Bahnen des Schwabenlandes gehört
die nunmehr fertig gestellte Schlußstrecke Rudersberg–Welzheim der
Nebenbahn Schorndorf–Welzheim. Eine bis jetzt vom Verkehr ziemlich
vernachlässigte Gegend, die jedoch viele reizende Naturschönheiten
bietet, wird erschlossen und zugleich die letzte württembergische Ober-
amtsstadt dem Eisenbahnnetz angegliedert." (Zitat von 1911)

DIE STRECKE

Die Strecke verlässt den Bahnhof
Schorndorf in östlicher Richtung
parallel zur Remstalbahn. Nach rund
600 Metern zweigt die Strecke nach
Norden ab und überquert einen Kilo-
meter später die Rems auf einer 35
Meter langen Stahlfachwerkbrücke.
Es folgt der Bahnhof Haubersbronn.

Im Tal der Wieslauf geht es über die
Bahnhöfe Miedelsbach-Steinen-
berg, Michelau und Schlechtbach
nach Rudersberg, dem Betriebsmittelpunkt der modernen Wieslauftalbahn. Zwei Stationen weiter, in
Oberndorf, beginnt die eigentliche
Museumsbahn. Weniger als einen
Kilometer nach dem Bahnhof war

der Erdrutsch, der 1988 zur Einstellung des Zugverkehrs nach Welzheim geführt hatte.

Die Bahnstrecke umrundet das im Tal liegende Dorf Klaffenbach in einem Halbkreis. Aufgrund der Steigung liegen die Gleise hier bereits 30 Meter weiter oberhalb am Berghang. Kurz danach wird das 51 Meter lange Igelsbachviadukt überquert und der Bahnhof Klaffenbach-Althütte erreicht. Das Wieslauftal wird nun enger und steiler und die Bahn nimmt endgültig Gebirgscharakter an.

Bald darauf folgt mit dem 121 m langen und 25 m hohen Strümpfelbachviadukt einer der Höhepunkte der Fahrt. Anschließend geht es an der nördlichen Talseite durch dichten Wald zum Bahnhof Laufenmühle.

Direkt nach dem Bahnhof zweigt die Bahntrasse nach rechts in ein Seitental der Wieslauf ab, deren tief eingeschnittene Schlucht sie mit dem 25 m hohen und 168 m langen Laufenmühle-Viadukt überwindet. Entlang der Edenbach- und Weidenbachschlucht führt die Trasse zum Bahnhof Breitenfürst, der bereits 495 m über dem Meer liegt. Nun durchfährt die Strecke in einer weiten, einen Kilometer langen Linkskurve den Tannwald. Es folgt der neue Haltepunkt Tannwald, bevor es leicht bergab zur Endstation geht, die am westlichen Rand der Welzheimer Innenstadt liegt.

GESCHICHTE

Eröffnet wurde die Bahnlinie in zwei Etappen: 1908 war die Strecke zwischen Schorndorf und Rudersberg fertig gestellt, 1911 erfolgte die Fertigstellung der Verlängerung bis Welzheim.

1980 wurde der Personenverkehr auf dem Abschnitt Rudersberg–Welzheim eingestellt. Anfang der 90er-Jahre stand die gesamte Wieslauftalbahn vor der Stilllegung. Die Deutsche Bundesbahn hatte den oberen Abschnitt Rudersberg–Welzheim wegen eines Erdrutsches seit 1988 auch im Güterverkehr außer Betrieb genommen.

Zwischen Rudersberg und Schorndorf verkehrten in unregelmäßigen Abständen Personenzüge mit Dieselloks der Baureihe V 100 (212) und Silberlingen.

Um die Strecke zu erhalten, gründete sich der Zweckverband Wieslauftalbahn, der 1993 die gesamte Nebenbahn von der DB übernehmen konnte. Der Abschnitt Schorndorf–Rudersberg wurde modernisiert. Neue Haltepunkte wurden geschaffen und die alten Fahrzeuge aus den 60er-Jahren durch moderne NE 81-Dieseltriebwagen ersetzt. Stark steigende Fahrgastzahlen waren das Ergebnis, das letztlich 2008 auch zu einer Verlängerung der Nahverkehrszüge bis Oberndorf führte. Der Nahverkehr wird im Auftrag des Zweckverbandes durch die Württembergische Eisenbahngesellschaft durchgeführt. Seit 2010 ist nun auch Welzheim, der Endpunkt der Strecke, wieder an die Bahn angeschlossen. Zwar verkehrt (noch) kein regulärer Nahverkehrszug nach Welzheim, aber nach einer Sanierung der Strecke, die seit 1988 ohne Zugverkehr war, fahren an den Wochenenden und Feiertagen wieder historische Züge der DBK Historische Bahn nach Welzheim.

Nicht ohne Grund heißt die Museumsbahn „Schwäbische Waldbahn".

FAHRZEUGE

Die Fahrzeuge der Ausflugsbahn nach Welzheim bestehen aus Fahrzeugen des Vereins DBK Historische Bahn. Planmäßig verkehrt die Güterzugschlepptenderlok 50 3545, die 1942 in der Maschinenfabrik Esslingen gebaut wurde.

Bei dieser Dampflokomotive handelt es sich um eine bei der Deutschen Reichsbahn in der ehemaligen DDR modernisierte Dampflok. Als Vertretung von 50 3545 steht die Tender-

In Umbauwagen reist man heute, wie bis 1980, nach Welzheim.

lok 64 419 zur Verfügung, die 1937 ebenfalls in Esslingen gebaut wurde. Sie ist eine typische Nebenbahnlok, die in ganz Deutschland anzutreffen war und auch viele Jahre auf der Wieslauftalbahn im Einsatz stand. Mit der Diesellok 212 084 kam eine Lok auf die Wieslauftalbahn zurück, die bis 1993 für die Beförderung der Personen- und Güterzüge im Wieslauftal zuständig war. Der Zug besteht aus so genannten Umbauwagen der Deutschen Bundesbahn. Diese Fahrzeuge entstanden ab 1954 in Ausbesserungswerken der Deutschen Bundesbahn aus alten Fahrzeugen, die noch aus Länderbahnzeiten, vor Gründung der Deutschen Reichsbahn, vorhanden waren.

Länderbahnwagen aus den Jahren 1890 bis 1921

Im Rahmen des Umbaus wurden die Fahrzeuge vereinheitlicht. Der oftmals noch vorhandene Holzaufbau wurde durch einen Stahlaufbau ersetzt. Es gab dreiachsige Wagen und

Neben Dampfzügen verkehren, wie in den 70er-Jahren, zwischen Schorndorf und Welzheim wieder diesellokbespannte Personenzüge.

vierachsige Fahrzeuge. Die Umbauwagen waren auf Haupt- und Nebenstrecken zu finden. Beide Wagentypen kommen auf der Schwäbischen Waldbahn zum Einsatz. Ergänzt werden die Personenwagen durch Güterwagen, die auf die Beförderung von Fahrrädern und Kinderwagen im Zug eingestellt sind.

IM EINSATZ

Die historischen Züge auf der Schwäbischen Waldbahn verkehren zwischen Ostern und Oktober an allen Sonn- und Feiertagen. An rund 15 Fahrtagen wird der historische Zug von einer Dampflok bespannt, die anderen Fahrten werden mit der Diesellok 212 084 durchgeführt.

TICKETS

Fahrscheine für die historischen dampf- und diesellokbespannten Züge auf der Schwäbischen Waldbahn erhält man direkt beim Schaffner im Zug und im Vorverkauf online unter www.schwaebische-waldbahn.de. VVS-Fahrscheine haben im Dampfzug keine Gültigkeit. Für Familien gibt es eine ermäßigte Familienrückfahrkarte. Es können auch Teilstreckenkarten gelöst werden.

AUSFLUGSTIPPS

1 | Stadtmuseum Schorndorf mit der Galerie für Technik

Wenige Minuten vom Bahnhof Schorndorf entfernt befinden sich die Galerie für Technik. Diese gehört zum Stadtmuseum Schorndorf. Seit 2004 ist sie im historischen Fabrikgebäude auf dem Arnold-Areal untergebracht. Neben einigen bedeutenden Entwicklungen Gottlieb Daimlers, dem wohl berühmtesten Sohn der Stadt, sowie weiteren in-

teressanten technischen Errungen-
schaften findet man auch eine Klein-
diesellok der Bauart Köf II in dieser
Ausstellung. Das Museum hat von
Montag bis Samstag von 10–12 und
von 14–17 Uhr geöffnet, am Sonntag
von 10–17 Uhr.

Kontakt:
Galerie für Technik, Arnoldstr. 1,
73614 Schorndorf,
Tel. 0 71 81/6 02-1 57, E-Mail:
mail@stadtmuseum-schorndorf.de.

2 | Ebnisee ab Bf. Laufenmühle

Der Bahnhof Laufenmühle ist der
Ausgangspunkt für eine Fahrradtour zum Ebnisee. Der 6,7 Hektar
große Stausee mit einer maximalen
Tiefe von 4,75 Metern und einem
Fassungsvermögen von 163 000
Kubikmetern Wasser ist inzwischen
über 250 Jahre alt. Grund für den
Bau des Stausees war der Wunsch,
die Wieslauf zum Flößen (dem Holz-
transport) nutzen zu können. Allerdings reicht der normale Wasser-
stand der Wieslauf dazu nicht aus.
Das Wasser der Schneeschmelze
und der Frühjahrsregen waren notwendig, um im Ebnisee ausreichend
Wasser anzustauen, mit dem dann
bei Öffnung der Schleuse das im
Winter gesammelte Holz über die
Wieslauf und die Rems zum Neckar
geschwemmt werden konnte. Die
Flößerei wurde nach Eröffnung der

Wieslauftalbahn und der Remsbahn
eingestellt. Heute zählt der Ebnisee
zu den beliebtesten Ausflugszielen
im Schwäbischen Wald. Im Sommer
eignet sich der See zum Schwim-
men, Rudern oder Tretboot fahren.
Vom Bahnhof Laufenmühle führt ein
geteerter Waldweg zum Ebnisee. Der
gut ausgeschilderte Weg ist rund
12 Kilometer lang (hin und zurück).

3 | Römisches Kastell Welzheim

Welzheim liegt am obergermani-
schen Limes. Er wurde zwischen
dem 1. und 3. Jahrhundert n. Chr.
von den Römern errichtet und war
rund 380 Kilometer lang. Im Stadtgebiet von Welzheim sind Spuren
von zwei römischen Kastellen erhalten geblieben. Das Westkastell mit
einer Fläche von 4,3 Hektar war eines der größten seiner Art am ober-
germanischen Limes und wurde im
Lauf der Jahrhunderte überbaut. Das
kleinere Ostkastell hingegen ist frei-
gelegt und teilweise rekonstruiert.
Bei seiner Sicherung wurde nur ein
Teil der Mauern wieder aufgebaut,
die übrigen Teile der Ummauerung
wurden mit einer Heckenbepflan-
zung sichtbar gemacht. Besonders
bemerkenswert sind die vier wieder
aufgedeckten holzverschalten Brunnen, in denen wertvolle Funde zum
römischen Alltagsleben gemacht
wurden. An Gebäuden konnten bis
jetzt ein vermutlicher Getreidespei-

cher (horreum) und ein Badegebäu-de aufgedeckt werden. Das Kastell ist vom Bahnhof Welzheim in weni-

gen Minuten zu Fuß erreichbar. Vom Bahnhof folgt man der innerstädti-schen Wegweisung.

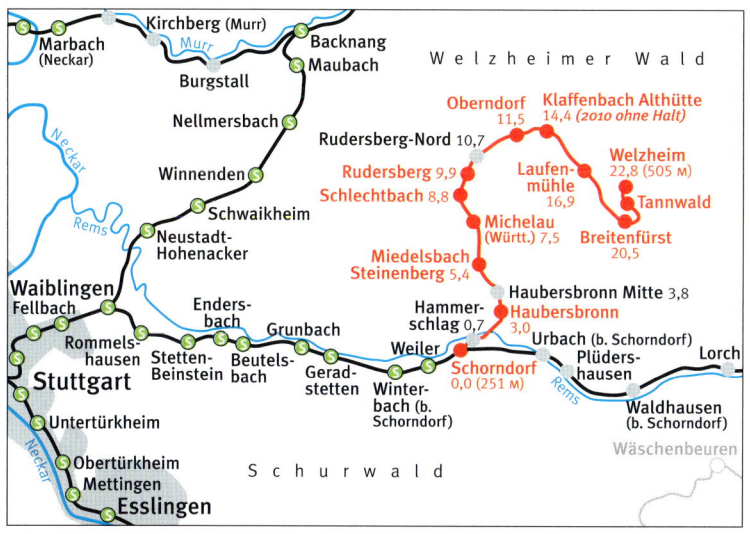

Anreise

Zielbahnhof für die Fahrt mit der Schwäbischen Waldbahn nach Welz-heim ist Schorndorf an der Rems-bahn Stuttgart–Aalen. Schorndorf ist zugleich Endstation der Stuttgarter S-Bahn S 2. Außerdem ist Schorndorf ein Bahnhof der RE-Züge aus Richtung Aalen und Stuttgart. Schorndorf und Welzheim liegen im Verkehrsverbund VVS, der auch eine günstige Tageskar-te (Gruppen- bzw. Einzeltagesticket) im Angebot hat. Mit dieser Tages-karte können auch die Buslinien von und nach Welzheim genutzt werden. Die regulären Züge auf der Wieslauf-talbahn bis Oberndorf verkehren nur von Montag bis Samstag.

Kontakt

Schwäbische Waldbahn GmbH, Kirchplatz 3, 73642 Welzheim, Tel. 0 71 82/8 00 80, E-Mail: stadt@welzheim.de.

DBK Historische Bahn, Tel. 07 00/ 32 58 01 06, E-Mail: info@dbk-historische-bahn.de, www.dbkev.de.

Förderverein Welzheimer Bahn, Wilhelmstraße 20, 73642 Welz-heim, 1. Vorsitzender Johannes Friz, Tel. 0 71 61/9 86 93 79, E-Mail: info@welzheimer-bahn.de, www.welzheimer-bahn.de.

Auf die Schwäbische Alb

Zwischen Donautal und der Schwäbischen Alb verkehrt durch das Blau- und Schmiechtal an Sonn- und Feiertagen zwischen Mai und Oktober der historische Schienenbus Ulmer Spatz. In Schelklingen zweigt die Echaztalbahn ab, die nur im Schülerverkehr und mit den Touristikzügen befahren wird. Ab dort verkehrt zusätzlich ein weiterer historischer Trieb- wagen. An einigen Tagen im Jahr verkehren zusätzlich Dampfzüge auf der Strecke. In Schelklingen bestehen Anschlüsse mit RB- und RE-Zügen in Richtung Ehingen/Sigmaringen und Ulm, während in Kleinengstingen der Rad-Wander-Shuttle den Anschluss herstellt.

DIE STRECKE

Quer über die Schwäbische Alb ver- läuft die Strecke der Echaztalbahn (Marketingname: Schwäbische Alb- Bahn). Der Nostalgieschienenbus Ulmer Spatz startet am Morgen in der Münsterstadt Ulm und fährt über die Donautalbahn durch das Tal der Blau über Blaubeuren nach Schelklingen. Diese Strecke wird auch von regulären Nahverkehrszü- gen in Richtung Ehingen genutzt. Ab Schelklingen schlängelt sich die Stre- cke durch das autofreie Schmiechtal und über die Bahnhöfe Schmiechen- Albbahn, Hütten und Sondernach nach Münsingen. Von dort geht es über die Stationen Grafeneck, Marbach, Gomadingen, Offenhausen und Kohlstetten nach Kleinengstingen. Ab Kleinengstingen führte die Strecke in Richtung Reutlingen über die legendäre Honauer Steige. Diese wurde in den 70er-Jahren des vorigen Jahrhunderts abgebaut, soll aber im Rahmen des Projekts Stadtbahn Neckar-Alb wieder reaktiviert werden. Noch erhalten und genutzt wird die Fortsetzung der Strecke nach Gammertingen durch die Hohenzollerische Landesbahn.

Kleinengstingen erreicht man auch vormittags von Tübingen über Gammertingen mit dem Rad-Wander-Shuttle, der am Abend auch wieder zurück nach Tübingen verkehrt.

GESCHICHTE

Die Nebenbahn Reutlingen–Münsingen–Schelklingen wurde durch die Königlich Württembergische Staats-Eisenbahnen in verschiedenen Etappen von 1892 bis 1901 für den Güter- und Personenverkehr errichtet. Der steile Albaufstieg Honau–Lichtenstein wies eine Steigung von 1:10 auf und war daher mit einer Zahnstange ausgerüstet. Nach dem Ersten Weltkrieg ging die Württembergische Staatseisenbahn in der Deutschen Reichsbahn auf. Nach dem Zweiten Weltkrieg wurde die Eisenbahn in der französisch besetzten Zone von der „Verwaltung der Südwestdeutschen Eisenbahnen" (SWDE) übernommen und in die Deutsche Bundesbahn

(DB) eingegliedert, welche seit 1994 als Deutsche Bahn AG firmiert.

Die Stilllegung der Bahn erfolgte in mehreren Abschnitten ab 1969. Heute besteht noch der Abschnitt Kleinengstingen–Münsingen–Oberheutal (Militärbahnhof)–Schelklingen. Der Abschnitt Reutlingen–Honau–Lichtenstein–Kleinengstingen ist abgebaut, die Bahntrasse aber noch

Freier Blick auf die Strecke.

weitgehend als Radweg oder Unland vorhanden. Als im September 1998 auch der Abschnitt Kleinengstingen–Münsingen–Oberheutal seitens der DB AG stillgelegt werden sollte, entschloss sich die Erms-Neckar-Bahn AG, die Strecke von der DB für die Dauer von 25 Jahren zu pachten und damit ihren Weiterbestand zu sichern. Schon früher hatte die Strecke für den Ausflugsverkehr eine beachtliche Bedeutung. Versäumte Modernisierungen der Bahnanlagen ließen aber den automobilen Individualverkehr so stark anwachsen, dass der Bahn keine Zukunft mehr gegeben wurde. Mit Aufgabe des Truppenübungsplatzes Münsingen im Jahr 2005 wurde auch der untere Streckenabschnitt Oberheutal–Schelklingen von der DB AG zur Stilllegung ausgeschrieben. Mit viel Engagement der beteiligten Gemeinden und weiterer Unterstützern konnte die Strecke jedoch ebenfalls, wie der obere Streckenabschnitt, von der Erms-Neckar-Bahn AG gepachtet werden. Seit 2006 wurde ein Teil des Schülerverkehrs wieder auf die Schiene verlagert. Auch der Güterverkehr soll angekurbelt werden, da die Einnahmen aus dem Touristikverkehr nicht zur Deckung der Unterhaltskosten ausreichen.

FAHRZEUGE

Im Museums- und Touristikverkehr werden auf der Schwäbischen Alb-Bahn die inzwischen legendären Schienenbusse der ehemaligen Deutschen Bundesbahn eingesetzt. Es sind zwei Garnituren im Einsatz: Der Ulmer Spatz und der Rote

Im Fahrradwagen sind über 50 Stellplätze vorhanden.

Brummer. Der Schienenbus Ulmer Spatz (798 652 und 798 653 mit mehreren Bei- und Steuerwagen) ist in den ehemaligen Nahverkehrsfarben mint/türkis/weiß der DB AG lackiert. Die Fahrzeuge wurden 1986 im Rahmen des Pilotprojekts „Chiemgaubahn" modernisiert und waren die ersten DB Schienenbusse, die im Einmann-Betrieb (d. h. ohne Schaffner) im Einsatz waren. Dazu erhielten sie eine automatische Türschließeinrichtung. Die Schienenbusgarnitur gehört der DB ZugBus Regionalverkehr Alb-Bodensee (RAB) GmbH und wird von den Schienenbusfreunden Ulm seit 1998 betriebsfähig gehalten.

Der Rote Brummer (796 625) gehört der NeSa GmbH, der Betriebsgesellschaft der Eisenbahnfreunde Zollernbahn und wird von der IG Schienenbus 796 625 unterhalten. Auf der Schwäbischen Alb-Bahn wird das Fahrzeug vom Verein Schwäbische Alb-Bahn eingesetzt. Ihm angehängt sind zwei Steuerwagen, die bis 1969 auf der Zahnradbahn zwischen Honau und Lichtenstein im Einsatz waren.

An einigen Tagen im Jahr verkehrt auf der Strecke ein Dampfzug. Mit der Fertigstellung der Zahnraddampflok 97 501 soll diese von Münsingen aus eingesetzt werden. Dazu werden gerade auch historische württembergische Personenwagen aufgearbeitet.

Der „Rote Brummer" wartet auf Fahrgäste vor dem Bahnhof in Münsingen.

IM EINSATZ

Die nostalgischen Fahrzeuge verkehren auf der Strecke an allen Sonn- und Feiertagen von Mai bis Mitte Oktober sowie an ausgewählten Tagen im Winterhalbjahr.

TICKETS

Fahrkarten sind bei den Schaffnern im Zug erhältlich. Es sind alle regulären Fahrscheine gültig, daher kann auch das Baden-Württemberg-Ticket zur Anreise genutzt werden. Der Zug verkehrt im Tarifgebiet des Verkehrsverbundes DING bis Münsingen und ab Münsingen im Tarifgebiet der NALDO.

AUSFLUGSTIPPS

1 | Schloss Lichtenstein

1802 wurde ein fürstliches Jagdhaus auf Geheiß von Herzog Friedrich II., dem späteren König Friedrich I. von Württemberg, in Fachwerkbauweise errichtet, das 1837 schließlich Wilhelm Graf von Württemberg, der spätere Herzog von Urach, erwarb. Der Graf, ein leidenschaftlicher Sammler von Waffen, Rüstungen und Gemälden, benötigte einen Aufbewahrungsort für seine Kunstgegenstände und wünschte sich dafür, begeistert durch den 1826 erschienenen Roman „Lichtenstein" von Wilhelm Hauff, eine möglichst authentische Ritterburg. Entsprechend den Vorstellungen des 19. Jahrhunderts von einer mittelalterlichen Burg, wurde das Schloss zwischen 1840 und 1842 nach den Plänen Carl Alexander Heideloffs gebaut. Heute kann das Schloss gegen Eintritt im Rahmen einer Führung besichtigt werden. Als sehenswert gelten dabei vor allem Sammelstücke wie z. B. verschiedene Artilleriegeschütze, die dort ausgestellt sind.

Schon bei der Anfahrt mit dem Zug von Richtung Münsingen erkennt man aus der Ferne das schwäbische Märchenschloss Lichtenstein auf der in Fahrtrichtung rechten Seite. Man erreicht es nach einer rund einstündigen Wanderung (ca. 5 km). Dazu verlässt man den Bahnhof Kleinengstingen und wandert über einen geteerten Feldweg in Richtung Nordwesten, vorbei an einer Straßenkreuzung. Nach rund 200 Metern trifft man auf den Hauptwanderweg Nr. 1 des Schwäbischen Albvereins, der mit einem roten Dreieck gekennzeichnet ist. Diesem ist bis zum Schloss Lichtenstein zu folgen.

2 | Automuseum Engstingen

Die deutsche Nachkriegszeit ist gekennzeichnet durch die Jahre des Wirtschaftswunders. Kein technischer Gegenstand zeigt diese enorme technische Entwicklung, die damals stattfand, intensiver als das Automobil. Stellvertretend hierfür stehen der Messerschmitt Kabinenroller, ein Lloyd, eine BMW-Isetta, der NSU-Prinz und nicht zuletzt das Goggomobil. Das kleine, liebevoll gestaltete Museum ist ein Geheimtipp für Freunde von Oldtimern. Ausgestellt sind insgesamt ca. 140 Fahrzeuge, davon rund 60 Exponate aus Baden-Württemberg. Sie werden eingerahmt von einem zeitgenössischen Umfeld wie dem zeitlich passenden Heim, der damaligen Mode sowie vielen Fotos und Plakaten.

Vom Bahnhof Kleinengstingen, der Endstation der Schwäbischen Alb-Bahn, ist das Museum in ca. 20 Minuten zu Fuß erreichbar. Man verlässt den Bahnhof Kleinengstingen und begibt sich auf die Hauptstraße in Richtung Kleinengstingen. Dieser Straße folgt man bis zum Friedhof. Von dort aus geht es auf der Kleinengstinger Straße weiter zum Automuseum, das in einem alten Fabrikgebäude untergebracht ist.

3 | Haupt- und Landesgestüt Marbach

Weltbekannt ist bei Pferdeliebhabern das Haupt- und Landesgestüt Marbach. Es ist eine wichtige Anlaufstelle für Pferdezüchter und Reitsportler aus ganz Deutschland. Berühmt ist es für seine Araberzucht. Die jährlich im Herbst stattfindende Hengstparade ist eine internationale Attraktion. Nach dem Ende des Zweiten Weltkriegs wurde die Zucht des Württemberger Warmblüters mit dem Trakehnerhengst Julmond, der mit dem großen Treck von Trakehnen in Ostpreußen nach Westdeutschland gekommen war, vom schweren Arbeitspferd, das nun nicht mehr benötigt wurde, auf ein modernes Reit- und Sportpferd umgestellt.

Eine der Hauptaufgaben des Gestüts ist die Zucht des Württemberger Warmblüters. Aber auch mit dem Schwarzwälder Kaltblut pflegt man die Zucht von Arbeitspferden, z. B. für die Waldarbeit. Die Schwäbische Alb-Bahn führt direkt am Gestüt vorbei. Vom Bahnhof Marbach ist es in zehn Minuten bequem zu Fuß erreichbar.

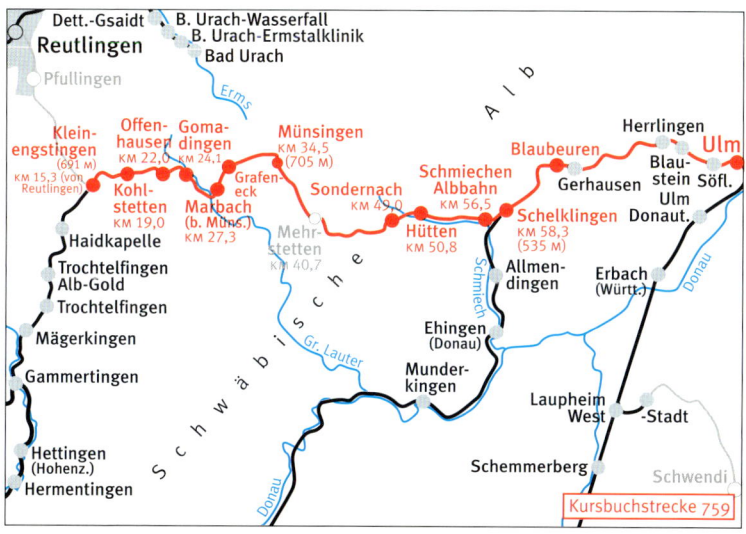

Anreise

Zielbahnhof für die Reise mit dem Schienenbus Ulmer Spatz ist der Hbf. Ulm. Wer mit dem Rad-Wander-Shuttle anreisen möchte, kann in Tübingen starten und von dort über Hechingen und Gammertingen nach Kleinengstingen anreisen. Während der Rad-Wander-Shuttle und der Ulmer Spatz nur einmal am Morgen von Tübingen bzw. von Ulm starten, ist für eine spätere Anreise der Bahnhof Schelklingen empfehlenswert. Von Schelklingen aus pendelt im 2-Stunden-Takt ein historischer Triebwagen nach Münsingen; zwischen Münsingen und Kleinengstingen pendelt der Schienenbus Ulmer Spatz.

Kontakt

Schienenbusfreunde Ulm, c/o Oliver Pfister, Zum Kreuzberg 16, 89601 Schelklingen, Tel. und Fax 0 73 94/13 18, www.ulmer-spatz.net.

Schwäbische Alb-Bahn, Bahnhof Münsingen, Bahnhofstraße 8, 72525 Münsingen/Württ., Bahnverwaltung, Tel. 0 73 81/92 11 03.
Fahrkartenausgabe, Tel. 0 73 81/5 01 75 56.

75

Der Rad-Wander-Shuttle

Ab Tübingen ohne Umsteigen bequem und schnell nach Kleinengstingen oder Schömberg fahren? Dafür gibt es den Rad-Wander-Shuttle der Hohenzollerischen Landesbahn. Als einziger Personenzug verkehrt er zwischen Balingen und Schömberg auf der ansonsten nur im Güterverkehr bedienten Strecke. Ein Grund mehr, einmal einen Ausflug in diese Gegend zu machen.

DIE STRECKE

Die Fahrt beginnt mit insgesamt fünf zusammengekuppelten Triebwagen am Tübinger Hauptbahnhof und führt über die Zollernbahn nach Hechingen. Schon von Weitem kann man die mächtige Burg Hohenzollern erkennen. In Hechingen wird der Rad-Wander-Shuttle nun zum ersten Mal geteilt: Während die vorderen drei Triebwagen weiter nach Balingen fahren, verkehren die hinteren zwei Wagen weiter in Richtung Gammertingen und Kleinengstingen. In Kleinengstingen besteht Anschluss an den historischen Schienenbus Ulmer Spatz, der auf der Schwäbischen Alb-Bahn verkehrt. Am Abend verkehrt der Rad-Wander-Shuttle auch von Kleinengstingen zurück nach Tübingen. Mit den drei ersten Wagen geht die Fahrt weiter nach Balingen. In Balingen wird der Zug erneut geteilt. Die ersten beiden Wagen verkehren weiter über die Zollernbahn nach

Sigmaringen, während der letzte Triebwagen über die sonst nur im Güterverkehr bediente Nebenstrecke hinauf nach Schömberg fährt. Die 13 Kilometer lange Nebenbahn folgt zunächst der Hauptstrecke in Richtung Sigmaringen, bevor sie in Fahrtrichtung rechts nach Westen abschweift. Über Endingen (Württ.) und Erzingen (Württ.) steigt die Bahn nach Dotternhausen-Dormettingen an. Das Bahngelände ist stark vom dortigen Zementwerk geprägt. Nun sind es nur noch vier Kilometer bis zum Endpunkt Schömberg. Zuvor wird aber der Haltepunkt Schömberg-Stausee erreicht, der einen direkten Zugang zum See ermöglicht. Der Endbahnhof Schömberg liegt etwas außerhalb des historischen Stadtkerns.

GESCHICHTE

Der erste Teil der ursprünglichen Bahnstrecke Balingen–Schömberg–Rottweil ist genau der Abschnitt der Bahn, die noch heute vom Güterverkehr genutzt wird und auf der an Sonn- und Feiertagen im Sommerhalbjahr der Rad-Wander-Shuttle verkehrt. Er wurde noch in der Phase des Baubooms von Nebenbahnen 1911 eröffnet. Lange dauerte es, bis die Verlängerung bis Rottweil in Betrieb genommen werden konnte, nämlich bis 1928.

Zwischen Hechingen und Schlatt passiert der Rad-Wander-Shuttle den bekannten „Baumtunnel".

Endstation Kleinengstingen: Hier besteht Anschluss an den Ulmer Spatz nach Münsingen, zu Fuß oder mit dem Rad ist Schloss Lichtenstein erreichbar.

Für die heute abgebaute Strecke ab Schömberg waren einstens zwei große Brückenbauwerke zu errichten, die Primtalbrücke und die Brücke über die Bahnlinie Rottweil–Tuttlingen, die eine längere Planungs- und Bauzeit benötigte. Bereits 1971 wurde der Personenverkehr auf der gesamten Strecke zwischen Balingen und Rottweil mangels Rentabilität eingestellt. Für den Abschnitt Schömberg–Rottweil hatte dies die Gesamteinstellung zur Folge, die Strecke wurde stillgelegt und anschließend abgebaut.

FAHRZEUGE

Moderne RegioShuttle-Triebwagen bestimmen das Bild des Ausflugszugs. Diese Fahrzeuge wurden ab 1996 in Dienst gestellt und stammen ursprünglich von der Daimler-Tochter ABB Daimler Benz Transportation. Inzwischen werden die Fahrzeuge, die nach wie vor in Dienst gestellt werden, in Pankow bei Berlin von der Schweizer Firma Stadler gebaut. Der RegioShuttle ist das Standardfahrzeug für den modernen Nahverkehr

Nur wenige Meter sind es von der Haltestelle Schömberg-Stausee zum See.

auf nicht elektrifizierten Strecken. Bei der Hohenzollerischen Landesbahn sind diese komfortablen und zuverlässigen Fahrzeuge seit 1997 im Einsatz und wickeln fast den gesamten Personenverkehr ab.

IM EINSATZ

Der Rad-Wander-Shuttle verkehrt jeden Sonn- und Feiertag von Anfang Mai bis Mitte Oktober. Der Triebwagen pendelt vier Mal im 2-Stunden-Takt zwischen Balingen und Schömberg. Die erste Fahrt beginnt in Tübingen und der letzte Zug am Abend endet auch wieder in Tübingen.

TICKETS

Im Rad-Wander-Shuttle gilt der reguläre Tarif des Verkehrsverbundes NALDO. Alle im Verkehrsverbund gültigen Fahrscheine, wie auch das Baden-Württemberg-Ticket haben daher Gültigkeit. Fahrscheine sind auch beim Zugpersonal im Rad-Wander-Shuttle erhältlich (aber nur dort, in den anderen regulären Zügen findet kein Fahrscheinverkauf statt).

AUSFLUGSTIPPS

1 | **Stausee Schlichemtalsperre**

„Stauseestädtchen" wird Schömberg auch häufig genannt. Dieser Name kommt vom idyllischen Stausee, der Schömberg zu Füßen liegt. Zielbahnhof ist die Station Schöm-

berg-Stausee des Touristikzuges Tübingen–Balingen–Schömberg. Ursprünglich als Schlichemtalsperre angelegt und in den 80er-Jahren saniert, ist der See heute mit seinem großen Freizeitangebot ein verlockendes Ausflugsziel für Besucher aus nah und fern. An heißen Tagen besteht die Möglichkeit eines erfrischenden Bades im kühlen Wasser oder eines entspannenden Sonnenbads auf der großen Liegewiese am See. Wer einen Spaziergang inmitten der Natur bevorzugt, nutzt den 2,8 km langen Rundweg um den See. Dieser ist auch für Kinderwagen und Rollstuhlfahrer bestens geeignet, auch Inline-Skater und Jogger kommen hier ganz auf ihre Kosten. Darüber hinaus gibt es am See einen Bootsverleih und diverse Gaststätten, die mit ihren Spezialitäten locken. Das Wasser des Schömberger Stausees wird regelmäßig, von Ende Mai bis Ende Oktober, durch das Gesundheitsamt überwacht.

Kontakt:

Touristikgemeinschaft Oberes Schlichemtal, Schillerstraße 29, 72355 Schömberg, Tel. 0 74 27/94 98-0, www.oberes-schlichemtal.de.

2 | **Durch die Balinger Altstadt zum Zollernschloss**

Der Zielbahnhof hierfür ist Balingen. Über den Bahnsteig erreicht man

Versteinerte Zeitzeugen, rund 180 Millionen Jahre alt, kann man im Fossilienmuseum Dotternhausen betrachten.

den Bahnhofsvorplatz. Am Bahnhofsvorplatz angekommen, folgt man der Friedrichstraße in Richtung Süden durch das Zentrum von Balingen. Das Schloss liegt am südlichen Ende des Stadtzentrums an der Einmündung der Steinach in die Eyach und ist in die alte Stadtbefestigung integriert. Deren südöstlicher Wehrturm ist durch eine überdachte Brücke mit dem Schloss verbunden. Das Schloss ist eine spätmittelalterliche Stadtburg der Grafen von Zollern-Schalksburg. Ursprünglich war die Anlage ein Residenzschloss, im Laufe seiner Geschichte aber auch Sitz württembergischer Obervogte. Im 19. Jahrhundert wurde das Zollernschloss als Gaststätte und Brauerei genutzt. In den 30er-Jahren des 20. Jahrhunderts wurde es abgerissen und unter Verwendung originaler Bauteile wieder aufgebaut. Im Gebäude selbst befindet sich das Museum für Waage und Gewicht. Die weltweit wohl größte Sammlung an Waagen und Zubehör zeigt mit rund 400 Exponaten die technische Entwicklung der Waagentechnik von der einfachen Balkenwaage bis zur Laden- und Industriewaage des 20. Jahrhunderts. Der Eintritt ist frei.

Kontakt:

Stadtverwaltung Balingen, Friedrichstraße 67, 72336 Balingen, Tel. 0 74 33/1 70-2 61, E-Mail: stadt archiv@stadtbalingen.de. Mi, Fr, So und jeden 1. Sa im Monat 14–17 Uhr, Führungen nach Vereinbarung.

3 | Fossilienmuseum Dotternhausen

Ammoniten, Seelilien, Krokodile und Saurier, die sich vor rund 180 Mio. Jahren im Jurameer getummelt haben, sind in versteinerter Form im Fossilienmuseum Dotternhausen des Zementwerkes der Holcim Süddeutschland zu sehen. Im Ölschiefer des Lias zeugen sie von einer längst vergangenen Welt. Ohne den Abbau des Ölschiefers, der gleichzeitig wichtiger Rohstoff für die Bindemittelproduktion und Energieträger ist, gäbe es das heutige Fossilienmuseum nicht. Entdeckte Versteinerungen werden dort von Fachleuten geborgen und präpariert. Die Fossilien spiegeln den Reichtum, die Vielgestaltigkeit des Lebens im Jurameer wider und laden ein, sich auch mit den wissenschaftlichen Details von Geologie und Fossilienkunde zu beschäftigen. Speziell für Kinder ist der Klopfplatz vor dem Museum inte-

ressant. Dort kann man selbst nach Fossilien suchen. Hammer und Meißel werden vor Ort verliehen.

Kontakt:

Holcim (Süddeutschland) GmbH, Dormettinger Straße 23, 72359 Dotternhausen, Tel. 0 74 27/79-0, www.holcim.de/sued, E-Mail: info-sueddeutschland@holcim.com. Öffnungszeiten des barrierefreien Museums: Di–Do von 13–17 Uhr, Sonn- und Feiertag von 11–17 Uhr. Vom 1.12. bis 6.1. geschlossen. Eintritt frei.

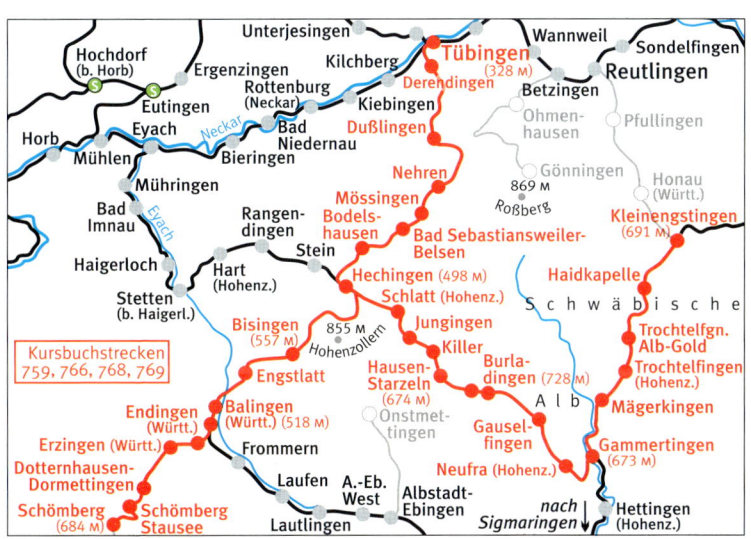

Anreise

Der Rad-Wander-Shuttle startet am Morgen in Tübingen Hbf. Tübingen ist mit Direktzügen von Stuttgart, Horb, Sigmaringen, Albstadt und Herrenberg aus zu erreichen.

Kontakt

HzL Hohenzollerische Landesbahn AG, Bahnhofstraße 21, 72379 Hechingen, Tel. 0 74 71/18 06-0 bzw. 18 06-22, Tel. 0 75 74/93 38 65-0, E-Mail: info@hzl-online.de, www.hzl-online.de.

Der Eyachtäler Radexpress

Im historischen MAN-Schienenbus durch das Eyachtal – diese Möglichkeit bietet sich seit einigen Jahren wieder auf der Strecke Eyach–Haigerloch–Hechingen. Der 3-Löwen-Takt-Radexpress wird von der Hohenzollerischen Landesbahn AG betrieben. Auch die Strecke gehört der landeseigenen Bahngesellschaft. Zuvor war die Strecke viele Jahre ohne regelmäßigen Personenzugverkehr.

DIE STRECKE

Landschaftlich reizvoll gestaltet sich die Fahrt im Schienenbus von Eyach nach Hechingen. Die Bahnstrecke ist 28 Kilometer lang und führt vom Neckartal über Bad Imnau und Haigerloch bis nach Stetten durch das grüne Eyachtal. Ein Höhepunkt der Fahrt ist das Passieren des 146 Meter langen Haigerlocher Tunnels, der unter der Stadt hindurchführt. In Stetten wird der Güterbahnhof des Salzbergwerks tangiert. Auf der in Fahrtrichtung rechten Seite sieht man den Stolleneingang des Salzbergwerks. Über Rangendingen und den letzten Ausläufern der Keuperstufe der Schwäbischen Alb erreicht der Triebwagen den Endbahnhof Hechingen. Der Zug endet im Bahnhof der Hohenzollerischen Landesbahn, der unterhalb des DB-Bahnhofs liegt.

GESCHICHTE

Eröffnet wurde die heute von der Hohenzollerischen Landesbahn

AG (HzL) betriebene Eyachtalbahn bereits im Jahr 1901, zunächst von Eyach bis nach Stetten. Im Jahr 1912 konnte sie bis Hechingen verlängert werden und bekam dadurch Anschluss an das bereits vorhandene Netz der HzL. Zum Winterfahrplan 1972/73 kam, wie für viele Nebenbahnen in dieser Zeit, das Aus für den regulären Personenverkehr zwischen Eyach und Haigerloch. Zum Sommerfahrplan 1973 folgte die Einstellung des Personenverkehrs auf der Reststrecke bis Hechingen.

Polstersitze mit Streckenblick bietet der MAN-Schienenbus der HzL.

Der Güterverkehr spielt allerdings auf der gesamten Eyachtalbahn bis heute eine bedeutende Rolle, denn der wichtigste Güterkunde ist das mit 155 Jahren älteste deutsche Salzbergwerk in Stetten bei Haigerloch. Heute fördert das Salzbergwerk Stetten ca. 500 000 Tonnen Steinsalz als Industrie- und Streusalz pro Jahr. Ein Großteil des geförderten Steinsalzes wird per Bahn an das Werk Burghausen bei Mühldorf geliefert, wo es zur Herstellung von Si-

likonen, Reinstsilicium, organischen Zwischenprodukten und pyrogener Kieselsäure benötigt wird.

FAHRZEUGE

Mit Schienenbussen wurden ab Mitte der 50er-Jahre wirtschaftlich weniger ertragreiche Stichbahnen bedient, auf denen sich ein personalaufwendiger Dampfbetrieb nicht rechnete. Die damalige Deutsche Bundesbahn griff bei der Beschaffung auf eine Konstruktion der Waggonfabrik Uerdingen zurück,

Für Fahrräder steht extra ein Fahrradwagen zur Verfügung.

während viele nichtbundeseigene Eisenbahnen, wie die Hohenzollerische Landesbahn, den teureren und als Schlepptriebwagen ausgelegten Schienenbus des heute in München produzierenden Unternehmens MAN beschafften. Der Einsatz als Schlepptriebwagen ermöglichte den Bahngesellschaften, ganz auf ihre Dampfloks verzichten zu können, da die Triebwagen auch Güterwagen schleppen konnten. Vier fabrikneue Triebwagen kamen direkt zur HzL.

Die Station Haigerloch wird erreicht.

Insgesamt wurden von diesem Typ 60 Fahrzeuge gebaut, 39 davon als Triebwagen, 18 als Steuer- und drei als Beiwagen. Die Triebwagen liefen hauptsächlich im Personenverkehr, wurden aber auch zur Beförderung von ganzen Güterzügen hergenommen. Nach über 50 Jahren waren die bewährten Fahrzeuge noch bis 2009 im Planeinsatz in Baden-Württemberg anzutreffen und dienen heute noch oftmals als Betriebsreserve.

IM EINSATZ

Im Einsatz ist der 3-Löwen-Takt-Radexpress Eyachtäler an ausgewählten Sonn- und Feiertagen im Sommerhalbjahr, um den Tag der Deutschen Einheit sowie zum Haigerlocher Christkindlesmarkt im Dezember.

TICKETS

Fahrkarten sind bei den Schaffnern im Zug erhältlich. Es sind alle regulären Fahrscheine gültig, was ermöglicht, dass auch das Baden-Württemberg-Ticket schon zur Anreise genutzt werden kann. Der Zug verkehrt im Tarifgebiet des Verkehrsverbundes NALDO.

Traditionell zum Haigerlocher Christkindlesmarkt ist die Bahn in Betrieb.

AUSFLUGSTIPPS

1 | Aussichtsturm Römerturm Haigerloch

Erbaut wurde der Römerturm um 1150 als Bergfried der 1095 erstmals erwähnten Burg Haigerloch. Der Turm stammt also nicht aus der Römerzeit, auch wenn das massive Bauwerk bereits im 18. Jahrhundert als Heidenturm bezeichnet wurde. Seine heutige Gestalt erhielt der Turm, der früher einen Fachwerkaufsatz mit Krüppelwalmdach hatte, 1744 bis 1746 durch den Haigerlocher Baumeister Christian Großbayer anlässlich des Umbaus zum Glockenturm für die nur wenige Meter entfernte Oberstadtkirche St. Ulrich, die 1839 abgerissen wurde.

Kontakt:

Stadtverwaltung Haigerloch: Tel. 0 74 74/6 97-0. Von 1. April bis 31. Oktober an Samstagen, Sonn- und Feiertagen in der Zeit von 10 bis 18 Uhr geöffnet.

2 | Rundwanderweg um Haigerloch

Für einen netten Spaziergang bietet sich der Rundwanderweg um Haigerloch geradezu an. Rund 1,5 Stunden sollte man sich für den rund vier Kilometer langen Rundweg Zeit nehmen. Startpunkt ist natürlich der Bahnhof, wo der Eyachtäler Radexpress hält. Nach dem Überqueren der Eyach führt der Weg ein kleines Stückchen auf der Unterstadtstraße stadteinwärts, bevor ein unscheinbarer Treppenaufgang auf der in Laufrichtung linken Seite zum Schloss bestiegen werden muss. Nach dem Aufstieg hat man den Verbindungsweg zwischen Schlosskirche und Schloss erreicht. Hier ist ein kurzer Abstecher zur Schlosskirche möglich. Man folgt dem mit einer 1 ausgeschilderten Weg zum Kapffelsen, einem Aussichtspunkt, der einen Panoramablick auf die Stadt bietet. Vom Kapf schlängelt sich der Weg weiter den Hang entlang, ohne dass vorerst große Höhenunterschiede bewältigt werden müssen. Durch die Laubbäume und Fliederbüsche hindurch zeigt sich die Silhouette von Haigerloch immer wieder von einer anderen Seite. 15 Minuten vom Schloss entfernt trifft der Weg auf die Hauptstraße, die von Hechingen kommend ins Eyachtal nach Haigerloch hinunterführt. Schnell ist die Straße überquert, nach weiteren fünf Minuten trifft man auf einen neuen Aussichtspunkt, der den Blick nach Westen auf Haigerloch freigibt. Vor allem das ehemalige jüdische Haagviertel und der jüdische Friedhof können von hier oben betrachtet werden. Weiter führt der Weg an der steilen südlichen Talseite der Eyach entlang. Vom Fluss bemerkt der Wan-

Das „innere" des Atomkeller-Museums in Haigerloch.

Hauptstraße erreicht man auf der linken Seite den jüdischen Friedhof. Durch das Haagviertel führt der Weg weiter Richtung Oberstadt. Von hier aus ist es nicht mehr weit zum Römerturm (siehe Ausflugstipp 1). Entlang der wenig befahrenen Hauptstraße geht es zurück zum Bahnhof.

3 | Atomkeller-Museum in Haigerloch

Rund 40 Kilometer von der Universitätsstadt Tübingen entfernt, liegt das kleine Städtchen Haigerloch. Gegen Ende des Zweiten Weltkriegs, von Ende 1944 bis April 1945, war die Stadt Standort für einen ersten Großversuch zur Kernspaltung. Eine Forschungsgruppe des Kaiser-Wilhelm-Instituts für Physik floh vor den starken Bombenangriffen in Berlin nach Haigerloch und Hechingen. Unter Leitung des Nobelpreisträgers Werner Heisenberg arbeiteten Carl Friedrich von Weizsäcker und Karl Wirtz an der Entwicklung eines Kernreaktors mit Uran und Schwerem Wasser als Moderator. Daran erinnert das heutige Atomkeller-Museum. Der ehemalige Bierkeller des Haigerlocher Schwanenwirts, der damals zum Höhlenforschungslabor umgebaut wurde, ist heute als Museum eingerichtet. Eine originalgetreue Rekonstruktion des Reaktors, verschiedene Schautafeln

derer allerdings hier oben wenig, da das Haagwäldchen lediglich ab und zu einen Blick auf die tief eingeschnittene Eyach zulässt. Zwischen den dicht stehenden Bäumen taucht immer wieder der Römerturm auf und an manchen Stellen ist der Blick bis zum Schloss hinüber freigegeben.

Mitten im Haagwäldchen biegt der Wanderweg steil ins Eyachtal hinab und trifft dort auf eine schmale Brücke über den Fluss. Nach dem Überqueren der Eyach und der

und Modelle sowie ein Nachbau des Experimentiertisches von Otto Hahn zeigen den Besuchern den Stand der damaligen Entwicklung. Der Atomkeller befindet sich unterhalb der Schlosskirche und ist vom Bahnhof in 15 Minuten zu Fuß erreichbar.

Kontakt:

Tel. 0 74 74/6 97 27.

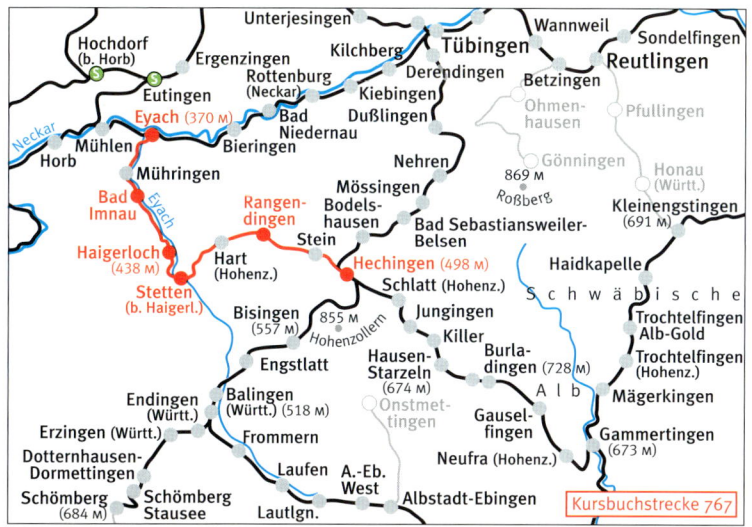

Anreise

Beide Endbahnhöfe des 3-Löwen-Takt-Radexpress Eyachtäler, Hechingen und Eyach, sind bestens per Bahn erreichbar. Eyach liegt an der oberen Neckartalbahn Horb–Tübingen, der Kursbuchstrecke 774, und Hechingen an der Zollern-Alb-Bahn (ZAB 2), der Kursbuchstrecke 766. Die Bahnhöfe sind mindestens im Stundentakt erreichbar. Für die Anreise empfiehlt sich das Baden-Württemberg-Ticket, das auch im Nostalgiezug gültig ist.

Kontakt

Fahrplan- und Tarifauskünfte:
Verkehrsverbund Naldo, Tübinger Straße 14, 72379 Hechingen, Tel. 0 74 71/93 01 96 96,
E-Mail: verkehrsverbund@naldo.de,
www.naldoland.de.

Touristische Informationen:
Zollernalb-Touristinfo, Hirschbergstraße 29, 72336 Balingen, Tel. 0 74 33/92 11 39,
E-Mail: tourismus@zollernalbkreis.de.

Der Naturpark-Express Obere Donau

Der Naturpark Obere Donau gehört zu den schönsten Landschaftsparks Europas. Ihn durchquert eine Eisenbahn, die Donautalbahn. Auf ihr verkehren reguläre Züge, nämlich die RE-Züge Ulm–Neustadt (Schwarzwald). Leider beeinträchtigt das laute Motorengeräusch im Innenraum und die oftmals nicht funktionierende Neigetechnik das Fahrvergnügen. Nun, man muss diese Züge ja nicht nutzen, denn zwischen Sigmaringen und Blumberg-Zollhaus verkehrt der Naturpark-Express Obere Donau. Er ist genau das Gegenteil vom schnellen RE. Er fährt angenehm ruhig, hält an allen Stationen im Naturpark und ist mit freundlichem Personal besetzt. Die beiden Triebwagen der Hohenzollerischen Landesbahn führen in der Zugmitte einen Gepäckwagen für die Beförderung von Fahrrädern und Kinderwagen mit.

DIE STRECKE

Der schönste Streckenabschnitt der gesamten Donautalbahn ist sicher der Abschnitt zwischen Sigmaringen und Tuttlingen. Ab Sigmaringen verkehrt der Naturpark-Express und bedient auf seiner Fahrt die Halte Thiergarten, Hausen im Tal, Beuron, Fridingen, Mühlheim (Donau), Stetten (Donau), Nendingen, Tuttlingen-Nord und Tuttlingen-Hauptbahnhof. In Tuttlingen kreuzt die Donautalbahn die Gäubahn Stuttgart–Singen. Weiter fährt er mit Halten in Tuttlingen-Gänsäcker, Möhringen-Bahnhof, Möhringen-Rathaus, Immendingen-Mitte und Immendingen-Bahnhof. In Immendingen trifft die Schwarzwaldbahn aus Offenburg bzw. Konstanz auf den Naturpark-Express. Auf dem viele Jahre stillgelegten Abschnitt nach Blumberg-Zollhaus hält der Zug in Immendingen-Zimmern, Geisingen-Hausen, Geisingen-Kirchen, Geisingen-Aulfingen, Geisingen-Leipferdingen und Blumberg-Riedöschingen. Ab Blumberg-Zollhaus verkehren die Dampfzüge der Sauschwänzlebahn weiter nach Weizen, und von dort besteht an Sonntagen sogar Anschluss nach Waldshut, so dass seit ein paar Jahren wieder die ge-samte strategische Bahn befahren werden kann.

GESCHICHTE

Bereits 1850 konnte die Eisenbahn-strecke Bad Cannstatt–Esslingen–Göppingen–Ulm eröffnet werden. Damit war die Donau auch in Württemberg per Bahn zu erreichen. 23 Jahre sollte es noch dauern, bis die Bahn durch das Blau-, Ach- und Schmiechtal bis nach Sigmaringen vollendet war. Wie so oft war für den Bau dieser Strecke ein Staats-vertrag mit Preußen erforderlich, denn Sigmaringen liegt auf hohenzollerischem Gebiet. Die schon früh projektierte Weiterführung der Donautalbahn nach Tuttlingen als Teil

Wie heißt das Schloss, das oberhalb vom Bahnhof Hausen im Tal thront?
Es ist Schloss Werenwag.

der Transitstrecke Richtung Oberrhein wurde 1873 in einem weiteren Staatsvertrag konkretisiert. Doch es dauerte noch bis 1890, bis die Eisenbahn fertig gestellt wurde. Zuletzt waren militärische Gründe für den Bau ausschlaggebend. Die Strecke stellte die Verbindung der Reichsfestung Ulm mit der Festung Belfort sicher, weshalb auch das Reich die Hälfte der Baukosten übernahm. Dafür wurde die Strecke als einglei-

den. Damit war diese strategische Bahn, auch Kanonenbahn genannt, vollendet. Den hohen Erwartungen der Militärs, die man in die Donautalbahn in Verbindung mit den strategischen Umgehungsbahnen in Südbaden setzte, konnten die Bahnen jedoch weder im Ersten noch im Zweiten Weltkrieg gerecht werden. Ihre beste Zeit erlebte die Donautalbahn ab 1913, als sogar Schnellzüge von München nach Freiburg über die

Im Zug ist Infomaterial zu Sehenswürdigkeiten erhältlich.

Vorbei an einer alten Pumpstation führt die Fahrt im Naturpark-Express.

sige Vollbahn mit fünf Tunneln und neun Donaubrücken erbaut. Die Option auf ein zweites Gleis wurde bei den Kunstbauten gleich berücksichtigt. Am besten sieht man dies heute noch an den Tunneleingängen, wo das Streckengleis nur die Hälfte des Tunnels beansprucht. Mit der Fertigstellung der Strecke bis nach Tuttlingen war die letzte Lücke geschlossen, denn auch die Weiterführung zwischen Tuttlingen und Waldshut über die bekannte Sauschwänzlebahn (siehe Seite 138) konnte bereits befahren wer-

Strecke rollten. Der Güterverkehr hingegen war aufgrund der noch geringen Industrialisierung entlang der Strecke von Anfang an bedeutungslos. 1945 sprengte die auf dem Rückzug befindliche deutsche Wehrmacht einige Eisenbahnbrücken, weshalb der durchgehende Verkehr auf der Donautalbahn bis 1950 unterbrochen war. Die Zeit der Deutschen Bundesbahn war von einigen Modernisierungen und größtenteils vom Rückbau nicht benötigter Gleise geprägt. Die Fahrpläne wurden ausgedünnt und einzelne Bahnhöfe überhaupt nicht mehr bedient, was letztlich zur Einrichtung des Naturpark-Expresses führte. Kurzfristig war die Strecke 2006 im Rahmen der Reduzierung der Regionalisierungsmittel sogar stilllegungsbedroht. Auch heute gibt es neben dem Naturpark-Express zwischen Sigmaringen und Fridingen nur einen Zwei-Stunden-Taktverkehr. Ab Fridingen ist die Donautalbahn in das Ringzug-Konzept integriert.

FAHRZEUGE

Im Einsatz als Naturpark-Express stehen zwei Dieseltriebwagen vom Typ NE81 der Hohenzollerischen Landesbahn. Diese wurden ab 1981 zur Modernisierung des Fuhrparks einiger Privatbahnen ausgeliefert. Gebaut wurden die Fahrzeuge von der Firma Waggon von 1981 bis 1994. Der NE81 kann auch als Schlepptriebwagen im Güterverkehr verwendet werden, er hat eine Anhängelast von 400 Tonnen in der Ebene. Das Fahrzeug ist der direkte Vorgänger vom heute deutschlandweit verbreiteten RegioShuttle. Ergänzt wird der Naturpark-Express durch einen ehemaligen Postwagen, der zum Gepäckwagen für Fahrräder und Kinderwagen umgebaut wurde und zwischen den beiden Triebwagen zum Einsatz kommt.

IM EINSATZ

Der Zug verkehrt an allen Samstagen, Sonn- und Feiertagen von 1. Mai bis Mitte Oktober auf der Strecke zwischen Sigmaringen und Blumberg-Zollhaus über Hausen im Tal, Tuttlingen und Immendingen.

TICKETS

Das Baden-Württemberg-Ticket sowie das Schönes-Wochenende-Ticket sind in allen Naturpark-Express-Zügen gültig und können natürlich schon in den Zügen zur Anreise genutzt werden. Für den

Im Bahnhof Hausen im Tal findet man noch alte „Flügelsignale".

Naturpark-Express selbst gibt es die Naturpark-Express-Tageskarte (Sigmaringen–Tuttlingen) und die Naturpark-Express-Tageskarte MAXI für die Fahrt bis Blumberg-Zollhaus. Im Abschnitt Sigmaringen–Beuron gelten die Tarife des Verkehrsverbundes NALDO, zum Beispiel das günstige Tagesticket. Auch im Bereich des TUTicket im Abschnitt Beuron–Tuttlingen–Leipferdingen gibt es ein günstiges Tagesticket. Auch für den Landkreis überschreitende Fahrten im Bereich der Verkehrsverbünde TUTicket, VSB und VVR gibt es eine Tageskarte, die im Naturpark-Express bis Blumberg-Zollhaus gültig ist. Alle Fahrkarten sind im Naturpark-Express ohne Aufpreis beim Personal erhältlich.

AUSFLUGSTIPPS

1 | Radtour im Naturpark

Durch den gesamten Naturpark Obere Donau führt der sehr gut ausgeschilderte Fernradwanderweg Donaueschingen–Wien. Diesen Radwanderweg kann man auch nur zwischen den einzelnen Stationen im Naturpark Obere Donau nutzen. Von kleinen Zwischenanstiegen abgesehen ist der Radweg ohne größere Steigungen. Im Bereich von Fridingen bis Sigmaringen sind einzelne Streckenabschnitte nicht geteert, aber gut befestigt. Durch den Naturpark kann man in Etappen radeln. Der schönste Abschnitt beginnt in Fridingen. Je nach Kondition kann man von dort aus Beuron, Hausen im Tal, Thiergarten oder Sigmaringen ansteuern. Nur in diesen Orten hält der Naturpark-Express. DB-Züge halten übrigens nur in Sigmaringen, Beuron und gelegentlich in Fridingen.

2 | Inline-Tour nach Tuttlingen

Während für Wanderer und Radler die Tour donauabwärts zu empfehlen ist, bietet sich für Inliner die Strecke von Fridingen donauaufwärts Richtung Tuttlingen an. Der ausgeschilderte Donauradwanderweg ist in diesem Bereich komplett geteert und es gibt keine Steigungs- und Gefällstrecken in diesem Abschnitt.

3 | Zur Donauversickerung

Die Donauversickerung bei Möhringen in der Nähe von Tuttlingen ist weltweit einzigartig: In den Sommermonaten verschwindet die Donau dort komplett und der Besucher findet ein trockenes Flussbett vor. Das Wasser fließt unterirdisch rund 60 Stunden lang, bis es 183 Höhenmeter tiefer und etwa 12 km Luftlinie entfernt im Aachtopf wieder erscheint. Die im Jura entstandenen Gesteinsschichten sind der Grund für die Versickerung. Das Kalkgestein hat im Laufe der Zeit viele Spalten und Hohlräume bekommen, in denen das Donauwasser verschwinden kann. Mitte des 19. Jahrhunderts siedelte sich Textilindustrie an der Aach an. Die Betriebe waren auf regelmäßige Wasserzufuhr angewiesen. Bei Niedrigwasser stellten die Betriebe jedoch fest, dass die Schüttung der Aach stark abnahm. Man erkannte als Grund dafür die Dichtungsarbeiten am Flussbett der Donau. Aufgrund eines Verbotes des Bezirksamts Engen durfte daraufhin das Bett der Donau nicht mehr abgedichtet werden. Folge dieses Verbots war die vollständige Versickerung der Donau im Jahr 1874. Seit diesem Jahr versickert die Donau jährlich zwischen 150 und 200 Tagen vollständig. Die durchschnittliche Vollversickerung nimmt dabei zu, dieses liegt jedoch auch an dem Verfall künstlich angelegter Abdichtungssysteme im Donauflussbett.

Die Donauversickerung erreicht man mit dem Naturpark-Express entweder vom Bahnhof Tuttlingen-Möhringen oder vom Bahnhof Immendingen aus. Über den Donautalradweg gelangt man leicht zur Donauversickerung, die auch angeschrieben ist. Zwischen Möhringen und Immendingen sind es, entlang des Radwegs, rund sieben Kilometer.

Anreise

Der Fahrplan des Naturpark-Express ist auf die Zubringerzüge abgestimmt. Die Anreise erfolgt am besten mit dem Zug aus Richtung Ulm, Memmingen und Lindau kommend zum Bahnhof Sigmaringen, von Richtung Stuttgart oder Singen kommend nach Tuttlingen oder von Richtung Freiburg, Karlsruhe und Offenburg nach Immendingen.

Kontakt

Naturpark Obere Donau, Wolterstraße 16, 88631 Beuron, Tel. 0 74 66/92 80 14, E-Mail: NaturparkObereDonau@t-online.de, www.naturpark-obere-donau.de.

Der Enztäler Radexpress

Früher war die Fahrt von Stuttgart nach Bad Wildbad der traditionelle Sonntagsausflug. Mit dem Enztäler Radexpress wird diese alte Verbindung wiederbelebt. In rund 90 Minuten reist man heute im historischen Elektrotriebwagen ET 25 aus den 30er-Jahren von der Landeshauptstadt in die Kurstadt Bad Wildbad. Anders als früher kann sich das heute mit den günstigen Tarifen jeder leisten. Die Fahrradbeförderung ist sogar kostenlos. Für Velos gibt es bei der ersten Fahrt ab Stuttgart einen extra Fahrradwagen. Der Zug ist bewirtschaftet. Kleine Speisen und Getränke sind an der Bar erhältlich.

DIE STRECKE

Seit dem 14. Jahrhundert ist Bad Wildbad für seine Thermalwasserquellen bekannt. Besonders in höfischen Kreisen des Königreichs Württemberg war die Stadt als Kur- und Erholungsort beliebt. Da Bad Wildbad nur mühsam zu erreichen war, wurde der Ruf nach einer Eisenbahn laut. Damit aber Württemberg eine Bahn von Pforzheim nach Bad Wildbad betreiben konnte, musste es die Zufahrt über die badische Bahn von Mühlacker nach Pforzheim in Kauf nehmen und zwischen Pforzheim und Birkenfeld zusätzlich 2,5 Kilometer auf badischem Territorium bauen. Trotzdem konnte 1868 die Bahn eröffnet werden.

GESCHICHTE

Schon in den ersten Jahren fuhren täglich sechs Zugpaare auf der 23 km langen Strecke. Bis zum Ersten Weltkrieg nahm die Bahn den erwarteten Aufschwung. Danach ging der Personenverkehr stark zurück. Bedingt durch den Badebetrieb gab es bald schon Kurswagen aus Paris und Wien nach Bad Wildbad. Nach dem Zweiten Weltkrieg dominierten jedoch Kurswagenumläufe aus Norddeutschland. Bis 1968 war die Bahn stark in den Berufsverkehr eingebunden. Durch den Ausbau der B 294 sank allerdings der Anteil an Bahnreisenden im täglichen Berufsverkehr. Bis 1962 waren noch Dampfloks auf der Wildbader Strecke im Einsatz. Diese wurden von Schienenbussen und von diesellokbespannten Personenzügen abgelöst, was kurzfristig zu höheren Fahrgastzahlen führte. Die Deutsche Bundesbahn modernisierte 1976 die Strecke, indem sie unter anderem die mechanischen Stellwerke in Neuenbürg und Bad Wildbad durch elektrische Stellwerke ersetzte. Leider wurden gleichzeitig auch die Bahnhöfe Höfen und Birkenfeld geschlossen. Ab 1990 kamen die modernen, aber viel zu schwachen Dieseltriebwagen der Baureihe 628 zum Einsatz. Mit ihnen konnte der Kurswagenverkehr nicht mehr durchgeführt werden, was zum Ende dieser über 120-jährigen Einrichtung führte. Erste Überlegungen von 1993, die Strecke in das Stadtbahnnetz der Albtal-Verkehrsgesellschaft zu integrieren, wurden wenige Jahre später beschlossen und so erreichte die Stadtbahn 2002 zum ersten Mal Bad Wildbad. Allerdings enden die Stadtbahnen der Linie S 6 nicht, wie früher die DB-Züge und der Enztäler Radexpress am Bahnhof außerhalb der Stadt, sondern fahren seit 2003 noch rund 600 Meter weiter durch die Fußgängerzone der Stadt bis zur Endhaltestelle „Kurpark". Außer-

Der ET 25 startet im Stuttgarter Hauptbahnhof zu seiner Fahrt in den Schwarzwald.

Bequem und schnell reist man im Vororttriebwagen aus den 30er-Jahren. Der Zug ist zus

gewöhnlich dabei ist die Systemwechselstelle nach dem Bahnhof. Das Stromsystem ändert sich, aus dem Zug wird eine Straßenbahn und aus den Reisenden werden Fahrgäste. Weil der historische Triebwagen sich nicht in eine Straßenbahn verwandeln kann, bleibt ihm die Befahrung der Straßenbahngleise in Bad Wildbad allerdings verwehrt.

Die Folgen der Komplettsanierung und Modernisierung der Strecke waren stark steigende Fahrgastzahlen. Rund 175 % mehr Fahrgäste nutzen heute die Bahn im Enztal, als dies noch 2001 mit der Deutschen Bahn AG der Fall war.

FAHRZEUGE

Infolge der Streckenelektrifizierungen Anfang der 30er-Jahre beschaffte die Deutsche Reichsbahn ab 1935 die ersten Exemplare des ET 25. Sie waren die ersten Vertreter einer neuen Generation von Elektrotriebwagen. Die zweiteiligen Triebzüge erreichten eine Höchstgeschwindigkeit von 120 km/h. Die gesamte elektrische Installation war unter dem Wagenboden angeordnet, so dass keine Nutzfläche im Fahrgastraum verloren ging. Die elektrischen und mechanischen Bauteile verschiedener Hersteller mussten einheitliche Abmessungen und Leistungen aufweisen, um die Austauschbarkeit zu gewährleisten. Jeder Triebwagen hatte einen eigenen Transformator, der in das äußere Triebdrehgestell eintauchte, sowie eine eigene Steuerung. Im Bereich der Deutschen Bundesbahn verblieben nach dem Krieg zwanzig ET 25, die in Bayern, Württemberg und Baden eingesetzt wurden. Zwischen 1963 und 1965 modernisierte die DB diese Fahrzeuge. Unter anderem bekamen sie einen neuen Führerstand und mit dem „Cannstatter Kopf" ein ganz neues Aussehen. Im Sommer 1985 wurden die Fahrzeuge aus dem Bestand der DB schließlich ausgemustert.

Der eingesetzte 425 120 lief zunächst in München und gelangte

mit einer Bar ausgestattet.

während seiner Einsatzjahre nach Basel (Badischer Bahnhof), Haltingen, Offenburg und Heidelberg, bevor Tübingen sein letztes Bahnbetriebswerk war. Der ET 25 wurde 1986 an die Schweizer Oensingen-Balsthal-Bahn (OeBB) verkauft. Zwischen 1986 und 1992 war der Triebwagen im Regelbetrieb auf der 4,2 km langen Strecke anzutreffen, bevor er wieder nach Stuttgart zurückgeholt wurde. Seit 1998 ist er wieder betriebsfähig und wird von der Schienenverkehrsgesellschaft mbH (SVG) betreut (siehe Seite 268). Neben dem ET 425 120 ist in Haltingen der ehemalige 425 015 vorhanden, der heute wieder, mit dem alten Führerstand, als ET 25 015 bezeichnet wird (siehe Seite 51).

IM EINSATZ

Einfach zu merken: Der Enztäler Radexpress verkehrt jeden Sonn- und Feiertag von Anfang Mai bis Mitte Oktober direkt vom Hauptbahnhof der Landeshauptstadt Stuttgart in den Nordschwarzwald nach Bad Wildbad. Es gibt zwei Direktfahrten zwischen Stuttgart und Bad Wildbad. Radfahrer sollten die erste Fahrt ab Stuttgart und die letzte Fahrt ab Bad Wildbad nutzen, weil bei diesen Fahrten ein Extra-Fahrradwagen zum Einsatz kommt.

TICKETS

Der Zug verkehrt als RegionalExpress (RE). Daher sind alle regulären Fahrscheine gültig, wie zum Beispiel auch das Baden-Württemberg-Ticket. Praktisch, denn dieses Ticket kann gleich zur Anreise von allen Bahnhöfen in Baden-Württemberg zum Enztäler Radexpress genutzt werden. Bis Vaihingen (Enz) haben auch alle Fahrkarten des Verkehrsverbundes VVS im Zug Gültigkeit. Wer im Bereich des Verkehrsverbundes Pforzheim-Enzkreis GmbH (VPE) startet, kann mit der Regio-24-Karte bzw. für Gruppen mit der Regio24-PLUS-Karte günstig fahren. Schwarzwald-Besucher, die eine

KONUS-Gästekarte haben, genießen zwischen Bad Wildbad und Pforzheim freie Fahrt in allen Zügen.

AUSFLUGSTIPPS

1 | Die Sommerbergbahn in Bad Wildbad

Bad Wildbad ist ein bekannter Kurort im nördlichen Schwarzwald. Die Stadt selbst liegt idyllisch an der Enz. Aber nicht nur die Stadt ist einen Besuch wert: Ihr Hausberg, der Sommerberg, ist bei gutem Wetter immer ein lohnendes Ziel. Die Sommerberg-Bahn ist die bequemste Verbindung zwischen dem Ortszentrum von Bad Wildbad und dem Gipfel. In weniger als zehn Minuten gelangt man bequem mit der Bahn in ein wundervolles Höhennaherholungsgebiet. Klare Schwarzwaldluft in 300 Metern über dem Tal und herrliche Ausblicke auf die Kurstadt und die Höhen des Schwarzwaldes vom Hochplateau des Sommerberges sind ein Grund, um mit der Bergbahn nach oben zu fahren. Von der Bergstation aus sind Spaziergänge und größere und kleinere Wanderungen auf ebenen Wegen bis hin zum Naturschutzgebiet Wildseemoor möglich.

Kontakt:

Touristik Bad Wildbad GmbH, König-Karl-Straße 5, 75323 Bad Wildbad, Tel. 0 70 81/1 02 80
www.bad-wildbad.de.

2 | Besucherbergwerk Frischglück

Vom Zielbahnhof Neuenbürg aus erreicht man nach einem rund zweistündigen Spaziergang das Besucherbergwerk Frischglück. Die Tour beginnt mit der Überquerung der Enz. Anschließend folgt man dem kleinen Fußweg mit der Beschilderung „Wanderheim". Dort angekommen, geht es links zum Windhof. Hier beginnt der „Wanderweg Nr. 5" der Stadt Neuenbürg. Der Weg führt hoch vorbei an der Engelsbrander Straße und folgt dann links einem Reitweg mit der Beschilderung „Blaue Raute mit weißem Balken" zum Angelstein. Weiter geht es vorbei am Islandgestüt nach Waldrennach, mit 580 Höhenmetern der höchste Punkt der Wanderung. Über die Eichwaldstraße gelangt man bis zur Kreuzung der Landesstraße 342. Rechts folgt man nun der Höfener Straße, die bis zum Wald führt. Dort, im Hummelrain, sieht man bereits die ersten Wegweiser zum Bergwerk. In diesem Waldstück fand man auch Überreste von keltischen Eisengießereien aus der Zeit um 600 v. Chr. Die Frischglückgrube vermittelt dem Besucher ein originalgetreues Bild der Abbautechnik vergangener Jahrhunderte. Der Rundgang dauert ca. 45 Minuten, erstreckt sich über drei Sohlen und führt zu vielen beeindruckenden Objekten. Aufgrund der konstanten Temperaturen von

+ 8° C und der hohen Luftfeuchtigkeit von ca. 97 % im Stollen ist es ratsam, warme Kleidung und feste Schuhe zu tragen. Nach dem Besuch des Bergwerks überquert man die Landstraße und kommt nach ca. 50 Metern links auf den Frischglückpfad. Er führt vorbei an alten Stollen, über die Waldrennacher Steige zum Windhof und dem Wanderheim/Bahnhof zurück.

Kontakt:

Stadtverwaltung Neuenbürg
Schloss Neuenbürg
75305 Neuenbürg
Tel. 0 70 82/79 28 60
www.frischglueck.de

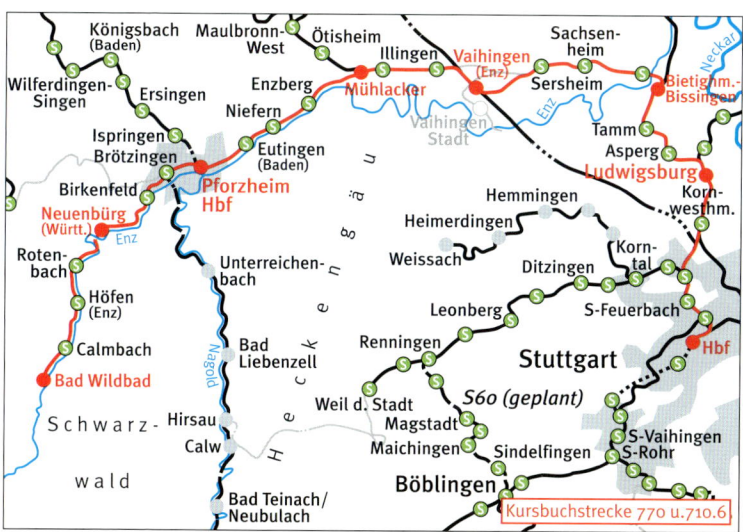

Anreise

Die Anreise kann zu allen Haltestationen des Enztäler Radexpress erfolgen. Der Zug beginnt in Stuttgart Hbf. und hält auf seiner Fahrt nach Bad Wildbad in Ludwigsburg, Bietigheim-Bissingen, Vaihingen (Enz), Mühlacker, Pforzheim und Neuenbürg (Enz). Alle Bahnhöfe sind bestens per Bahn erreichbar. Für die Anreise empfiehlt sich das Baden-Württemberg-Ticket, das auch im Enztäler Radexpress gültig ist. Fahrplanauskünfte für Bus und Bahn sind unter www.bahn.de erhältlich.

Kontakt

Schienenverkehrsgesellschaft mbH (SVG), Marienbader Straße 48, 70372 Stuttgart, Tel. 07 11/88 78 14-0, E-Mail: info@svgmbh.com, www.svgmbh.com.

Per Express in den Schwarzwald

Ideal für einen Ausflug in den Schwarzwald ist der Freudenstadt-Express, der 2010 zum ersten Mal auf der Gesamtstrecke verkehrt. Die Fahrt über die drei großen Talbrücken, die – weil sanierungsbedürftig – fast zur Einstellung der Bahn geführt hätten, ist ein besonderer Genuss für Eisenbahnfreunde.

DIE STRECKE

Noch im Gleisvorfeld des Stuttgarter Hauptbahnhofs fädelt die Gäubahn auf einer Rampe aus, um an Höhe zu gewinnen. Rechts sieht man das Bahnbetriebswerk „Rosenstein", das im Rahmen von Stuttgart 21 verlegt werden soll. An ihrem Beginn schlängelt sie sich vom Talkesselrand hinauf auf die Hügel. Der Abschnitt wird nicht umsonst auch als Panoramabahn bezeichnet. Kurz vor der S-Bahn-Station „Österfeld" kommen die S-Bahn-Gleise aus der

Versenkung und vereinigen sich mit der Gäubahn-Strecke. Im Rahmen von „Stuttgart 21" soll der Abschnitt der Gäubahn bis dorthin stillgelegt, beziehungsweise durch eine Tunnelstrecke ersetzt werden. Hinter Böblingen durchquert die Strecke einen Ausläufer des Schönbuchs und tritt bei Ehningen in die namengebende Gäulandschaft ein. Über Ehningen, Gärtringen und Nufringen nähert sich die Gäubahn dann dem Bahnhof Herrenberg, bei dessen Anfahrt man einen schönen Blick auf die imposante Stiftskirche hat. Durch die wellige Gäulandschaft führt das Gleis über Gäufelden, Bondorf und Ergenzingen nach Eutingen im Gäu. Der eigentliche Ort Eutingen befindet sich zwei Kilometer vom völlig überdimensioniert wirkenden Bahnhof entfernt. Die Strecke nach Freudenstadt schwenkt nun nach rechts ab, es folgt auf der linken Seite das Verbindungsgleis nach Horb. Im Bahnhof Hochdorf, der sein Gesicht in den letzten Jahren völlig geändert hat, zweigt die Strecke nach Pforzheim ab. Nach Durchqueren des Forstes Withau führt links ein Gleisanschluss zum Horber Industriegebiet, der aber nur selten genutzt wird. Bevor der Haltepunkt Bittelbronn durchfahren wird, passiert der Triebwagen die aufgelassene

Station Altheim-Rexingen. Zwischen Bittelbronn und Schopfloch durchquert die Strecke ein Stück Hohenzollern. Vor Schopfloch erkennt man auf der rechten Seite den 718 m hohen Rödelsberg, der einen schönen Ausblick auf den Schwarzwald und die Schwäbische Alb bietet. Es folgt der Bahnhof Dornstetten und danach der beeindruckendste Teil der Strecke, das Passieren es 279 m langen und 39 m hohen Kübelbachviadukts. Kurz darauf folgt das gleich lange Stockerbachviadukt, dem der aufgelassene Haltepunkt Grüntal folgt. Vom Viadukt bietet sich auf der linken Seite ein eindrucksvoller Blick auf Freudenstadt. Nun folgt das letzte Viadukt, das 159 m lange und 48 m hohe Ettenbachviadukt. Bald ist

Im Bahnhof Freudenstadt steht der ET 65 und wartet auf die Rückfahrt.

Der Freudenstadt-Express startet im Kopfbahnhof Stuttgart, der im Rahmen von Stuttgart 21 zerstört wird.

Freudenstadt Hbf. erreicht. Näher am Stadtzentrum von Freudenstadt liegt der Bahnhof Freudenstadt-Stadt an der Strecke nach Rastatt, der im Halbstundentakt vom Hbf. angefahren wird.

GESCHICHTE

Ursprünglich wurde die gesamte Strecke Stuttgart–Freudenstadt als Gäubahn bezeichnet. Heute nennt sich die Strecke Stuttgart–Eutingen–Horb–Singen Gäubahn. 1879 wurde die Strecke eröffnet. Die württembergische Stadt Freudenstadt erhielt durch sie den lang ersehnten Bahnanschluss an die Landeshauptstadt. Über die Gäubahn und die Kinzigtalbahn konnte nun auch Offenburg schnell erreicht werden. 1945 wurden die Viadukte von der zurückweichenden deutschen Wehrmacht zerstört. In den 70er-Jahren gab es Pläne, die als „Freudenstadter Stern" bezeichneten Bahnstrecken rund um Freudenstadt mangels Nachfrage stillzulegen. Glücklicherweise wurden diese Planungen nicht umgesetzt, so dass die Strecken heute nach umfassender Modernisierung und dem Einsatz der Ortenau-S-Bahn von Hausach bis Freudenstadt sowie der Karlsruher Stadtbahn über Freudenstadt und Eutingen teilweise bis nach Herrenberg einer gesicherten Zukunft entgegenblicken.

FAHRZEUGE

Die Schienenverkehrsgesellschaft setzt für den Freudenstadt-Express einen ihrer beiden Elektrotriebwagen vom Typ ET 65, ET 65 005 oder ET 65 006 ein. Beide Fahrzeuge wurden 1933 bei der „ME", der Maschinenfabrik Esslingen, gebaut und waren zu Zeiten des Planverkehrs im Stuttgarter Vorortverkehr im Einsatz. Ihre Fahrten führten sie nach Tübingen, Geislingen (Steige) und Vaihingen (Enz). Mit der Inbetriebnahme der Stuttgarter S-Bahn 1978 war das Ende der ET 65 gekommen. Aber beide Fahrzeuge konnten erhalten werden. Während ET 65 005 für das Landesmuseum für Technik und Arbeit (heute Technoseum) in Mannheim vorgesehen war (siehe Seite 214), wurde ET 65 006 zuerst in Tübingen und später in Frankfurt (Main) durch die dortigen BSW-Gruppen bei Sonderfahrten eingesetzt. Nachdem ET 65 006 lange Jahre schutzlos im Gleisvorfeld von Frankfurt stand, konnte das Fahrzeug nach Stuttgart zurückgeholt werden.

IM EINSATZ

Der Freudenstadt-Express verkehrt von Mai bis Ende Oktober an ausgewählten Sonn- und Feiertagen. Die genauen Einsatztage sind im Kursbuch oder im Prospekt zu finden. Der Zug fährt am Morgen von Stuttgart nach Freudenstadt, verkehrt am Tag einmal nach Herrenberg und zurück und fährt am Abend wieder zurück nach Stuttgart. In den Sommerferien pendelt ein Elektrotriebwagen zwischen Freudenstadt und Eutingen nach dem S-Bahn-Fahrplan.

TICKETS

Der Zug verkehrt tariflich wie ein normaler RegionalExpress. Daher sind alle gängigen Fahrkarten im Zug gültig. Im Bereich des Verkehrsverbundes VVS (Stuttgart–Herrenberg) und im Bereich der Verkehrsgemeinschaft Freudenstadt (vgf), der Strecke Eutingen–Freudenstadt, sind dies z. B. Einzelfahrscheine oder Tageskarten, für die Gesamtstrecke bieten sich das Baden-Württemberg-Ticket für fünf Personen oder für eine Person das Single-Ticket an. Zwischen Herrenberg und Eutingen gilt ausschließlich der DB-Tarif (der Zug verkehrt tariflich im ein- und ausbrechenden Verkehr der Verkehrsverbünde!). ACHTUNG: Im Zug findet kein Fahrkartenverkauf statt. Tipp: Alle Fahrkarten, die im Freudenstadt-Express gültig sind, gelten auch in den „normalen" Zügen. So kann man problemlos zu einer Wanderung unterwegs aussteigen und kann später mit einem anderen Zug weiterfahren, ohne auf den Nostalgiezug warten zu müssen.

AUSFLUGSTIPPS
1 | Freudenstadts Marktplatz

Zu Deutschlands größtem umbauten Marktplatz gelangt man entweder von Freudenstadt Hbf., dem Endpunkt des Freudenstadt-Express, oder noch besser über einen kürzeren Fußweg vom Bahnhof

Freudenstadt-Stadt, der von der S-Bahn nach Rastatt vom Hauptbahnhof aus bedient wird. Auf dem Gelände des heutigen Marktplatzes war ein großes Residenzschloss geplant, daher wurde ein Bauplatz dieser Größenordnung geschaffen. Etwas Besonderes ist auch die evangelische Stadtkirche am südlichen Rand des Marktplatzes. Eine Winkelhakenkirche mit L-förmigem Grundriss gibt es nur zwei Mal in Deutschland.

Am Marktplatz stehen weiter das Rathaus und das Stadthaus, in dem das Heimatmuseum sowie die Stadtbücherei untergebracht sind. Ein Aussichtsturm ist der Friedrichsturm, der im Jahr 1899 anlässlich des 300-jährigen Stadtjubiläums auf dem Kienberg erbaut wurde. Eine kulturhistorische Sehenswürdigkeit ist das ehemalige Silberbergwerk beim heutigen Facharztzentrum als Besucherbergwerk.

Kontakt:
Freudenstadt Tourismus, Marktplatz 64, 72250 Freudenstadt, Tel. 0 74 41/8 64-0, E-Mail: touristinfo@freudenstadt.de, www.freudenstadt.de.

2 | Schaubergwerk „Himmlisch Heer" in Hallwangen

Über den Zielbahnhof Dornstetten, an dem der Freudenstadt-Express

auch hält, erreicht man in rund 40 Minuten Fußweg das Schaubergwerk „Himmlisch Heer" im Ortsteil Hallwangen. Der Wanderweg ist mit dem Bergwerksymbol „Hammer und Meisel" gekennzeichnet. Bergbau findet man in der Region seit dem 13. Jahrhundert. Seit 1996 wird das ehemalige Silber-, Kupfer- und Schwerspatbergwerk „Himmlisch Heer" für Besucher zugänglich gemacht. Der Verein Förderkreise Historischer Bergbau Hallwangen konnte im Jahr 2000 mit einem großen Festakt das Bergwerk offiziell für den Besucherbetrieb eröffnen. Geöffnet hat das Besucherbergwerk von Anfang Mai bis Ende Oktober an jedem ersten und dritten Sonntag im Monat, allerdings nicht an den Feiertagen, die auf einen Werktag fallen. Geöffnet ist von 14 bis 18 Uhr.

Kontakt:
Tourist-Information Dornstetten, Marktplatz 14, 72280 Dornstetten, Tel. 0 74 43/96 20-30, E-Mail: info@dornstetten.de, www.bergwerk-hallwangen.de.

3 | Puppen- und Spielzeugmuseum Dornstetten

Ebenfalls in Dornstetten befindet sich das Puppen- und Spielzeugmuseum im Hegelhaus. Das Museum führt die Besucher in die Kindheit der Großeltern zurück und zeigt

Spielzeug, das Kinderherzen einstmals höherschlagen lies. Hier kann man Puppen, Puppenstuben, Zinn- und Bleifiguren, Blechspielzeug und Modelleisenbahnen aus dem 19. und der ersten Hälfte des 20. Jahrhunderts bewundern. Das Museum wurde von der Familie Bidermann mit viel Liebe eingerichtet. Geöff-

net hat es an Sonntagen von 14 bis 17 Uhr. Der Eintritt ist frei.

Kontakt:

Tourist-Information Dornstetten, Marktplatz 14, 72280 Dornstetten, Tel. 0 74 43/96 20-30, E-Mail: info@dornstetten.de, www.dornstetten.de.

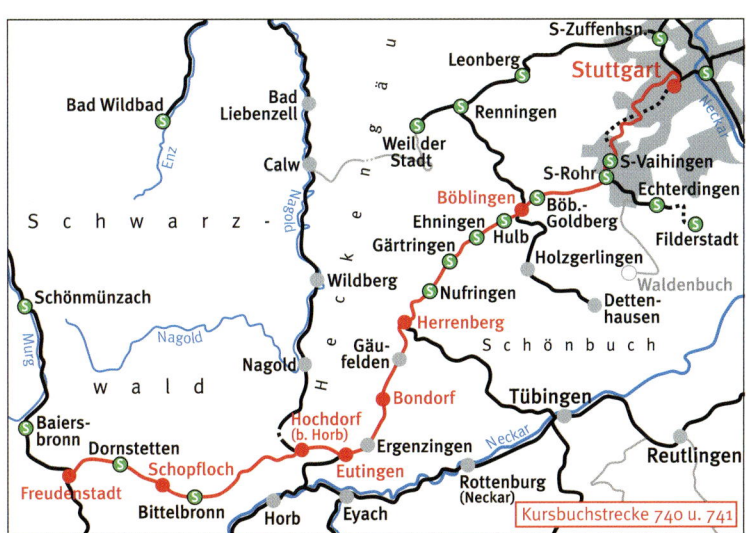

Anreise

Die Anreise kann zu allen Halten des Freudenstadt-Express erfolgen. Der Zug beginnt im Stuttgarter Hbf. und hält auf seiner Fahrt nach Freudenstadt in Böblingen, Herrenberg, Eutingen (Gäu), Hochdorf, Schopfloch und Dornstetten.

Alle Bahnhöfe sind bestens per Bahn erreichbar. Für die Anreise empfiehlt sich das Baden-Württemberg-Ticket, das auch im Freudenstadt-Express gültig ist. Fahrplanauskünfte für Bus und Bahn sind unter www.bahn.de erhältlich.

Kontakt

Schienenverkehrsgesellschaft mbH (SVG), Geschäftsfeld Nostalgieverkehr, Marienbader Straße 48, 70372 Stuttgart-Bad Cannstatt, Leiter Nostalgieverkehr, Markus O. Robold, E-Mail: m.robold@svgmbh.com, Tel. 0 71 95/95 20 10, www.et65.de.

Zum Weltkulturerbe nach Maulbronn

Das ehemalige Zisterzienserkloster Maulbronn ist weltbekannt. Dass Maulbronn-Stadt auch einen Bahnhof hat, war bis in die 90er-Jahre nur Insidern bekannt, denn die Stichstrecke zwischen Maulbronn-West und Maulbronn-Stadt war ohne Verkehr. Seit 1997 wird die Strecke an den Wochenenden im Sommerhalbjahr wieder bedient. Organisiert hat dies der Verkehrsclub Deutschland, der auch die ehrenamtlichen Zugbegleiter stellt. Der Abzweigbahnhof Maulbronn-West liegt an der Hauptstrecke (Stuttgart–)Mühlacker–Bruchsal und wird auch erst seit wenigen Jahren wieder im Taktverkehr von der Karlsruher Stadtbahn bedient.

DIE STRECKE

Die Bahnstrecke Maulbronn-West–Maulbronn-Stadt ist eine 1914 eröffnete 2,35 Kilometer lange eingleisige Stichbahn im Nordwesten Württembergs. Die Strecke kommt im Wesentlichen ohne Kunstbauten aus und verläuft durchgängig im dichten Laubwald.

Eine geplante Verlängerung des Bahnhofgleises zu den oberhalb des Klosters liegenden Steinbrüchen führte dazu, dass der Bahnhof in etwas erhöhter Lage am östlichen Talrand erbaut wurde. Als Besonderheit der Strecke wurde das neue Bahnhofsgebäude völlig unabhängig von der üblichen württembergischen Bahnhofsarchitektur errichtet: Es nimmt Bezug auf das rund 800 Meter entfernte Kloster und wurde daher im neuromanischen Stil erbaut. Das Streckenende befindet sich am südwestlichen Ortsrand von Maulbronn.

GESCHICHTE

Die Nebenbahn Maulbronn-West–Maulbronn-Stadt verdankt ihre Entstehung dem Ergebnis der langwierigen und kompromissbehafteten Verhandlungen zwischen den damaligen Staaten Baden und Württemberg über den Bau einer Eisenbahnverbindung von der Landeshauptstadt Stuttgart nach Bruchsal.

Diese als Westbahn bezeichnete Strecke wurde jedoch in Rücksichtnahme auf die Landesgrenzen so errichtet, dass Maulbronn nur über einen rund drei Kilometer außerhalb des Ortes im Wald gelegenen Bahnhof zu erreichen war.

Für Maulbronn war diese Lösung unbefriedigend. Maulbronn verfasste diverse Petitionen für die Herstellung einer Eisenbahnverbindung zwischen Bahnhof und Stadt, welche mit dem Bedürfnis nach einem Gleisanschluss für die örtlichen, weithin bekannten Sandsteinbrüche, dem Transport landwirtschaftlicher Güter, aber auch mit dem aufkommenden Tourismus zum berühmten Kloster

Fast wäre der Klosterstadt-Express 2009 aufs Abstellgleis gefahren, weil die Stadt Maulbronn den Vertrag zum Unterhalt der Strecke gekündigt hatte.

Maulbronn begründet wurden. 1911 konnte mit den ersten Vorarbeiten begonnen werden, der eigentliche Bau wurde im Laufe des Jahres 1912 in Angriff genommen. Nach rund zweijähriger Bauzeit konnte die Strecke am 1. August 1914, dem Tag der deutschen Mobilmachung für den Ersten Weltkrieg, dem Verkehr übergeben werden. Entsprechend mager fanden die Feierlichkeiten mit nur wenigen Gästen statt. Auf der Strecke waren bis zum Zweiten Weltkrieg die bekannten Kittel-Dampftriebwagen der Maschinenfabrik Esslingen im Einsatz. Leider konnte in Deutschland kein einziges dieser Fahrzeuge erhalten werden. Nach dem Krieg kamen zunächst ältere Benzoltriebwagen, später neue Schienenbusse der Baureihe VT 95 zum Einsatz.

Die Bahn blieb zeitlebens unbedeutend, so dass bereits in den 60er-Jahren die ersten Züge durch Bahnomnibusse ersetzt wurden.

Bahnhof Maulbronn-Stadt, dem Baustil des Klosters nachempfunden.

Am 2. Juni 1973 wurde schließlich der gesamte Personenzugverkehr auf der Nebenstrecke zum Stadtbahnhof eingestellt. Der mäßige Güterverkehr rettete die Strecke in die 90er-Jahre. 1997 wurde auch dieser eingestellt. Nachdem die Deutsche Bahn AG die Strecke stilllegen wollte, übernahm die Albtal-Verkehrsgesellschaft (AVG) im Auftrag der Stadt Maulbronn 1998 die Strecke pachtweise. Nach einem negativen Gutachten zur Reaktivierung im regulären Personenverkehr kündigte die Stadt Maulbronn jedoch 2008 den Vertrag mit der AVG. Inzwischen konnte man sich jedoch bezüglich eines Weiterbetriebs einigen.

FAHRZEUGE

Ganz modern geht es beim Klosterstadt-Express zu. Im Gegensatz zu vielen anderen Touristikbahnen verkehrt dort kein historisches Fahrzeug, sondern ein hochmoderner Dieseltriebwagen vom Typ RegioShuttle. Diese Fahrzeuge wurden ab 1996 in Dienst gestellt und stammen ursprünglich von der Daimler-Tochter ABB Daimler Benz Transportation. Inzwischen werden die Fahrzeuge, die nach wie vor in Dienst gestellt werden, in Berlin-Pankow von der Schweizer Firma Stadler gebaut. Der RegioShuttle ist in Baden-Württemberg das Standardfahrzeug für den modernen Nahverkehr auf der Schiene auf

Das weltbekannte Kloster Maulbronn.

nicht elektrifizierten Strecken. Seit 1999 fährt dieses Fahrzeug auch beim DB AG Tochterunternehmen DB ZugBus Regionalverkehr Alb-Bodensee (RAB) GmbH.

IM EINSATZ

Der Klosterstadt-Express verkehrt an Sonn- und Feiertagen von Mai bis Oktober sowie zu bestimmten Märkten im Klosterhof Maulbronn.

TICKETS

Fahrkarten sind beim Personal im Zug erhältlich. Alle regulären Fahrscheine, wie das Baden-Württemberg-Ticket, besitzen Gültigkeit im Klosterstadt-Express. Es gilt der VPE- und KW-Tarif.

AUSFLUGSTIPPS

1 | Kloster Maulbronn

Für sein Kloster ist Maulbronn weltbekannt. 1993 wurde es von der UNESCO in den Rang eines Weltkulturdenkmals erhoben. Zu den bedeutendsten Stätten des Menschheitserbes zählen derzeit rund 830 Objekte in mehr als 138 Ländern. Das ehemalige Zisterzienserkloster gilt als eine der wenigen vollständig erhaltenen Klosteranlagen Deutschlands und zeigt noch heute im Wesentlichen sein mittelalterliches Gesicht. Der weitläufige, von einer turmbewehrten Mauer umgebene Klosterkomplex vermittelt mit seinen Klausur- und Wirtschaftsgebäuden

Die Steinhauerstube.

ein lebendiges Bild vom Alltagsleben und der Organisation einer zisterziensischen Klostergemeinschaft. Das Kloster befindet sich rund 800 Meter vom Bahnhof Maulbronn-Kloster entfernt. Das Kloster hat im Sommerhalbjahr täglich von 9 bis 17.30 Uhr geöffnet.

Kontakt:

Kloster Maulbronn, Infozentrum Klosterhof 5, 75433 Maulbronn, Tel. 0 70 43/92 66 10, E-Mail: info@kloster-maulbronn.de, www.schloesser-und-gaerten.de.

2 | Wanderung zum alten Rathaus Schmie mit der Steinhauerstube

Im Dachgeschoss des alten Rathauses von Schmie befindet sich ein kleines, aber feines Museum, die Steinhauerstube. In dem reich verzierten Fachwerkgebäude von 1568, das an der Hauptstraße direkt neben dem Gasthaus Ochsen und in der Nähe der Kirche steht, ist auch die Weinkelter des Dorfes untergebracht. Der aus einem Arbeitskreis hervorgegangene Bürgerverein Schmie führte den denkmalgerechten Ausbau der musealen Räumlichkeiten mit großem ehrenamtlichen Engagement durch. Zu den Aufgaben des Vereins gehören nicht nur das Sammeln, Konservieren und Darstellen von Zeugnissen zur Steingewinnung und -bearbeitung, sondern auch die Organisation des Museumsbetriebs.

Kontakt:

Rathaus Schmie, Hauptstraße 1, 75433 Maulbronn-Schmie, Ewald Link, 1. Vorsitzender Bürgerverein Schmie, Tel. 0 70 43/64 25. Von April bis Oktober jeweils am 1. und 3. Sonntag des Monats von 14 bis 18 Uhr geöffnet.

3 | Naturfreibad Tiefer See

Ideal an heißen Sommertagen zur Abkühlung ist der Besuch des Tiefen Sees. Seit 1898 wird er als öffentlicher Badesee genutzt. Er wird von der Salzach, die nordöstlich von Maulbronn entspringt, gespeist und liegt unmittelbar in östlicher Richtung oberhalb der ehemaligen Zisterzienserabtei Maulbronn.

Am See sind Umkleidekabinen, Duschen und Toiletten sowie ein Nichtschwimmerbecken vorhanden. Auf der Sonnenterrasse mit Blick über den See können kleine Speisen und Getränke zu familienfreundlichen Preisen genossen werden. Für den kleinen Hunger zwischendurch kann man sich am Badekiosk stärken.

Neben dem Badevergnügen gibt es am See einen Tret- und Ruderbootverleih. Während der Badesaison von Mitte Mai bis Mitte September ist das Naturfreibad von 10 bis 19 Uhr geöffnet. Bei anhaltend schlechtem Wetter werden diese Öffnungszeiten flexibel gehandhabt.

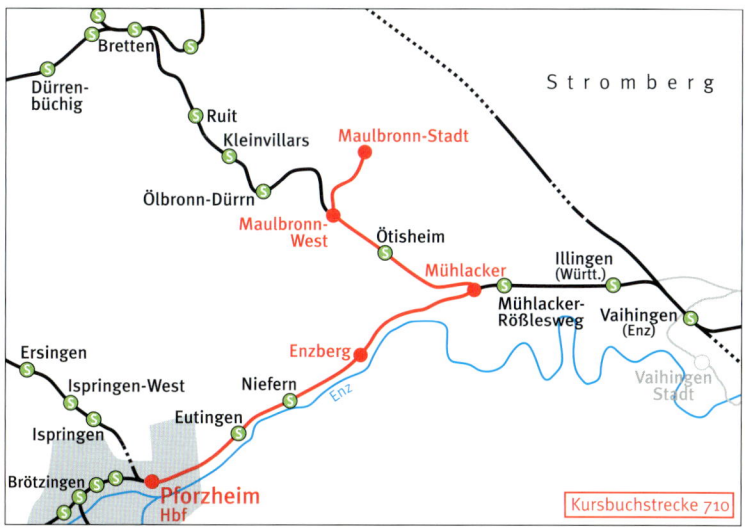

Anreise
Der Klosterstadt-Express verkehrt zwischen Pforzheim und Maulbronn-Stadt. Morgens gibt es einen direkten Zug von Tübingen über Horb, Hochdorf, Calw, Pforzheim und Mühlacker nach Maulbronn-Stadt. Von Stuttgart kommend empfiehlt es sich, mit dem RegionalExpress (Stuttgart–Karlsruhe) bis Mühlacker oder Enzberg zu fahren.

Kontakt
Betreiber des Klosterstadt-Express: DB ZugBusRegionalverkehr, Alb-Bodensee GmbH (RAB), Bahnhofplatz 1, 72160 Horb am Neckar,
www.klosterstadt-express.de,
E-Mail: info@klosterstadt-express.de.

Unterwegs auf der Krebsbachtalbahn

Noch bis Juli 2009 wurde die Krebsbachtalbahn Neckarbischofsheim-Nord–Hüffenhardt im regulären Personen- und Güterverkehr genutzt. Die landeseigene Südwestdeutsche Verkehrs-AG (SWEG) führte dort den Bahnbetrieb durch. Durch den Bau der S-Bahn von Heidelberg über Meckesheim nach Aglasterhausen fielen jedoch die Leistungen zwischen Aglasterhausen und Meckesheim für die SWEG weg, was zur Folge hatte, dass die Gesellschaft ihren gesamten Schienenverkehr in der Region aufgab. Ab 2010 soll die Strecke touristisch genutzt werden.

DIE STRECKE

Nach Verlassen des Bahnhofs Neckarbischofsheim-Nord passiert man auf der in Fahrtrichtung linken Seite die Bahnbetriebsanlagen der SWEG, die heute an die Mosbacher Lokomotivfabrik Gemeinder vermietet sind. Bis zum Bahnhof Neckarbischofsheim folgt nun der landschaftlich reizvollste Teil der Strecke. Die Bahn verläuft durch Felseinschnitte am Nordhang des Tales. Nach Neckarbischofsheim verläuft die Strecke parallel zur Straße nach Obergimpern durch das Krebsbachtal. Gleich nach Helmhof entdeckt man auf der linken Seite die ehemaligen Verladeanlagen für Kalk. Der Bahnhof Obergimpern wird erreicht. Die Trasse schwenkt nach Norden ab. Kurz vor dem Bedarfshaltepunkt Siegelsbach-Wald gab es früher ein Anschlussgleis zur Heeresmunitionsanstalt, weshalb im Bahnhof Siegelsbach bis heute umfangreiche Gleisanlagen vorhanden sind. Die Munitionsanstalt erhielt 1939 einen eigenen Gleisanschluss; in ihr wurden insgesamt rund 18 Kilometer Gleise verlegt. Bis 1992 hatten die Amerikaner in Siegelsbach Atomraketen stationiert. Nach Siegelsbach führt die Strecke über freies Feld und steuert die Endstation Hüffenhardt an. Hüffenhardt ist stark landwirtschaftlich geprägt. An der Bahnhofseinfahrt befindet sich noch ein alter, heute ungenutzter Lokschuppen.

GESCHICHTE

1862 wurde die Badische Odenwaldbahn zwischen Heidelberg und Mosbach eröffnet. Die Strecke führte über Neckargemünd, Meckesheim, Aglasterhausen und Obrigheim. Die Strecke wurde nicht direkt durch das Neckartal gebaut, um das fremde Hessen zu umfahren. Leider lag der Bahnhof Neckarbischofsheim drei Kilometer von der Stadt entfernt. Auch für die dortigen Kalkbrüche war der Verlauf der Hauptbahn äußerst ungeschickt, weshalb sich ein Bahnkomitee bildete, das zum Ziel hatte, eine Nebenbahn zwischen Neckarbischofsheim-Nord und Hüffenhardt zu errichten. Man erreichte einen Baukostenzuschlag von der Badischen Staatsregierung und be-

auftragte, nachdem seit 1900 auch nichtstaatliche Bahnen zugelassen waren, die Firma Lenz & Co. aus Berlin mit dem Bau und Betrieb der Strecke. 1902 nahm sie ihren Betrieb auf. Um 1980 stand die Strecke Meckesheim–Aglasterhausen, die früher weiter Richtung Mosbach führte, zur Stilllegung durch die Deutsche Bundesbahn an. Nach Investitionen in den Oberbau, bei den Signalanlagen und durch Beschaffung von Neufahrzeugen übernahm die SWEG 1982 den Betrieb dieser Strecke. Durch den Bau der S-Bahn von Heidelberg über Meckesheim nach Aglasterhausen verlor die SWEG ihre Haupteinnahmequelle in der Region und musste auch den Verkehr zwischen Neckarbischofsheim-Nord und Hüffenhardt aufgeben.

FAHRZEUGE

Im Einsatz auf der Krebsbachtalbahn waren seit Jahrzehnten die bewährten MAN-Schienenbusse. Deren Einsatz als Schlepptriebwagen ermöglichte den Bahngesellschaften, ganz auf ihre Dampfloks verzichten zu können, da die Triebwagen auch Güterwagen schleppen konnten. Heute verkehren auf der Krebsbachtalbahn ehemalige Bundesbahnschienenbusse der Pfalzbahn. Die damalige Konkurrenz aus Krefeld-Uerdingen konnte sich bei der Deutschen Bundesbahn durchsetzen, so dass sich nur wenige Pri-

Noch zu Zeiten, als regulärer Verkehr auf der Krebsbachtalbahn herrschte, stand der MAN-Schienenbus im Bahnhof Neckarbischofsheim-Nord.

vatbahnen MAN-Schienenbusse beschafften. Die „Uerdinger" waren leichter und günstiger als die Fahrzeuge der Firma MAN und kamen ab Mitte der 50er-Jahre zum Einsatz. Als Schlepptriebwagen wurden sie nicht benötigt, da sie rein für die Abwicklung des Personenverkehrs beschafft wurden. Sie wurden für einen Einsatz von 15 Jahren ausgelegt und sind bis 2010 (!) noch im regulären Personennahverkehr in Deutschland anzutreffen.

IM EINSATZ

Die Züge der Krebsbachtalbahn verkehren an ausgewählten Sonn- und Feiertagen im Sommerhalbjahr.

TICKETS

Fahrkarten sind ausschließlich im Zug und beim Personal am Bahnsteig erhältlich. Für Kinder und Familien gibt es ermäßigte Fahrkarten.

AUSFLUGSTIPPS

1 | Wanderung zur Burg Guttenberg

Siegelsbach ist eine der kleinsten Gemeinden im Landkreis Heilbronn und liegt nur wenige Kilometer vom Neckartal und der Bäderstadt Bad Rappenau entfernt. Unmittelbar vor den Toren der Gemeinde liegt das Fünfmühlental, eines der interessantesten Natur- und Wandergebiete der Region.

Vom Bahnhof kommend überquert man zuerst die Hauptstraße und folgt dann der Lindengasse und der alten Heidelberger Straße, bevor man in die Staugasse kommt. Die Staugasse führt direkt ins Fünfmühlental. Über die Bartsmühle, Sommersmühle und die Schnepfenhardter Mühle erreicht man die Burg Guttenberg. Im ältesten Teil der Burg befindet sich ein preisgekröntes

Museum, das von April bis Oktober täglich geöffnet hat. Die Ausstellung „Leben auf der Ritterburg", die die Geschichte der Burg und ihrer Bewohner erzählt, ist sehenswert. Im Schatten des alten Wehrturmes lädt die Burgschenke ein zum „Speysen auf der Ritterburg". In den Zwingeranlagen der Burg hat die Deutsche Greifenwarte ihren Sitz. Ein Rundgang bietet die Möglichkeit, etwa 100 Greifvögel aus nächster Nähe zu besichtigen. Vor der historischen Kulisse der Burg finden regelmäßig Flugvorführungen mit Adlern und Geiern statt. Wer nicht mehr zurücklaufen möchte, kann dem Weg mit der roten Raute bis zum Bahnhof Gundelsheim folgen. Von dort bestehen Fahrtmöglichkeiten in Richtung

Heidelberg (in Mosbach-Neckarelz umsteigen) oder in Richtung Stuttgart.

2 | Stadtrundgang durch Neckarbischofsheim

Die ehemalige reichsritterschaftliche Stadt Bischofsheim hat viele sehr schön restaurierte Gebäude zu bieten, die in einem historischen Rundgang besichtigt werden können. Das erste Ziel ist das Alexanderschloss aus der ersten Hälfte des 16. Jahrhunderts. Vorbei am ehemaligen Rathaus und dem ersten Haus, das nach dem Stadtbrand von 1859 wieder errichtet wurde, erreicht man das ehemalige Rentamt von 1577. Ein stattlicher Fachwerkbau ist das

Blick auf Burg Guttenberg.

Schienenbus der Pfalzbahn.

Gasthaus zum Löwen. Nun folgt die ehemalige Stadtmühle, die noch bis 1960 in Betrieb war. Die evangelische Stadtkirche St. Salvator mit dem Turm von 1543 stammt im Kern aus dem 14. Jahrhundert. Auf das nahe evangelische Gemeindehaus in der ehemaligen Zehntscheune folgt beim Rundgang das Geburtshaus des Dichters und Theologen Adolf Schmitthenner. Von der einstigen Synagoge sind nach der Zerstörung in der Reichspogromnacht 1938 nur klägliche Mauerreste erhalten geblieben. Ebenso nur Reste sind von der ehemaligen Stadtmauer zu erkennen.

Vorbei an der Stadtapotheke und dem ehemaligen Amtsgericht erreicht man die evangelische Pfarrkirche St. Johann aus der zweiten Hälfte des 13. Jahrhunderts. Es folgt das barocke Gasthaus „Drei König" und ein Prachttor im Stil der Renaissance im Schlosspark. Aus der gleichen Zeit wie die Pfarrkirche St. Johann stammt das Alte Schloss, daneben entstand 1829 das Neue Schloss. Der größte Brunnen der Stadt ist der Jakobsbrunnen. Im fünfeckigen Großen Turm befindet sich heute das Heimatmuseum.

3 | Fahrradtour im Wollenbachtal

Im Zug der Krebsbachtalbahn, wie auch in allen anderen Regionalzügen, ist die Mitnahme von Fahrrädern möglich. Von Hüffenhardt aus ist speziell auch für Kinder eine Radtour durch das Wollenbachtal zu empfehlen. Der Radweg verläuft bis auf ein kurzes Stück vor Bargen auf landwirtschaftlichen Wegen und ist rund zwölf Kilometer lang. Bis auf wenige kurze Steigungen führt er meist bergab, dem Wollenbach entlang. Vom Bahnhof Hüffenhardt folgt man der Staustraße ins Zentrum. Von dort sollte man die Reisengasse in Richtung Nordwesten nehmen. Ab dort ist der Weg ausgeschildert.

Der Weg führt am Ortsausgang Richtung Westen und steuert den Linsenberg an. Wer ihn umfahren möchte, kann auch über den Ort Wollenberg fahren und von dort an Bargen vorbei durch Flinsbach

zum Bahnhof Helmstadt kommen. Wer dem ausgeschilderten Radweg folgt, kommt kurz vor Bargen auf die L 530 und wechselt in Bargen die Talseite. Dann geht es über Flinsbach nach Helmstadt. In Helmstadt ist die S-Bahn Richtung Heidelberg zu nehmen, um auch wieder zum Ausgangspunkt der Krebsbachtalbahn, Neckarbischofsheim-Nord zu gelangen.

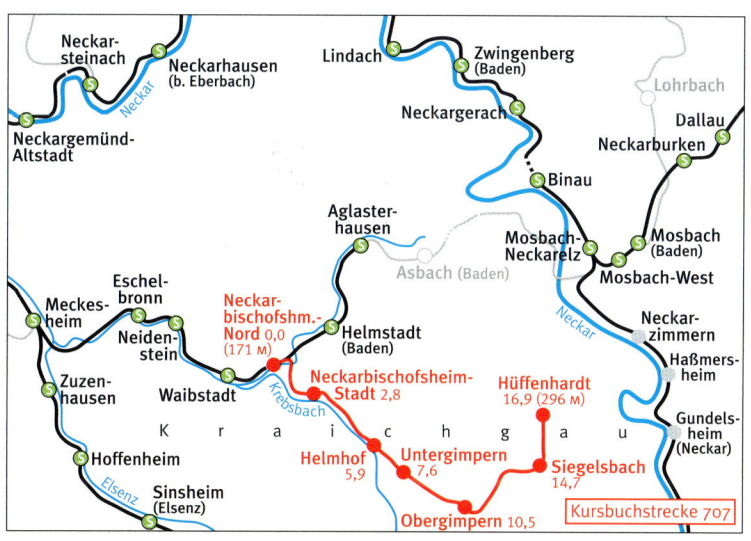

Anreise
Die Anreise nach Neckarbischofsheim-Nord erfolgt mit der Rhein-Neckar-S-Bahn. Es verkehren direkte Züge von Heidelberg nach Neckarbischofsheim-Nord. Aus Richtung Karlsruhe muss in Eppingen und Meckesheim umgestiegen werden, aus Richtung Stuttgart in Bad Friedrichshall-Jagstfeld und Meckesheim.

Kontakt
Pfalzbahn GmbH, Dürkheimer Straße 109, 67227 Frankenthal (Pfalz),
Tel. 0 62 33/5 79 02 09,
E-Mail: info@pfalzbahn.de,
www.pfalzbahn.de.

Der Radexpress „Oberschwaben"

2010 verkehren erstmals planmäßige Touristikzüge zwischen Aulendorf und Bad Wurzach. Die Kurstadt war seit 1963 nicht mehr mit der Bahn erreichbar, obwohl die Strecke, die in Roßberg an der Hauptbahn Aulendorf–Leutkirch abzweigt, bis heute im Güterverkehr genutzt wird. In den letzten Jahren führten nur vereinzelte Sonderfahrten nach Bad Wurzach.

DIE STRECKE

Die Württembergische Allgäubahn verlässt den Bahnknotenbahnhof Aulendorf in einem großen Bogen in nordöstlicher Richtung. Auf der in Fahrtrichtung linken Seite befand sich einst das Bahnbetriebswerk Aulendorf, das Eisenbahnfreunde noch aus der Dampflokzeit kennen, unter anderem wegen der dort beheimateten württembergischen T 5, der Baureihe 75.0. Die Schussen wird überquert und auf der rechten Seite folgt der Steeger See. Anschließend durchquert die Bahn den Tannwald und erreicht den hochgelegenen Bahnhof Bad Waldsee. Die Stadt wird in einem weiten Bogen umfahren und fährt durch das Urbachtal, vorbei an Unter- und Mittelurbach, nach Roßberg. Dort muss der Lokführer den Führerstand wechseln, denn die Nebenbahn nach Bad Wurzach führt in westlicher Richtung aus dem Bahnhof Roßberg heraus, an dem keine Züge mehr halten. Ein Aussteigen ist auch für die Fahrgäste des 3-Löwen-Takt Radexpress „Oberschwaben" nicht möglich. Nun erklimmt der Dieseltriebwagen die beachtliche Steigung mit 29 Promille und erreicht mit 699 Metern über dem Meer den höchsten Punkt der Strecke. Es folgt nun die landwirtschaftlich geprägte Voralpenlandschaft und der Ort Mennisweiler, an dem leider ein Halt nicht möglich ist, da kein Bahnsteig mehr vorhanden ist. Durch Wiesen und Äcker folgt als nächstes der ehemalige Bahnhof Haidgau, bevor nach Überquerung der L 314 das mächtige Glaswerk der Firma Saint Gobain Oberland AG durchfahren wird. Der Endbahnhof Bad Wurzach ist erreicht, wobei das Bahnhofsgebäude selbst nicht mehr erreicht wird, da die Gleise dort einem Discounter weichen mussten. Extra für den 3-Löwen-Takt-Radexpress wurde im Frühjahr 2010 ein neuer Bahnsteig errichtet.

GESCHICHTE

Ab Aulendorf wird zuerst ein Teil der Württembergischen Allgäubahn befahren, die von Herbertingen über Aulendorf nach Memmingen führt. Die Strecke wurde in Etappen ab 1869 eröffnet. Im Rahmen des Allgäu-Schwaben-Taktes wurde die Strecke 1993 durch einen Stundentakt aufgewertet, der jedoch 2005 im Rahmen der Reduzierung der Regionalisierungsmittel wieder bis auf wenige Ausnahmen eingestellt wurde. So verkehren die Züge auf dieser Strecke heute im 2-Stunden-Takt. In Roßberg zweigt die Strecke nach Bad Wurzach von der Württembergischen Allgäubahn ab. In Betrieb genommen wurde die Stichstrecke 1904. Die Strecke ist rund 10 Kilometer lang. Bereits 1963 stellte die damalige Deutsche Bundesbahn den Personenverkehr nach Bad Wurzach ein. Im Rahmen von MORA C, einem Sanierungsprogramm der DB AG aus der Zeit von 2002 bis 2004, wurden die Hälfte aller Tarifpunkte für den Güterverkehr in Deutschland geschlossen und damit ganze Regionen vom Güterverkehr abgehängt. So traf es auch die Strecke nach Bad Wurzach. Im Gegensatz zu anderen Gemeinden, die sich schon städtebaulich auf die frei werdenden Gleisflächen vorbereiteten, übernahm die Stadt Bad Wurzach die Bahnlinie und betreibt diese bis heute in Eigenregie. Für den Güterverkehr zur Firma Saint

Der Nahverkehrsklassiker aus den 90er-Jahren: VT 628.

Gobain Oberland AG konnte die zur französischen Staatsbahn SNCF gehörende Veolia Cargo Deutschland GmbH gewonnen werden. Den Unterhalt der Roßbergbahn tragen die Stadt Bad Wurzach, der Landkreis Ravensburg sowie die Saint Gobain Oberland AG.

FAHRZEUGE

Ganz moderne Züge kommen auf der Strecke nach Bad Wurzach zum Einsatz. Im Gegensatz zu vielen anderen Touristikbahnen verkehrt dort kein historisches Fahrzeug, sondern ein hochmoderner Dieseltriebwagen

Bei Fotografen sehr bekannt:
Das doppelflüglige Einfahrtssignal
vom Bahnhof Roßberg.

vom Typ RegioShuttle. Diese Fahrzeuge wurden ab 1996 in Dienst gestellt und stammen ursprünglich von der Daimler-Tochter ABB Daimler Benz Transportation. Inzwischen werden die Fahrzeuge, die nach wie vor in Dienst gestellt werden, in Berlin-Pankow von der Schweizer Firma Stadler gebaut. Der RegioShuttle ist das Standardfahrzeug für den modernen Nahverkehr auf der Schiene auf nicht elektrifizierten Strecken und in ganz Deutschland anzutreffen. Seit 1999 fährt dieses Fahrzeug auch beim DB AG Tochterunternehmen DB ZugBus Regionalverkehr Alb-Bodensee (RAB) GmbH. Zwischen Aulendorf und Bad Wurzach verkehrt der Zug in Doppeltraktion. Das heißt, dass zwei Triebwagen zusammengekuppelt im Einsatz sind.

IM EINSATZ

Der Triebwagen pendelt von Aulendorf über Bad Waldsee nach Bad Wurzach im 2-Stunden Taktverkehr. Die Verkehrstage findet man auf der Homepage www.bodo.de.

TICKETS

Der Zug verkehrt tariflich wie eine normale RegionalBahn. Daher sind alle gängigen Fahrkarten im Zug gültig. Wer aus Richtung Ulm oder von weiter entfernt anreisen möchte, fährt mit dem Baden-Württemberg-Ticket für fünf Personen oder dem Single-Ticket sehr günstig. Aus Richtung Bayern ist die Anreise bis Kißlegg mit dem Bayern-Ticket möglich. Ab Kißlegg ist eine Fahrkarte des Verkehrsverbundes „bodo" zu lösen. Reisende aus der näheren Umgebung können alle Fahrkartenangebote des Verkehrsverbundes „bodo" nutzen. Die Tageskarte lohnt sich ab vier Tarifwaben und zwei gemeinsam reisenden Personen. Auch das Entdecker-Ticket des Verkehrsverbundes DING ist im Zug nach Bad Wurzach gültig.

AUSFLUGTIPPS

1 | Fahrradtour Schwäbische Eisenbahn Durlesbach

Die Tour führt von Bad Waldsee über Durlesbach mit seinem Denkmal der Schwäbischen Eisenbahn (siehe Seite 290) zum Bahnhof Mochenwangen an der Südbahn Aulendorf–Friedrichshafen. Mochenwangen wird mit Zügen der Bodensee-Oberschwaben-Bahn bedient. Die rund zehn Kilometer lange Radtour ist speziell für Kinder gut geeignet, da vorwiegend auf Wegen ohne Verkehr gefahren wird. Die Tour kann natürlich auch gewandert werden. Startpunkt ist der Bahnhof Bad Waldsee, an dem der 3-Löwen-Takt Radexpress „Oberschwaben" hält. Nach Verlassen des Bahnhofs Bad Waldsee folgt man zuerst der Bahnhofstraße in Richtung Westen. Bei der Bahnüberführung wird die Straße ins Zentrum von Bad Waldsee überquert und man hält sich geradeaus auf der Aulendorfer Straße bis zur ersten Kreuzung. Richtung Süden biegt nun dort die Reutestraße ab, der man zirka vier Kilometer bis nach Reute folgen sollte. Am Ortsausgang kann man auf den parallel führenden landwirtschaftlichen Weg wechseln. Der Ort Reute wird komplett geradlinig durchquert. Ab der Ortsmitte folgt man der Durlesbacher Straße, die wenig befahren zum alten Bahnhof Durlesbach führt. Hier hält heute kein Zug mehr, allerdings besteht dort an einem Grillplatz vor dem Eisenbahndenkmal die Möglichkeit zur Rast. Entlang der Südbahn führt der nun fein geschotterte Weg bis nach Mochenwangen durch den Schussentobel.

2 | Torfbahn Bad Wurzach

Unweit vom Bahnhof entfernt befindet sich das Wurzacher Ried mit dem Wurzacher Torfmuseum. Bis 1996 wurde in Bad Wurzach noch Torf abgebaut. Heute ist die zwischenzeitlich stillgelegte Torfbahn wieder als Touristenattraktion befahrbar. Vom Bahnhof aus erreicht man das Torfmuseum und den Ausgangspunkt der Torfbahn, indem man der Bahnhofstraße Richtung Norden bis zur Biberacher Straße folgt. Nun geht es Richtung Westen durch das Gewerbegebiet entlang der Oberriedstraße bis zur B 465, der auf einem parallelen Fußweg bis zum Museum in Richtung Süden zu folgen ist. Der Torfabbau hat in Bad Wurzach Tradition. Erste Entwässerungsmaßnahmen und Kultivierungsversuche im Wurzacher Ried gab es schon Mitte des 18. Jahrhunderts. Bis 1900 waren dann in Oberschwaben viele Torfstiche und Torfwerke entstanden.

Ein Erlebnis für die ganze Familie ist die Fahrt mit der Torfbahn in Bad Wurzach.

Der Anschluss Bad Wurzachs ans Bahnnetz erlaubte den Transport von Brenntorf bis nach Stuttgart. Das Ried war damit ein wichtiger Wirtschaftsfaktor für die Region geworden. Das historische Torfbähnle mit seinen Anhängern führt Besucher mittlerweile über rund 1,5 Kilometer durch das Wurzacher Ried. Die Torfbahn transportiert Interessierte jeden 2. Sonntag im Monat und jeden 4. Samstag im Monat jeweils um 13.30 Uhr, 14.30 Uhr und 15.30 Uhr. Sonderfahrten für Gruppen ab 15 Personen sind außerhalb der öffentlichen Fahrtage nach telefonischer Vereinbarung jederzeit möglich.

Kontakt:

Winfried Vinçon, Am Reischberg 12, 88410 Bad Wurzach, Tel. 0 75 64/31 67, E-Mail: vincon@ torfbahn.de, www.torfbahn.de.

3 | Stadt Bad Wurzach

Unweit vom Bahnhof liegt das Zentrum der Stadt Bad Wurzach. Die ehemalige Residenzstadt Wurzach ist durch sein Moorheilbad weithin bekannt. Sehenswert ist das berühmte Barocktreppenhaus im Wurzacher Schloss. Es gilt als einer der Höhepunkte entlang der Oberschwäbischen Barockstraße.

Ebenfalls einen Besuch wert ist die Rokokokapelle im ehemaligen Kloster Maria Rosengarten, die oft als „die schönste Hauskapelle der Welt" bezeichnet wird. Auf einem Felsen erbaut, thront auf einer kleinen Anhöhe oberhalb der Wurzacher Ach die frühklassizistische Stadtkirche St. Verena. Mit ihrer beachtlichen Turmfassade beherrscht sie bis heute das Stadtbild. Das bedeutende Deckenfresko im Langhaus ist ein Meisterwerk des Langenargener Malers Andreas Brugger. Das Leprosenhaus am Leprosenberg gilt als ein seltenes Denkmal der Sozial- und Medizingeschichte des Mittelalters. Die bewegte Geschichte des „Siechenhauses" wird in der Ausstellung im Leprosenhaus-Museum gezeigt.

Kontakt:

Kurverwaltung Bad Wurzach, Mühltorstr. 1, 88410 Bad Wurzach, Tel. 0 75 64/3 02-1 50, Fax 0 75 64/ 30 21 54, info@bad-wurzach.de, www.bad-wurzach.de.

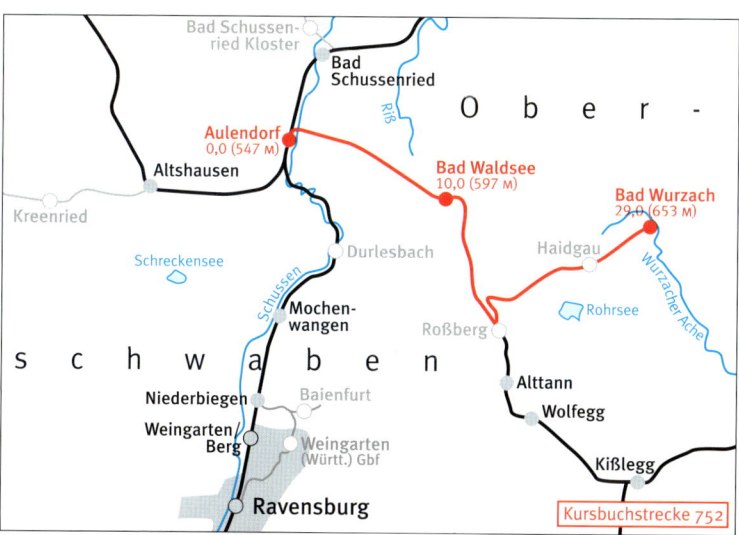

Anreise

Zielbahnhof für die Anreise ist Aulendorf. Aulendorf liegt zentral an der Südbahn Ulm–Friedrichshafen, der Kursbuchstrecke 751. Schnelle IRE-Züge mit Halt in Aulendorf verbinden Ulm mit dem Bodensee. Den Nahverkehr auf der Schiene zwischen Friedrichshafen und Aulendorf hat das regionale Unternehmen Bodensee-Oberschwaben-Bahn sehr erfolgreich übernommen bzw. reaktiviert. Von Richtung Memmingen ist Aulendorf über Leutkirch und Kißlegg erreichbar.

Auch von Westen erreicht eine Strecke von Sigmaringen über Bad Saulgau Aulendorf.

Kontakt

Bodensee-OberschwabenVerkehrsverbund bodo, KundenCenter Ravensburg , Bahnhofsplatz 5, 88214 Ravensburg, Tel. 07 51 / 27 66, E-Mail: info@bodo.de, www.bodo.de. Das Faltblatt zum 3-Löwen-Takt-Radexpress mit zahlreichen Tourentipps kann unter dieser Adresse kostenlos bestellt werden.

Die Öchsle-Museumsbahn

Ein Kulturgut Oberschwabens ist die Öchsle-Museumsbahn zwischen Warthausen und Ochsenhausen. Sie war die letzte durch die deutsche Bundesbahn betriebene Schmalspurbahn auf dem Festland und wurde 1983 stillgelegt. Kleinbahnromantik in Oberschwaben wie vor 70 Jahren kann man noch heute als Fahrgast auf einer Fahrt nach Ochsenhausen genießen.

DIE STRECKE

Die Schmalspurbahn ist 19 Kilometer lang und führt von Warthausen nach Ochsenhausen. Der Zug verlässt den Bahnhof an der DB-Strecke Ulm–Friedrichshafen und überquert die L 267, die von einem Posten gesichert wird. 1954 wurde der nachfolgende Haltepunkt Herrlishöfen geschlossen. Auch Barabein hat damals seinen Haltepunkt verloren. Heute hält die Museumsbahn bei Bedarf wieder an beiden Halte-

punkten. Entlang der L 267 geht es nach Äpfingen mit seinem württembergischen Einheitsbahnhof (siehe Seite 236). Es folgt der Bedarfshaltepunkt Sulmingen, bevor die Bahn nach einem Waldstück den Bahnhof Maselheim erreicht. Als nächstes folgt wieder ein Bedarfshalt, nämlich Wennedach. Der Haltepunkt an einem Bahnwärterhaus ist als solcher gar nicht auf den ersten Blick zu erkennen, da kein Bahnsteig vorhanden ist. Nach einer scharfen Linkskurve schlängelt sich das Bähnle nun weiter durch Wiesen. Vor einem Waldstück ist dann mit 598,13 Metern über dem Meer der höchste Punkt der Strecke erreicht. Nach der Passage eines zweiten Waldstückes kommt Reinstetten mit seiner schönen Barockkirche in Sichtweite. In Reinstetten erreicht der Zug das Tal der Rottum. Die nächste Station ist Ochsenhausen, der Endpunkt der Museumsbahn. Die weitläufigen Betriebsanlagen zeugen von der Bedeutung der Schmalspurbahn zu Beginn des 20. Jahrhunderts.

GESCHICHTE

Nachdem eine geplante Eisenbahn von Biberach über Ochsenhausen nach Memmingen zugunsten der Verbindung über Aulendorf und Bad Waldsee nach Memmingen (siehe Seite 118) nicht verwirklicht wurde, konstituierte sich 1889 ein Eisenbahnkomitee mit dem Ziel des Baus einer Bahnstrecke nach Ochsenhausen. 1897 wurde der Bau gesetzlich beschlossen und 1899 konnte die Bahnstrecke Warthausen–Ochsenhausen eröffnet werden. Die heute nicht mehr vorhandene Verbindung Warthausen–Biberach entlang der Südbahn mit einer Eisenbahnkreuzung konnte 1900 eröffnet werden. Betrieben wurde die Schmalspurbahn bis 1919 durch die Königlich Württembergischen Staatseisenbahnen. 1920 wurde die Deutsche

Reichsbahn-Gesellschaft gegründet, in der alle Länderbahnen aufgingen. Den Zweiten Weltkrieg überstand die Bahn ohne größere Schäden. 1949 wurde die Deutsche Bundesbahn als Nachfolgegesellschaft der Reichsbahn tätig. 1954 wurde begonnen, den Bahnbetrieb zu rationalisieren, indem man den Fahrplan massiv ausdünnte. Zehn Jahre später erfolgte die Einstellung des Personenverkehrs auf der Gesamtstrecke. Die Strecke Biberach–Warthausen wurde abgebaut. Der Güterverkehr lief jedoch weiter, vor allem für die Firma Liebherr in Ochsenhausen. 1964 kam eine neue Diesellok zur Bahn, die die Dampfloks ablöste. 1970 folgte eine zwei-

Pause für Lokführer Franz Rebholz auf der Dampflok „Rosa".

Zwischen Äpfingen und Barabein ist das Öchsle im Juni 2009 unterwegs.

te Diesellok, wodurch endgültig auf Dampfloks verzichtet werden konnte. 1983 wurde der Gesamtverkehr eingestellt. Durch das Engagement des Vereins Öchsle Schmalspurbahn wurde die Strecke nicht abgebaut, sondern von den Anliegergemeinden und dem Landkreis Biberach erworben. Von 1985 bis 1991 wurde auf der Strecke ein Museumsverkehr durchgeführt. Verschiedene Gründe führten fast zum Ende der erfolgreichen oberschwäbischen Museumsbahn. Erst ab 1996 konnte der Bahnbetrieb unter einer neuen Konstellation wieder aufgenommen werden. 2000 folgte die Sperrung der Strecke wegen Gleismängeln. 2002 konnte das Öchsle nach umfassenden Sanierungsarbeiten wieder in Betrieb genommen werden. Heute besteht die Museumsbahn

aus drei Organisationen: Der Verein Öchsle Schmalspurbahn hat rund 280 Mitglieder, von denen rund 30 aktiv beim Unterhalt der Museumsbahn mitwirken. Der Verein kümmert sich um die Unterhaltung der Strecke und der Fahrzeuge und stellt das Fahrpersonal. Er ist im Besitz der württembergischen Originalfahrzeuge. Das Verkehrsunternehmen, die Öchsle Bahn Betriebs-GmbH, wurde 2001 gegründet. Sie übernahm die für den Touristikverkehr notwendigen Betriebsfahrzeuge vom Verein Öchsle Schmalspurbahn. Im Jahr 2001 wurde von der DB AG die DDR-Neubaudampflok 99 788 erworben, um den Dampfbetrieb im Fall des Ausfalls von Rosa 99 716 sicherstellen zu können. Die Gesellschafter der GmbH sind der Landkreis Biberach, die Gemeinden Ochsenhau-

sen, Warthausen und Maselheim
sowie die Kreissparkasse Biberach.
Die Betriebsgesellschaft ist Eigentümer des Museumszugs und für
den Fahrbetrieb zuständig. Für die
Streckennutzung zahlt sie der Aktiengesellschaft eine Streckenbe-
nutzungsgebühr. Sie trägt auch das
Betriebsdefizit.

Die Öchsle Bahn AG fungiert bei der
Museumsbahn als Infrastruktur-
unternehmen. Sie hat das Erbbau-
recht der Strecke und ist zuständig
für die Unterhaltung und Sanierung
der Strecke. Sie ist Eigentümerin der
Dampfloks „Berta" 99 788, „Rosa"
99 716, der Diesellok V 51 903 und
der Schotterwagen. Die Aktionä-
re der Aktiengesellschaft sind der
Landkreis Biberach, die Gemeinden
Ochsenhausen, Maselheim und
Warthausen, die Kreissparkasse
Biberach sowie zu 25 % freie Aktio-
näre.

FAHRZEUGE

Drei Dampfloks sind beim Öchsle
vorhanden. Stammlok ist die 99 716
„Rosa", die seit 1997 beim Öchsle
im Einsatz ist. „Rosa" wurde 1927 in
Chemnitz für 63 000 Reichsmark gebaut und war zuerst in Sachsen und
später auf der Bottwartalbahn zwischen Marbach und Heilbronn sowie
auf der Zabergäubahn zwischen
Laufen und Leonbronn im Einsatz.
In Güglingen, an der Zabergäubahn,
wurde sie als Denkmal aufgestellt.

Bereits 1993 wurde sie dort aus ihrer misslichen Lage befreit und 1997
im Dampflokwerk Meiningen wieder
fahrfähig hergerichtet. Loks dieser
Baureihe waren viele Jahre auf dem
Öchsle im Einsatz.

Auch die 99 788 „Berta" kommt aus
dem Osten, nämlich aus Babelsberg.
Sie wurde erst 1957 gebaut und ist
eine der jüngsten betriebsfähigen
Dampfloks in Deutschland. Sie war
bis zu ihrem Wechsel zum Öchsle
bei der Deutschen Bahn AG zwischen Radeburg und Radebeul bei
Dresden unterwegs. In einer „Nacht-
und-Nebel-Aktion" wurde die Lok
von der DB AG ohne das Wissen der
dortigen Eisenbahner an die Öchsle-
Bahn verkauft, was zu sehr viel Un-
mut führte.

Nicht aus dem Osten, sondern
aus Esslingen kommt 99 633. Die
„Eisenbahnromantik-Lok" ist eine
echte Öchsle-Lok. Sie wurde fabrik-
neu nach Ochsenhausen geliefert.
Später war sie eine Zeit lang auf der
Federseebahn (siehe Seite 291) im
Einsatz. 1969 wurde die 99 633 als
letzte ihrer Bauart ausgemustert
und von der Deutschen Gesellschaft
für Eisenbahngeschichte übernommen. Nach einer sehr aufwendigen
Aufarbeitung wurde die Lok ab Oktober 1982 auf der Strecke Möckmühl–Dörzbach (siehe Seite 249)
für Sonderzüge eingesetzt. Bereits
im Frühjahr 1985 wurde sie jedoch
zur entstehenden Öchsle Museums-

bahn verliehen und war dort ab 1985 im Museumsverkehr eingesetzt. Sie ist zur Zeit nicht betriebsfähig. Neben den Dampfmaschinen gibt es bei der Öchsle Museumsbahn insgesamt drei Diesellokomotiven. Noch recht neu ist die 251 903. Maschinen dieser Baureihe wurden 1964 als Ersatz für Dampfloks beschafft. Bis zur Einstellung des Verkehrs im Jahr 1983 wickelte sie den Güterverkehr zwischen Warthausen und Ochsenhausen ab. Nach der Stilllegung der Bahn war sie in Spanien im Einsatz und kehrte erst 2009 nach Oberschwaben zurück. Auch ein vielfältiger, schön restaurierter Wagenpark ist beim Öchsle vorhanden. Neben Originalfahrzeugen württembergischer Schmalspurbahnen sind Wagen aus der Schweiz und Österreich

in den Dampfzug eingereiht. Diese Wagen wurden zwischen 1891 und 1937 erbaut.

IM EINSATZ

Die Öchsle Museumsbahn verkehrt jeden Samstag, Sonntag und Feiertag vom 1. Mai bis zum 31. Oktober. Zusätzlich verkehren die Dampfzüge jeden Donnerstag im Juli, August und September zwischen Ochsenhausen und Warthausen. Des Weiteren finden Oster-, Winter- und Nikolausfahrten statt.

TICKETS

Fahrkarten für die Öchsle Museumsbahn sind beim Zugpersonal am und im Zug erhältlich. Für Familien gibt es ermäßigte Familienkarten zu kaufen.

Von Spanien zum Öchsle zurückgekommen ist die ehemalige Bundesbahn-Diesellok V 51 903, die wieder in ihren Ursprungszustand versetzt werden soll.

AUSFLUGSTIPPS

1 | Ehemaliges Kloster Ochsenhausen

Überregional bekannt ist das ehemalige Benediktinerkloster von Ochsenhausen. Das Ende des 11. Jahrhunderts gegründete Kloster ist eine der großen barocken Klosteranlagen Südwestdeutschlands. Die einstige Reichsabtei hatte lange Zeit große geistige und kulturelle Bedeutung, bis das Kloster im Zuge der Säkularisation aufgelöst wurde. Seit Mitte des 19. Jahrhunderts wird die Anlage als Bildungsstätte genutzt und beherbergt heute die Landesakademie für die musizierende Jugend in Baden-Württemberg. Die Konventgebäude, die Prälatur, das Refektorium und die historische Sternwarte sind daher nur im Rahmen von Führungen zu besichtigen. Ein Klostermuseum im Fürstenbau informiert über die 700 Jahre währende Klostergeschichte. Von Anfang März bis Ende Oktober kann man das Klostermuseum besichtigen von Dienstag bis Freitag, 10–12 Uhr und 14–17 Uhr, am Samstag, Sonn- und Feiertag von 10–17 Uhr. Von November bis Februar nur am Samstag, Sonn- und Feiertag von 14–17 Uhr.

Kontakt:

Klostermuseum, Schlossbezirk 4, 88416 Ochsenhausen, Tel. 0 73 52/ 92 20 26, www.ochsenhausen.de.

2 | Knopf-Museum Warthausen

Das „Internationale Museum der Knöpfe" im oberschwäbischen Warthausen ist im Staatsbahnhof gegenüber dem Bahnhof der Öchsle-Museumsbahn untergebracht.

Es ist ein multimediales Museum, das nicht nur mit einem ungewöhnlichen Schatz schönster und seltenster Knöpfe aufwartet, sondern auch den Besucher durch interaktive Kommunikation einbezieht.

Im Zeittunnel sieht man eindrucksvoll die verschiedenen Epochen in der Geschichte des Knopfes.

Die Knopfmacherwerkstatt vermittelt dem Besucher einen Eindruck über die Knopfherstellung im Jahr 1946, gleich nach dem Zweiten Weltkrieg.

Die schönsten Dinge sind in der Schatzkammer zu finden. Gold, Silber und Elfenbein wurde für die Kleinodien verwendet. Geöffnet hat das Museum von Dienstag bis Sonntag durchgehend von 10–18 Uhr.

Kontakt:

Internationales Museum der Knöpfe, Museumsgässle 1, 88447 Warthausen, Tel. 0 73 51/18 93-40, E-Mail: museum@knopfundknopf.com, www.knopfundknopf.com/museum/ index1.html.

3 | Öchsle-Radweg

Eine Dampfzugfahrt mit dem Öchsle und eine Fahrradtour lassen sich gut miteinander verknüpfen. Das Fahrrad wird im Gepäckwagen der Museumsbahn kostenlos mitbefördert. Entlang der Öchsle Museumsbahn gibt es den mit grünen Schildern ausgestatteten Öchsle-Radweg. Je nach Kondition können Station um Station der Bahn mit dem Fahrrad abgeklappert werden. Insbesondere die schön restaurierten Bahnhöfe entlang der Strecke sind einen Besuch wert. Die Strecke ist insgesamt wie die Bahnlinie rund 19 Kilometer lang und meist ohne Verkehr.

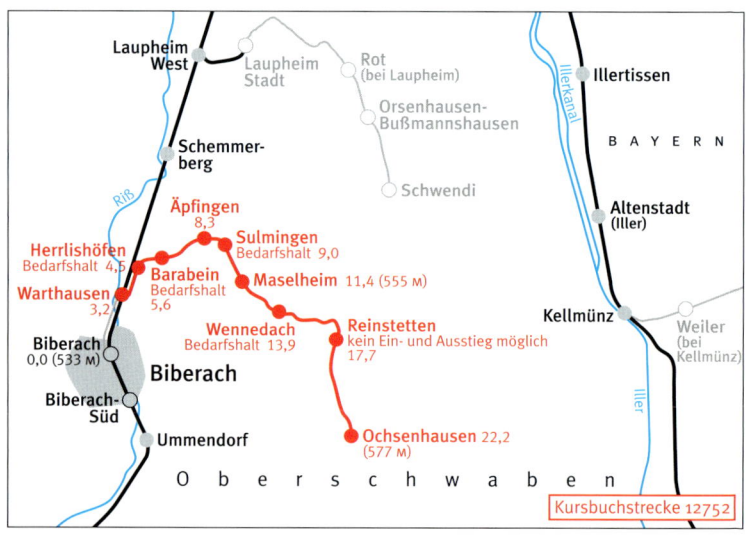

Anreise

Seit ein paar Jahren ist auch die Anreise per Bahn wieder möglich. Der Bahnhof Warthausen, der jahrelang von den Zügen links liegen gelassen wurde, konnte im Zuge der Bahnreform reaktiviert werden. Heute halten dort alle RB von und nach Biberach, so dass bei der Anreise bewusst auf den Personenkraftwagen verzichtet werden kann.

Kontakt

Städtisches Verkehrsamt Ochsenhausen, Marktplatz 1, 88416 Ochsenhausen, Tel. 0 73 52/92 20 26, Fax 0 73 52/92 20 19,
E-Mail: info@oechsle-bahn.de,
www.oechsle-bahn.de.

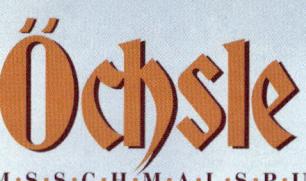

Öchsle

M·U·S·E·U·M·S·S·C·H·M·A·L·S·P·U·R·B·A·H·N

Eisenbahn-Romantik pur mit dem Öchsle auf der 19 Kilometer langen Strecke Warthausen–Ochsenhausen. Die nostalgische Fahrt mit dem Dampfzug auf der 750 mm Schmalspurstrecke führt durch die hügelige Landschaft Oberschwabens, vorbei an historischen Bahnhöfen aus der Gründerzeit. Das Öchsle hat seinen eigenen, weitgehend parallel zur Strecke verlaufenden Radweg und der Fahrradtransport im Zügle ist kostenlos.
Einsteigen, Türen schließen und willkommen in der guten alten Zeit!

Fährt vom 1. Mai bis Ende Oktober
• An allen Samstagen, Sonn- und Feiertagen
• Abfahrt Warthausen: 10.30/14.45 Uhr
• Abfahrt Ochsenhausen: 12.00/16.15 Uhr
• Einfache Fahrtzeit: 70 Minuten

Änderungen vorbehalten

Informationen/Platzreservierung
Städtisches Verkehrsamt
Marktplatz 1 · 88416 Ochsenhausen
Telefon +49 (0) 73 52/92 20-26
Telefax +49 (0) 73 52/92 20-19
www.oechsle-bahn.de
info@oechsle-bahn.de

Über eine imposante Rheinbrücke

Selbst in Eisenbahnerkreisen relativ unbekannt ist die Bahnstrecke Singen–Etzwilen. Die Bahnstrecke mit der markanten Rheinbrücke, der Hemishofer Brücke, ist leider nur auf Schweizer Territorium befahrbar. Die Reaktivierung bis Singen ist geplant, verzögert sich aber weiterhin.

DIE STRECKE

Die Bahn verlässt den Bahnhof Singen in südöstlicher Richtung und führt zunächst durch ein Industriegebiet, dem später Wohnsiedlungen folgen. Es folgt der Ort Rielasingen mit seinem noch vorhandenen Bahnhofsgebäude. Rielasingen ist der letzte Ort vor der Grenze, die bei Kilometer 38,3 überquert wird. Die Kilometer werden übrigens ab Winterthur gezählt. Rund einen Kilometer ist es noch von der Grenze bis zum Bahnhof Ramsen, dem derzeitigen Startpunkt der Museumsbahn. Nach dem Verlassen des kleinen Bahnhofs verläuft die Strecke eben durch Wiesen und Felder zum nächsten Halt, dem Bahnhof Hemishofen.

Das Kernstück dieser Dampfbahnstrecke ist die Rheinbrücke bei Hemishofen. Diese Brücke, in ähnlichem Stil gebaut wie vergleichbare Werke des bekannten Ingenieurs Gustave Eiffel, wird von Fachleuten als wertvolles Zeitdokument aus der Blütezeit des Bahnbaus in der Schweiz bezeichnet. Nach Passieren der Brücke verläuft die Strecke bis zum Bahnhof Etzwilen, der an der Hauptbahn Kreuzlingen–Schaffhausen liegt und natürlich elektrifiziert ist. Ab dort herrscht wieder vertakteter Regelbetrieb. Die Dampflok muss nun ans andere Zugende wechseln, da die Strecke Richtung Schaffhausen eingefädelt hat. Nach dem Umsetzen erfolgt eine rasche Fahrt nach Stein am Rhein mit seiner berühmten Altstadt, dem Endpunkt der Nostalgiefahrt.

GESCHICHTE

Die Bahn hat eine wechselvolle Geschichte: Eröffnet wurde die Strecke bereits 1875. Damals wollte die Nationalbahngesellschaft mittels einer Verbindung von Singen über Etzwilen–Winterthur–Kloten–Zürich–Baden nach Aarau die Monopolstellung der Nordost- und Centralbahn brechen. Durch die Umfahrung der großen Zentren fuhr die Bahn jedoch an den Menschen vorbei und verfehlte das notwendige Passagieraufkommen, so dass die Nationalbahn Konkurs anmelden musste. 1880 ging die Linie an die Nordostbahn und 1902 an die Schweizer Bundesbahnen über. Als einzige Strecke der Schweizer Bundesbahnen wurde sie nie elektrifiziert und erhielt erst 1985 wenige Lichtsignale. Die mächtige Fachwerkbrücke über den Rhein bei Hemishofen befindet sich weitgehend im Ursprungszustand und stammt aus dem Jahr 1875. Der Personenverkehr zwischen Etzwilen und Singen wurde schon 1969 auf die Straße verlegt. Die Beförderung der Reisenden mit Bussen wurde

Der Dampfzug kurz vor der Abfahrt im Bahnhof Hemishofen.

Eine Attraktion ist die Fahrt mit dem Dampfzug mit Plattformwagen über die hohe

von der Deutschen Bundesbahn auf Rechnung der Schweizer Bundesbahn übernommen. Danach wurde die Strecke noch lange Zeit von den Zügen der rollenden Landstraße zwischen Rielasingen und Lugano genutzt. Die Rheinbrücke Hemishofen, die fehlende Fahrleitung sowie der Beschluss, das Terminal nach Singen zu verlegen, führten schließlich 2004 zur Aufgabe des Güterverkehrs.

Seit 1996 rollt auch der Transitgüterverkehr über die elektrifizierte DB-Linie Singen–Thayngen–Schaffhausen. 2001 gründete sich der Verein zur Erhaltung der Eisenbahnlinie Etzwilen–Singen (VES). Er hat zum Ziel, einen Museumsbahnbetrieb zu betreiben oder zu unterstützen. Währenddessen wurde die Strecke

auf deutschem Gebiet unterbrochen. Der Stadt Singen fiel nichts Besseres ein, als einen Kreisverkehr auf der Strecke zu errichten, der zu einem teilweisen Abbruch der Schienen im Industriegebiet von Singen führte. Nur auf Druck des Vereins wurden die Planungen so abgeändert, dass ein Wiedereinbau der Schienen zu einem späteren Zeitpunkt prinzipiell möglich wäre und so einen durchgehenden Betrieb nach Singen erlaubt. 2006 konnten die Stiftungen „Museumsbahn Stein am Rhein–Etzwilen–Hemishofen–Ramsen" & „Rielasingen–Singen" (SEHR & RS) sowie „Historische Rheinbrücke Hemishofen" die Bahnlinie auf deutschem und Schaffhauser Boden käuflich erwerben. Die Stiftung Museumsbahn erhielt 2007 für

Hemishofer Brücke.

die Strecke von Etzwilen bis Ramsen auf Schweizer Seite eine Infrastrukturkonzession, die einen regelmäßigen Museumsverkehr ermöglicht.

FAHRZEUGE

Der Verein zur Erhaltung der Strecke Etzwilen–Singen hat keine eigenen Fahrzeuge. Zum Einsatz auf der Strecke gelangen Fahrzeuge des Vereins „Historische Mittel-Thurgau-Bahn". Die Dampflok Ec 3/5 Nr. 3 aus dem Jahr 1912 ist eine Heißdampf-Zwillings-Tenderlok mit drei gekuppelten Achsen sowie je einer vorderen und einer hinteren Laufachse. Die Lok wurde bei der Schweizerischen Lokomotiv- und Maschinenfabrik Winterthur zusammen mit drei Schwesterloks für die Mittel-Thurgau-Bahn

(MThB) gebaut. 1965 kam das Ende der Dampfloks bei der MThB. Nur die Dampflok Ec 3/5 Nr. 3 wurde für Publikumsfahrten erhalten. Der Zug besteht aus Schweizer Personenwagen: Der rote Salonwagen C 111 stammt von 1907 und wurde bei der Schweizerischen Waggonfabrik Schlieren (SWS) gebaut. Nach einem Umbau gelangte er 1966 zur MThB. Eine Besonderheit im Zug ist der Barwagen FZ 502 mit Postabteil. Der historische Gepäck-/Postwagen wurde 1911 ebenfalls von der SWS im Auftrag der MThB gebaut. 1980 wurde er restauriert und innen zu einem Barwagen umfunktioniert. Über eine Galerie erreicht man die anderen Wagen des Zuges, da das Postabteil auch von Bahnbediensteten nicht betreten werden durfte.

IM EINSATZ

Im Einsatz findet sich der VES-Express zum aktuellen Zeitpunkt (Saison 2010) leider nur zwischen Ramsen und Stein am Rhein. Auf der deutschen Seite, bis zum Bahnhof Singen, ist die Strecke durch einen Straßenkreisverkehr auf dem Bahngleis unterbrochen. Die Verhandlungen in Bezug auf die Wiederinbetriebnahme der Gesamtstrecke laufen. Die Fahrten auf Schweizer Territorium finden stets an auserwählten Sonntagen im Sommerhalbjahr statt. Das Ramsener Dampflokfest im August ist der Höhepunkt der Saison.

TICKETS

Fahrkarten für die historischen Dampfzüge erhält man im Zug selbst und bei den Schaffnern am Bahnsteig. Es werden sowohl Euro als auch Schweizer Franken zur Bezahlung angenommen.

AUSFLUGSTIPPS

1 | Altstadt Stein am Rhein

In Deutschland eher unbekannt ist die historische Altstadt von Stein am Rhein. Sie ist der End- und Startbahnhof des VES-Express. Der Bahnhof liegt etwas außerhalb der Altstadt auf der Südseite des Rheins. Über eine Brücke erreicht man das Zentrum. Stein am Rhein ist vor allem wegen seines gut erhaltenen Altstadtkerns sehenswert. Viele mittelalterliche Bauten prägen das Bild. Typisch sind die bemalten Häuserfassaden, Fachwerkhäuser, Erker und kleinen Gassen. Das Wahrzeichen von Stein am Rhein ist der Rathausplatz. Er ist umsäumt von mittelalterlichen Häusern mit Fachwerkaufbauten und Fassadenmalereien aus der Renaissance und der Barockzeit. Die Kleinstadt hat rund 3200 Einwohner. Als einzige Gemeinde des Kantons Schaffhausen verfügt Stein am Rhein über einen Zugang zum Bodensee. Der heilige Georg ist der Schutzpatron von Stein am Rhein. Auf dem Wappen ist er im Kampf mit dem Drachen zu sehen.

2 | Rheinfall

Nach einer Dampfzugfahrt zwischen Stein am Rhein und Ramsen kann man auf dem Rückweg über Schaffhausen noch einen Abstecher zum Rheinfall machen. In Schaffhausen muss dazu in eine S-Bahn Richtung Neuhausen umgestiegen werden. Neuhausen ist die nächste Station nach Schaffhausen und mit der S 33 nach Winterthur oder S 22 nach Bülach erreichbar. Bis dorthin ist auch das Baden-Württemberg-Ticket gültig. Wer schon eine FlexTax-Tageskarte hat, kann auch bis zur nächsten Haltestelle Schloss Laufen (nur mit S 33) weiterfahren. Achtung: Diese Haltestelle wird nur im Sommerhalbjahr bedient. Von dort aus führt ein Fußweg dann über die bekannte Brücke oberhalb des Rheinfalls, die einen schönen Ausblick ermöglicht. Vom Bahnhof Neuhausen führt ein ausgeschilderter Fußweg bis zum Rheinfall. Über eine Höhe von 23 Metern und eine Breite von 150 Metern stürzt dort der Rhein hinab. Bei mittlerer Wasserführung des Flusses sind dies 373 Kubikmeter Wasser pro Sekunde. Lohnenswert ist für Mutige auch eine Schifffahrt zum mittleren Felsen, der bestiegen werden kann.

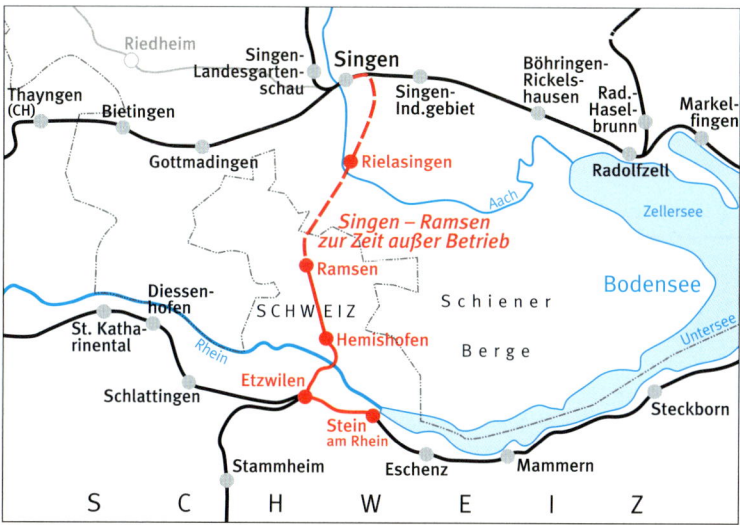

Anreise

Die Anreise erfolgt am bequemsten von Stein am Rhein über Schaffhausen. Das Baden-Württemberg-Ticket ist bis Schaffhausen gültig. Von dort ist die FlexTax-Tageskarte zu empfehlen. Sie ist auf jeden Fall günstiger als eine Hin- und Rückfahrt zum normalen Tarif. Eine andere Möglichkeit ist, mit dem Bus der Linie 7349 von Singen nach Ramsen zu fahren. Das Baden-Württemberg-Ticket ist im Bus bis zur Grenze gültig. Von der Grenze sind es noch weniger als einen Kilometer Fußweg zum Bahnhof, den man in der Ferne schon erkennen kann. Bei gutem Wetter ist auch die Anreise mit dem Fahrrad möglich, das im Dampfzug kostenlos befördert wird. Von Singen sind es rund acht Kilometer auf ebener Strecke. Fahrpläne für Bus und Bahn sind leicht unter www.bahn.de zu bekommen.

Kontakt

Verein zur Erhaltung der Eisenbahnlinie Etzwilen–Singen (VES), c/o Beat Joos, Oberwalderstrasse 2, CH-8261 Hemishofen, Tel. +41 79 4 05 13 75, E-Mail: info@etzwilen-singen.ch, www.etzwilen-singen.ch.

Unterwegs auf der Sauschwänzlebahn

Die Sauschwänzlebahn gehört sicher zu den bekanntesten Museumsbahnen in Deutschland. Durch ihre Brückenbauwerke und Tunnelanlagen
wurde sie weltbekannt. Als Wutachtalbahn wird die gesamte Strecke
von Lauchringen an der Hochrheinstrecke bis nach Immendingen an
der Schwarzwaldbahn bezeichnet. Während der nördliche Abschnitt
zwischen Immendingen und Blumberg-Zollhaus im Regelverkehr durch
den „Ringzug" der Hohenzollerischen Landesbahn bedient wird, fahren
zwischen Blumberg-Zollhaus und Weizen-Bahnhof die Museumszüge
der Sauschwänzlebahn.

DIE STRECKE

Die Dampfzugfahrt beginnt im
Bahnhof Blumberg-Zollhaus. Wenige hundert Meter nach der Abfahrt
vom Bahnhof Blumberg-Zollhaus
durchfährt man im Buchberg-
tunnel (805 m) den Hauptkamm
des Randengebirges. Hier wird
gleichzeitig auch die Europäische Hauptwasserscheide zwischen

Rhein und Donau passiert. In Fahrtrichtung rechts eröffnet sich ein
herrlicher Blick über das Kommental. Rechts voraus sieht man den Ort
Epfenhofen mit dem Epfenhofener
Viadukt, der größten Brücke der
Wutachtalbahn.
Der Zug passiert nun das Biesen-
bach-Viadukt. Mit einer Länge von
252 Metern und einer Höhe von 24

Metern ist das Bauwerk eines der beiden bogenförmigen Viadukte der Strecke. Nach einer Schleife um Epfenhofen befährt der Zug das eben erwähnte Epfenhofener Viadukt. Unmittelbar am Ende der Brücke erreicht er den Bahnhof Epfenhofen. Nach dem zweigleisigen Kreuzungsbahnhof verläuft die Bahnstrecke über Dämme und Einschnitte weiter, wobei sich herrliche Ausblicke auf die Viadukte und das offene Tal ergeben. Immer wieder sieht man, wie auf einer Modellbahnanlage, auch die späteren Streckenabschnitte. Es folgt der Tunnel am Achdorfer Weg (540 m). Der Zug fährt nun in Richtung Norden. In Fahrtrichtung rechts liegt der Ort Fützen, in dem die Fahrzeuge der „Sauschwänzlebahn" stationiert sind. Hier befinden sich Werkstatt und Lokschuppen der Bahn. Wenige Meter nach dem Bahnhof Fützen folgt der Fützener Talübergang mit einer Länge von 153 Metern und einer Höhe von 28 Metern. Nun folgt mit dem Stockhalde-Tunnel der einzige Kreiskehrtunnel Deutschlands, zugleich der zweitgrößte Spiraltunnel Europas und der einzige Schraubtunnel der Welt im Verlauf einer Mittelgebirgsbahn. Er hat eine Länge von 1700 Metern und einen Kreisdurchmesser von 700 Metern und führt in einem 360-Grad-Bogen nach rechts durch den Berg. Nur etwa 100 Meter der Strecke sind, vor Austritt aus dem Berg,

gerade angelegt, damit die Trasse bei Verlassen des Tunnels nicht unter sich selbst, also dem oberen Tunnelportal, herauskommt. Dieser enorme Tunnel wurde nur angelegt, um 15,5 Höhenmeter zu gewinnen! Ihm verdankt die Sauschwänzlebahn ihren Namen. Die nächste Station ist Grimmelshofen. Kurz nach Verlassen der Station wechselt die Bahn innerhalb des 225 Meter langen Grimmelshofener Tunnels vom Kommental ins Wutachtal. Kurze Zeit nach dem Grimmelshofener Tunnel wird das Wutach-Viadukt überquert, die Vierte der großen Brücken (107 m lang und 28 m hoch). Wenige Meter unterhalb des Wutach-Viadukts fährt der Zug in den 1205 Meter langen „Weiler Kehrtunnel" ein. Hier wendet sich die Bahn in einer 180-Grad-Kehre dem Talausgang zu. Die nun erreichte Station Lausheim-Blumegg

Lok 86 333 am Bahnhof Blumberg-Zollhaus.

befindet sich mehrere Kilometer vom eigentlichen Ort entfernt. Die Museumsstrecke führt nun, immer parallel zur B 314, noch ein gutes Stück durch das flacher werdende Wutachtal. Sehr bald kommt die Grenze des Schweizer Kantons Schaffhausen, die bei Weizen entlang der Wutach verläuft. Weizen-Bahnhof ist der Endbahnhof der Museumsbahn. Seit 2004 fährt während der Saison der „Sauschwänzlebahn" an Sonn- und Feiertagen eine RegionalBahn von Waldshut über Wutöschingen nach Weizen und zurück.

GESCHICHTE

Die ersten Überlegungen, eine Bahnlinie durch das Wutachtal zu bauen, gehen bis ins Jahr 1857 zurück. Dennoch ging das Wutachtal beim Bau der ersten Bahnlinien leer aus. Die Gemeinden kämpften weiterhin heftig für einen Anschluss an das Eisenbahnnetz, was zunächst jedoch erfolglos blieb. Es dauerte bis 1875, bis das erste Teilstück zwischen Oberlauchringen und Stühlingen eröffnet werden konnte. Ein Jahr später wurde die Strecke bis nach Weizen-Bahnhof verlängert. Der Weiterbau in Richtung Norden stockte dann infolge geologischer Probleme in der instabilen Wutachschlucht. Die projektierenden Ingenieure stellten fest, dass eine Weiterführung der Bahn durch diese geologisch junge, erst 20 000 Jahre alte Schlucht unmöglich sei. Damit galt das Projekt als gescheitert. Einige Jahre später begann man sich aber von Neuem für die Wutachtalbahn zu interessieren, diesmal von militärischer Seite: Der deutsche Generalstab stellte ab 1880 Überlegungen an, wie man im Fall eines weiteren Krieges gegen Frankreich die Logistik mit Hilfe der Eisenbahn besser organisieren könnte. Im Süden des Deutschen Reiches war aus militärischer Sicht besonders folgendes Problem augenfällig: Wollte man von der Bundesfestung Ulm in das südliche Elsass und so an eine mögliche Front mit Frankreich, musste man dafür die Hochrheinbahn nutzen, die mehrfach durch schweizerisches Gebiet bei Schaffhausen und Basel führte. Beim Bau dieser Strecke war eine Nutzung durch das Militär in einem Staatsvertrag zwischen Deutschland und der Schweiz explizit ausgeschlossen worden. Um dieses Problem zu lösen, überlegte der Generalstab, wie neue Eisenbahnstrecken gebaut werden könnten, die weder größere Steigungen aufwiesen noch über Schweizer Territorium führten. So entschloss man sich zum Bau der heutigen Strecke: Von Hintschingen bis Stühlingen war die Strecke ja bereits fertig gestellt. Trotz absehbar hoher Kosten eines solchen strategischen Bahnbaus und geringem zivilen Nutzen der hauptsächlich durch dünn besiedeltes Gebiet führenden Neubaustrecke kam es ab 1887 zur Durchführung dieses doch abenteuerlichen Eisenbahnbau-Vorhabens. Da die Strecke den Ansprüchen einer militärischen Nutzung genügen musste, durfte die Steigung der Bahn den Wert von zehn Promille nicht übersteigen; das hieß, die Trasse durfte auf einem Kilometer Fahrtstrecke nicht mehr als zehn Meter ansteigen. Die Geografie des Wutachtals brachte es aber mit sich, dass genau in dieser Richtung ein Anstieg von über 231 Metern zu bewältigen war. Die Strecke musste daher einschließlich der ebenen Gleise an den Bahnhöfen über eine Länge von 25 Kilometern ausgeführt werden, obwohl die zu überwindende Entfernung nur 10 Kilometer in der Luftlinie beträgt. 1890 konnte die Wutachtalbahn dem Verkehr übergeben werden. In den Anfangsjahren verkehrten auf der Strecke täglich drei Personenzugpaare. Den intensivsten Betrieb erlebte die Wutachtalbahn Anfang Dezember 1923 aufgrund der französischen Besetzung von Offenburg, wodurch die Oberrheinstrecke und die Schwarzwaldbahn unterbrochen waren und weiträumige Umleitungen über die Hochrheinstrecke, Wutachtalbahn und Gäubahn erforderlich wurden. Mitte der 30er-Jahre des letzten Jahrhunderts wurde bei Blumberg Doggererz abgebaut, was dem Güterverkehr dieser Zeit einem gewissen Auftrieb verschaffte. Im Sommer 1944 fuhren außerdem mehrere Lazarettzüge über die Wutachtalbahn. Die Nutzung der Wutachtalbahn war aber sowohl in Friedens- als auch in Kriegszeiten mäßig. Zum einen verteuerte die künstliche Entwicklung in die Länge jede Fahrkarte und

Das ehemalige Reiterstellwerk von Konstanz hat in Blumberg-Zollhaus eine neue Bleibe gefunden.

auch die Gütertarife. Die Fahrpläne und Kursbücher weisen während der gesamten Betriebszeit der Strecke nicht mehr als fünf Personenzüge und einen Güterzug pro Tag aus. Zum anderen war das Militär in beiden Weltkriegen nicht auf die Strecke angewiesen, obwohl sie oft von Militärzügen befahren wurde. Der durchgehende Verkehr zwischen den Bahnhöfen Lausheim-Blumegg und Blumberg-Zollhaus wurde 1955 eingestellt und fortan mit Omnibussen und Lkws abgewickelt. Ein kurzes

Gastspiel gab in diesem Zeitraum im Wutachtal der Schienen-Straßen-Omnibus, ein sowohl auf der Straße als auch auf der Schiene lauffähiges Fahrzeug. Von 1962 bis 1965 wurde die Strecke auf Kosten der NATO durchgehend saniert. Der Personenverkehr auf dem 15 Kilometer langen Abschnitt Blumberg-Zollhaus–Hintschingen wurde 1967 eingestellt, die insgesamt 24 Kilometer lange Strecke Lauchringen–Lausheim–Blumegg folgte 1971. Im Jahr 1976 legte die Deutsche Bundesbahn den gesamten Abschnitt zwischen Weizen und Blumberg-Zollhaus still. Ab 1977 verkehrten auf der Strecke die ersten Museumsbahnzüge.

Die Hauptlast des Museumsverkehrs trägt die Tenderdampflok 86 333, die Ende der 90er-Jahre vom Bayerischen Eisenbahnmuseum Nördlingen übernommen wurde. Bis zur Wende 1989 war die Einheitsdampflok im Erzgebirge beheimatet. Sie ist eine klassische deutsche Nebenbahndampflok. Der Star im Wutachtal ist die Güterzugdampflok 50 2988. Sie ist die letzte betriebsfähige Lokomotive der Baureihe 50 der Deutschen Bundesbahn. Die älteste Dampflok auf der Sauschwänzlebahn ist die Lok 1, das „Laufenburgerli". Sie stammt ursprünglich vom Rheinkraftwerk Laufenburg. Die Dampflok 93 1360, von der Österreichischen Bundesbahn

stammend, ist wieder betriebsfähig hergerichtet. Für Sonderveranstaltungen gibt es noch einen Triebwagen, den Sauschwänzleexpress (VT 3). Hierbei handelt es sich um einen Dieseltriebwagen, gebaut bei der Maschinenfabrik Esslingen. Das Fahrzeug war lange Jahre bei der Hohenzollerischen Landesbahn im Einsatz.

Die Züge bestehen vorwiegend aus Schweizer Personenwagen, die ein sehr günstiges Verhältnis von der Anzahl der Sitzplätze zum Gesamtgewicht haben, was sich bei einer Zuglänge von neun bis zwölf Wagen positiv bemerkbar macht.

Daneben kommen so genannte Umbauwagen der Deutschen Bundesbahn zum Einsatz. Diese Fahrzeuge wurden aus alten Länderbahnfahrzeugen in den 50er-Jahren umgebaut. Des Weiteren sind mehrere Dienstfahrzeuge sowie als Denkmaldampflok die in der DDR rekonstruierte Kriegslok 52 8012 beim Bahnhof Blumberg-Zollhaus aufgestellt.

Die Sauschwänzlebahn verkehrt jeden Samstag, Sonntag und Mittwoch vom 1. Mai bis Mitte Oktober. Zusätzlich verkehrt die Sauschwänzlebahn noch in den Sommerferien in Baden-Württemberg an den Donnerstagen. Es finden eine oder zwei Fahrten ab Blumberg-Zollhaus statt. Genaue Auskünfte erhält man auf der Homepage der Sauschwänzlebahn.

TICKETS

Fahrkarten für die Sauschwänzlebahn sind im Bahnhof Zollhaus-Blumberg erhältlich. Der Schalter öffnet 75 Minuten vor den Abfahrtszeiten. In Weizen werden die Fahrkarten vom Schaffner verkauft. Achtung: Ab Weizen sind für Einzelreisende nur begrenzt Sitzplätze vorhanden. Es gibt Hin- und Rückfahrkarten. Kinder bis 16 Jahre erhalten 50 % Rabatt auf den Erwachsenenfahrpreis. Für Familien gibt es eine Familienkarte. Für Gruppen ab 20 Personen ermäßigt sich der Fahrpreis für Erwachsene. Je 20 Personen gibt es eine Freifahrt.

AUSFLUGSTIPPS

1 | Eisenbahnmuseum

Seit 1992 befindet sich im Güterschuppen des Bahnhofs Blumberg-Zollhaus ein Eisenbahnmuseum. Es führt mit zahlreichen Originalexponaten durch die Geschichte der „Sauschwänzlebahn" mit dem offiziellen Namen „Strategische Umgehungsbahn", im Volksmund auch „Kanonenbahn" genannt. Fotos dokumentieren die Bauzeit. Ein Teil des Stuhlschienenoberbaus mit Werkzeugen stammt aus den Anfangsjahren, Originalpläne und De-

tailzeichnungen zeugen von genialer Ingenieurleistung. Ein funktionsfähiges Modell lässt den verschlungenen Streckenverlauf nachvollziehen. Viele weitere Objekte lassen die Geschichte der Bahn wieder lebendig werden. Zusätzlich zeigen im Außenbereich weitere Geräte und Fahrzeuge nostalgisches Bahnleben. Wem Treppensteigen nicht zu mühsam ist, kann im vollständig restaurierten Reiterstellwerk aus Konstanz beim Bedienen der vielen Stellhebel nachvollziehen, welch schwere körperliche Tätigkeit die Arbeit bei der Eisenbahn einst war. Das Museum ist jeweils eine Stunde vor Abfahrt und nach Ankunft der Museumszüge geöffnet. Auf Wunsch können bei Voranmeldung für Gruppen auch Führungen durchgeführt werden. Der Besuch des Museums ist im Fahrpreis inbegriffen.

2 | Wanderung zur Museumsmühle Weiler

In Verbindung mit einer Dampfzugfahrt bietet sich eine Wanderung rund um die Wutachschlucht an. Die Anreise sollte mit dem ersten Dampfzug ab Blumberg-Zollhaus um 10 Uhr bis zum Bahnhof Grimmelshofen erfolgen. Von dort führt die Wanderung in etwas mehr als einer Stunde zum Bahnhof Lausheim-Blumegg. Unterwegs besteht die Möglichkeit einzukehren. Auch die historische Museumsmühle

Weiler ist einen Besuch wert. Diese Mühle, eine der ältesten, in großen Teilen noch vollständig erhaltenen Gipsmühlen Deutschlands, ist eine besondere Rarität mit drei Mühlrädern und fünf Mahl- und Stampfwerken. Nach umfangreicher Sanierung konnte der Landkreis Waldshut die Museumsmühle im Mai 2000 der Öffentlichkeit zugänglich machen. In Lausheim-Blumegg sollte der letzte Zug gegen 15.48 Uhr erreicht werden, um wieder nach Blumberg-Zollhaus zu kommen. Zu beachten sind eventuelle Fahrplanänderungen (Stand 2010).

Kontakt:

Tel. 0 77 09/2 54, oder Landratsamt Waldshut, Amt für Kultur, Archivwesen und Öffentlichkeitsarbeit, Tel. 0 77 51/86 74 03.

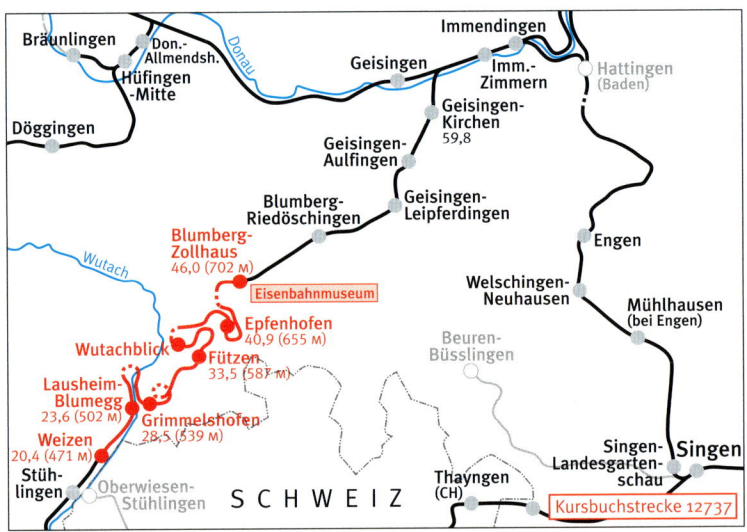

Anreise

Zielbahnhöfe sind Weizen-Bahnhof oder Blumberg-Zollhaus. Blumberg-Zollhaus wird von den Zügen der Hohenzollerischen Landesbahn, Verkehrsbetrieb Ringzug, angefahren. Ein Zustieg in die modernen RegioShuttle-Triebwagen ist in Immendingen (Schwarzwaldbahn von Karlsruhe und Konstanz) und Tuttlingen (Gäubahn von Stuttgart, Donautalbahn von Ulm) möglich. Weizen wird an Sonn- und Feiertagen mit dem Zug von Waldshut aus erreicht.

Kontakt

Sauschwänzlebahn, Bahnhofstraße 1, 78176 Blumberg, Tel. 0 77 02/47 76 0, Fax 0 77 02/47 76 07, E-Mail: info@sauschwaenzlebahn.de, www.sauschwaenzlebahn.de.

Volldampf auf der Dreiseenbahn

Im Hochschwarzwald gibt es neben der von Freiburg über Titisee nach Donaueschingen führenden, sehr bekannten Höllentalbahn auch noch die Dreiseenbahn, die ihren Namen von den drei Seen hat, die an der Strecke liegen: Titisee, Windgfällweiher und Schluchsee. Die Strecke wird von Zügen der DB Regio im Stundentakt bedient. Seit 2008 kümmert sich der Verein IG 3-Seenbahn um die Vermarktung der Strecke und die Erhaltung des Endbahnhofs Seebrugg. Im August finden dazu jeweils Dampfzugfahrten statt.

DIE STRECKE

Der Zug der IG 3-Seenbahn startet im Bahnhof Löffingen. Die Bahnstrecke steigt nach dem Bahnhof in Richtung Rötenbach an. Hinter Rötenbach wird die Fahrt spannend: Es folgen die vier Tunnel der Strecke, der Kapf-Tunnel mit einer Länge von 203 Metern, der Setze-Tunnel mit einer Länge von 104 Metern, der Hörnletunnel, mit 266 Metern der längste, und zum Schluss noch der Finsterbühl-Tunnel mit 166 Metern Länge. Die Bahn sinkt jetzt in das Gutachtal ab und wechselt auf einer großen Brücke die Talseite. Dort, am ehemaligen Bahnhof Kappel-Gutachbrücke, zweigte bis 1976 die Nebenbahn nach Bonndorf ab. Die Strecke wurde inzwischen in einen Radweg umgewandelt. Als nächster Bahnhof folgt Neustadt im Schwarzwald. Ab dort ist die Strecke auch elektrifiziert. Über das Wiesenhochtal der Gutach und den ehemaligen Haltepunkt Hölzlebruck auf der rechten Seite wird der Bahnhof Titisee erreicht. In Titisee trifft die Strecke aus Donaueschingen auf die Dreiseenbahn.

Die Bahn verlässt den Bahnhof Titisee in einer großen Rechtskurve und arbeitet sich am Rand des Titisees zum höchstgelegenen Normalspurbahnhof der Deutschen Bahn empor. Der Bahnhof Feldberg-Bärental liegt auf einer Höhe von 967 Metern über dem Meer. Das Bahnhofsgebäude erlangte durch die Fernsehserie „Schwarzwaldklinik" eine gewisse Bekanntheit. Die Bahn verläuft nun weiter durch den dichten Tannenwald zum Haltepunkt Altglashütten-Falkau. Nun folgt die Station Aha; aber vor Erreichen dieses Haltepunkts sieht man durch

Wie in alten Zeiten wird im Bahnhof Titisee Expressgut nach Seebrugg verladen.

den Wald auf der in Fahrtrichtung rechten Seite den Windgfällweiher hindurchschimmern. Kurz nach Aha kann man zum ersten Mal einen Blick auf den Schluchsee werfen, der die Bahn nun bis zum Endbahnhof Seebrugg begleiten wird. Zuvor wird noch auf einer Steinbrücke eine Ausbuchtung des Schluchsees und der Haltepunkt Schluchsee passiert.

GESCHICHTE

Bereits 1912 wurde die Strecke Titisee–Schluchsee–Seebrugg geplant und deren Bau durch den badischen Landtag abgesegnet. Der Erste Weltkrieg verzögerte den Bau der Strecke um einige Jahre. Erst 1919, sieben Jahre nach Baugenehmigung, wurde mit dem Bau der Strecke begonnen. 1926 wurde die Dreiseenbahn feierlich eröffnet. Im Volksmund bekam die Strecke aufgrund der langen Bau- und Planungszeit den Namen Ewigkeitsbahn. 19,2 Kilometer lang ist die Strecke der Dreiseenbahn vom Bahnhof Titisee bis nach Seebrugg. Eine geplante Verlängerung der Strecke nach St. Blasien wurde nie realisiert. Die Station Bärental ist mit 967 Metern über dem Meer der höchst gelegene normalspurige Bahnhof der Deutschen Bahn AG, die die Strecke bis heute betreibt. Außer der Fischbachbrücke beim Bahnhof Schluchsee waren keine größeren Bauwerke notwendig. Zwischen 1934 und 1936 wurde die

Der Bahnhof Seebrugg liegt direkt am Schluchsee.

Strecke elektrifiziert. Dennoch wurden weiterhin auch Dampfloks der Baureihe 75, 50 und 85 eingesetzt. Erst knapp 25 Jahre nach der Elektrifizierung der Strecke konnte auf den Dampfbetrieb vollständig verzichtet werden. Bis zum Ende des Jahres 2002 war die Dreiseenbahn sogar in den nationalen Fernverkehr eingebunden. Als Direktzug in die Urlaubsregion Hochschwarzwald verkehrte ein InterRegio-Zug von Emden bis nach Seebrugg. Heute fahren fast ausschließlich Doppelstockzüge mit Lokomotiven der ostdeutschen Baureihe 143 auf der Dreiseenbahn. 2008 drohte der komplette Rückbau der Gleisanlagen in Seebrugg, was durch den Verein IG 3-Seenbahn erfolgreich verhindert werden konnte.

VEREIN

Der noch junge Verein hat inzwischen zwei erfolgreiche Betriebsjahre hinter sich. Das Vereinsziel ist die Aufnahme eines regelmäßigen Museumsbetriebs im Hochschwarzwald auf der Dreiseenbahn Titisee–Seebrugg (KBS 728) sowie auf dem Abschnitt Titisee–Neustadt (Schwarzwald)–Löffingen, der Höllentalbahn (KBS 727) in Zusammenarbeit mit den Gemeinden des Hochschwarzwaldes, örtlichen Hoteliers und der Hochschwarzwald Tourismus GmbH. Nach Möglichkeit sollten diese Fahrten mit historischen Dampf- und Elektrotriebfahrzeugen sowie Personen- und Güterwagen durchgeführt werden, die früher planmäßig auf der Höllental- und Dreiseenbahn unterwegs waren. Der thematische Schwerpunkt soll dabei auf der Nachkriegszeit von 1945 bis 1980 liegen, als im Hochschwarzwald sowohl Dampfloks als auch Elektroloks anzutreffen waren. Ergänzt werden sollen die historischen Zugpferde durch den

147

Einsatz von historischen Reisezügen und Güterzügen, um den früheren Zugverkehr im Hochschwarzwald erlebbar darstellen zu können. Dem Verein ist eine hohe Authentizität sehr wichtig. So wird auch auf kleine Details wie die richtigen Uniformen und die Zuglaufschilder großen Wert gelegt.

Ein weiteres Vereinsziel ist die Erhaltung des Bahnhofs Seebrugg, dem Endpunkt der Dreiseenbahn. Er verfügt über große Gleisanlagen, die schon viele Jahre nicht mehr genutzt wurden. Trotzdem befinden sich die Anlagen heute noch weitgehend im Zustand der Eröffnung im Jahr 1926. So sind neben dem Lokschuppen und der Wasserversorgung für Dampflokomotiven auch noch die Anlagen für den Güterverkehr vorhanden, wie zum Beispiel eine Gleiswaage. Seebrugg soll der betriebliche Mittelpunkt der Bahn werden. Der Lokschuppen in Seebrugg soll erhalten werden und für die Zwecke des Vereins genutzt werden. Ebenso sollen die Anlagen zur Restaurierung der Dampfloks neu entstehen.

Schauverladung historischer Eicher-Schlepper im Bahnhof Seebrugg.

IM EINSATZ
Die Dampfzüge der IG 3-Seenbahn verkehren an den Augustwochenenden zwischen Löffingen und Seebrugg über Neustadt und Titisee. Der Fahrplan wird vor den Einsatztagen auf www.3seenbahn.de veröffentlicht.

TICKETS
Fahrkarten sind am Bahnsteig oder im Zug beim Schaffner des Vereins der IG 3-Seenbahn erhältlich. Reguläre Fahrscheine haben keine Gültigkeit.

AUSFLUGSTIPPS
1 | Fahrradtour rund um den Schluchsee

Rund um den Schluchsee gibt es einen steigungsfreien, gut ausgebauten Rad- und Wanderweg. Die Tour rund um den Schluchsee ist 20 Kilometer lang und kann leicht abgekürzt werden, indem man zum Beispiel nur von Aha nach Seebrugg wandert oder radelt (ca. 10 km). Der Weg am Ufer des Schluchsees belohnt einen immer wieder mit schönen Ausblicken auf das Uferpanorama. Der Ausgangspunkt einer solchen Tour ist am besten in Aha. Der Weg ist mit dem grünen Fahrrad ausgeschildert. Immer wieder gibt es auf der Tour Möglichkeiten zum Einlegen einer Pause oder zum Baden im Schluchsee. Kurz vor Ende der

Kurz nach Verlassen des Bahnhofs Schluchsee überquert der Zug auf einer Steinbogenbrücke eine Ausbuchtung des Schluchsees.

Hälfte der Rundfahrt erreicht man die 250 Meter breite Staumauer. Der weitere Weg führt nun entlang des Sees am Rand der Straße bis zum Bahnhof Seebrugg. Wem diese Tour genügt, kann hier wieder in den Zug einsteigen. Die weitere Strecke nach Schluchsee ist nicht mehr so schön. Entlang an der Straße führt der Weg bis Schluchsee und anschließend wieder auf einen Waldweg, wobei man vom Verkehrslärm bis nach Aha begleitet wird. Wanderer können ab Schluchsee alternativ am Seeufer gehen, für Radfahrer ist diese Strecke schon aufgrund der hohen „Verkehrsdichte" an Fußgängern tabu.

2 | Eine Bootsfahrt auf dem Schluchsee

Direkt am Endbahnhof Seebrugg hat man einen direkten Zugang zum Schluchsee. Der Pumpspeichersee hat ein klares Wasser. Direkt am Ufer in Seebrugg gibt es die Möglichkeit, sich ein Ruder- oder Tretboot auszuleihen. Vom See aus kann man den Verlauf der Bahnstrecke sehr gut verfolgen und bemerkt erst jetzt, dass oberhalb der Bahnstrecke die B 500 verläuft. Ohne Rücksicht auf die Landschaft und mit Einsatz von viel Beton wurde diese Straße dort mit hohen Stützmauern errichtet, während die Bahnstrecke in der Landschaft kaum auffällt.

3 | Wanderung zum Feldberggipfel

Zielbahnhof ist Feldberg-Bärental an der Dreiseenbahn. Dort hält auch der Dampfzug der IG 3-Seenbahn. Der Haltepunkt ist rund sechs Kilometer vom Berggipfel entfernt. Ein ausgeschilderter Wanderweg führt vom Bahnhof zum Gipfel des Feldbergs. Ebenso fährt vom Bahnhof Feldberg-Bärental die Buslinie 7300 (Ziel Schopfheim) auf den Berg. Die Ausstiegshaltestelle ist der „Feldberger Hof" im Ort Feldberg. Von dort führt ein Kabinenlift auf den Vorberg Seebuck (1448 m). Dort befindet sich auch ein für Besucher

geöffneter Turm. Von dort geht es ungefähr zwei Kilometer durch eine Senke, das „Grüble", zum Feldberg, der für Besucher nur zu Fuß erreichbar ist. Im Bus ist übrigens das Baden-Württemberg-Ticket gültig, das vielleicht schon von der Anreise mit der Bahn her vorhanden ist.

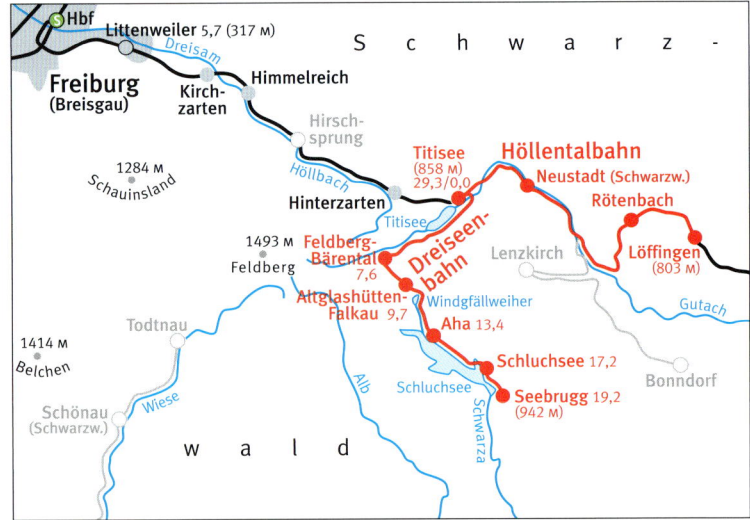

Die Kandertalbahn

Nahe Basel, im Markgräfler Land, zuckelt das liebevoll „Chanderli" genannte Bähnle an Sonntagen zwischen Haltingen und Kandern. Bereits 1968 verkehrte auf der damals noch im Regelverkehr genutzten Strecke der erste Dampfzug des damaligen Vereins „EuroVapor".

DIE STRECKE

Die Kandertalbahn führt von Haltingen an der Hauptstrecke Basel–Freiburg nach Kandern. Früher gab es in Haltingen für die Loks der Kandertalbahn einen Lokschuppen und einen Wasserkran. Die Umgebung des Bahnhofs Haltingen wird sich in den kommenden Jahren mit dem viergleisigen Ausbau der Rheinschiene deutlich verändern. Die Strecke verlässt den Bahnhof Haltingen in einer engen Rechtskurve durch ein Gewerbegebiet in Richtung Binzen. Noch vor Binzen folgt die Unterquerung der Autobahn A 98, ehe mit Binzen der erste Haltepunkt der Strecke erreicht wird. Kurz hinter Binzen zweigt die Strecke ins Kandertal ab und führt entlang der Bundesstraße 316 nach Rümmingen, das ebenfalls einen Haltepunkt hat. Nun folgt der Haltepunkt Wittlingen mit seinem Unterstand aus Holz. Auf einer sechs Meter langen Stahlbrücke wird der Wollbach überquert, der dem nachfolgenden Ort seinen Namen gab. Im Bahnhof Wollbach finden gelegentliche Zugkreuzungen statt. Das Tal wird nun enger und die Bahnstrecke steigt an. Schwere Züge erhalten ab Wollbach sogar eine Schub- oder Vorspannlok. Als zweitletzter Haltepunkt vor Kandern kommt nun der Bahnhof Hammerstein. Über den ehemaligen Haltepunkt Wolfsschlucht und eine 8,5 m lange Brücke über die Kander verläuft die Strecke nun am linken Ufer des Bachs bis zum Bahnhof Kandern, der Endstation der Museumsbahn. Hier befindet sich heute der Betriebsmittelpunkt mit einem Lokschuppen aus den 60er-Jahren und einer Wagenhalle zur sicheren Abstellung der historisch wertvollen Fahrzeuge.

GESCHICHTE

Die Eisenbahn im Kandertal ist über 100 Jahre alt. 1895 erfolgte die Er-

Vorbildlich restaurierte „Holzklasse".

öffnung der Strecke nach dem Bau durch die Firma Vering & Waechter, die den Betrieb 1899 an die Deutsche Eisenbahn-Betriebsgesellschaft AG übergab. 1963 wurde die Kandertalbahn von der Südwestdeutschen Verkehrs-AG (SWEG) übernommen. Die Kandertalbahn war noch nie eine staatliche Eisenbahn, sondern schon immer in Händen privater Bahngesellschaften. Nach einem Unwetter 1983 gab es einen Dammrutsch bei Wollbach, der zur Folge hatte, dass der Verkehr zuerst zwischen Wollbach und Kandern und schließlich 1985 auf der gesamten Strecke eingestellt wurde. Bereits im Jahr 1968 verkehrten die ersten historischen Dampfzüge auf der Strecke; damals noch unter Regie des Vereins „Euro-Vapor" (siehe Seite 280). Seit 1986 betreibt der Zweckverband Kandertalbahn, als Eigentümer der Infrastruktur, zusammen mit dem Verein Kandertalbahn als Eigentümer der Fahrzeuge, hier eine Museumsbahn. Die Strecke konnte wieder instand gesetzt werden. Eine Überlegung ist die Integration der Bahnlinie in das Netz der Regio-S-Bahn Basel.

FAHRZEUGE

Die Fahrzeuge der Kandertalbahn werden durch den Verein Kandertalbahn in betriebsfähigem und möglichst historisch authentischem Zustand als technikgeschichtliche Sammlung erhalten. Die Sammlung

Triebwagen VT 3 der Kandertalbahn.

zeigt die Entwicklung der Neben-
bahnfahrzeuge von der Eröffnung
des Bahnbetriebes über spätere
Erweiterungen des Fuhrparks, die
Umstellung auf Dieselbetrieb, bis
hin zur Einstellung des regulären
Betriebs auf. Der Dampf-Personen-
zug, der als Museumszug auf der
Kandertalbahn die Hauptlast trägt,
ist ein typischer Zug einer privaten
Nebenbahn zu Anfang des 20. Jahrhunderts. Drei Dampfloks sind auf
der Kandertalbahn zu Hause.

Die Dampflok 30, eine preußische
T 3 von 1904, ist betriebsfähig und
zieht die meisten Museumszüge. Die
preußische T 3 ist eine Konstruktion
für Nebenbahnen. Gebaut wurde sie
in großen Stückzahlen für die Preußische Staatsbahn, aber auch für
viele private Nebenbahnen in ganz
Deutschland. Lok 30 ist seit 1955 in
Kandern stationiert, nachdem sie
zuvor bei anderen badischen Nebenbahnen im Einsatz stand.

Seit 2010 betriebsfähig ist eine
Lok der Baureihe BBÖ 378 der
Österreichischen Bundesbahnen.
Die Lok von 1927 wurde nach dem
Nummernschema der Deutschen
Reichsbahn mit der Angliederung
Österreichs an das Deutsche Reich
im Jahr 1938 als 93 1378 bezeichnet.
1990 wurde sie vom Verein „Euro-
Vapor" übernommen und anschlie-
ßend auf der Wutachtalbahn (siehe
Seite 138) eingesetzt, ehe sie zur
Kandertalbahn kam.

Augenblicklich nicht betriebsfähig
ist die Dampflok 8532 „Tigerli". Bei
ihr handelt es sich um eine Rangier-
Tenderlokomotive von 1916, die von
den Schweizer Bundesbahnen beschafft wurde. In den Jahren 1902 bis
1915 wurden 83 Lokomotiven dieses
Typs von der Schweizerischen Loko-
motiv- und Maschinenfabrik Winterthur geliefert.

Ein Schmuckstück ist auch der vorhandene Triebwagen VT 3. Ende der
20er-Jahre wurden von der Deut-

*Von 1916 stammt dieser 3.-Klasse-
Wagen mit Gepäckabteil.*

Schwer arbeiten muss die kleine Lok 30 mit ihrem vollbesetzten Zug.

schen Reichsbahn-Gesellschaft verschiedene Triebwagen mit Verbrennungsmotoren erprobt. Zu diesen Versuchsfahrzeugen gehörte auch der VT 3 der Kandertalbahn. 1928 ursprünglich als 4-Zylinder-Benzoltriebwagen gebaut, wurde der VT 3 im Jahr 1935 zur Leistungssteigerung auf zwei Sechszylinder-Dieselmotoren umgebaut. Danach wurde der Triebwagen durch die Deutsche Eisenbahn-Betriebsgesellschaft AG übernommen. Er war, wie die Dampflok 30, bei verschiedenen Privatbahnen im badischen Raum im Einsatz, zuletzt bei der Kandertalbahn. Mit ihm wurde bis zur Einstellung der Strecke der Verkehr abgewickelt.

Der Museumszug besteht aus historisch wertvollen badischen Nebenbahnfahrzeugen. Der älteste Wagen im Museumszug ist der Wagen Ci 44, der 1894 von der Waggonfabrik Ludwigshafen erbaut wurde.

Neben weiteren Waggons badischer und deutscher Privatbahnen sind auch noch so genannte Donnerbüchsen im Zug eingestellt. Diese Fahrzeuge wurden in großen Mengen von der Deutschen Reichsbahn in den 20er-Jahren beschafft und waren in ganz Deutschland und teilweise in den Nachbarländern im Einsatz. Zwei Dieselloks und ein Lokomotiv-Drehkran ergänzen die Sammlung.

IM EINSATZ

Die Züge verkehren von Mai bis Oktober. Der Zug pendelt jeden Sonntag dreimal zwischen Kandern und Haltingen. An zwei Betriebstagen im Jahr findet ein aufwendiger Zwei-Zug-Betrieb statt.

TICKETS

Fahrkarten für die Züge der Kandertalbahn sind an den Schaltern in Haltingen oder im Bahnhof Kandern, beim Zugpersonal am und im Zug erhältlich. Für Familien gibt es ermäßigte Familienkarten zu kaufen. Die Fahrradmitnahme im Zug ist ebenfalls möglich. Wer möchte, kann gegen einen Zuschlag auf der Dampflok mitfahren. Dazu ist allerdings eine Voranmeldung bei der Tourist-Information Kandern erforderlich.

AUSFLUGSTIPPS

1 | Wanderung zur Burgruine Sausenburg

Der Zielbahnhof für eine Wanderung zur Burgruine Sausenburg ist der Endbahnhof der Museumsbahn, der Bahnhof Kandern. Zur Burgruine führt ein gut ausgeschilderter, gelb markierter Rundwanderweg über das Schloss Bürgeln, dessen Besichtigung man bei der Wanderung nicht auslassen sollte. Die Wanderung ist rund 15 Kilometer lang. Wer rund fünf Stunden dafür einplant, ist auf der sicheren Seite. Vom Turm der Ruine Sausenburg hat man einen wunderschönen Rundblick auf die Vogesen, den Schwarzwald, die Alpen und auf den 1165 Meter hohen Blauen. Lange Zeit verkam die Burg als Steinbruch. Erst im Jahr 1856 entdeckte man die vergessene Burgruine wieder und begann, die Burganlage begehbar zu machen. Der heutige Turmzugang ist nachträglich entstanden. Ursprünglich gelangte

man weiter oberhalb mit einer Leiter in das Turminnere. Die Öffnung ist heute schwer zu erkennen, da der Turm fast durchgehend mit Efeu bewachsen ist. Eine Burgmauer umgibt den Innenhof der Anlage. Wer danach sucht, findet die rund fünf Meter tiefer liegende Vorburg, von der allerdings nur noch ein Stück Außenmauer zu erkennen ist.

2 | Heimat- und Keramikmuseum Kandern

In einem Staffelgiebelhaus aus dem 16. Jahrhundert ist das 1976 eröffnete Heimat- und Keramikmuseum Kandern untergebracht. In Kandern hat die Töpferei eine lange Tradition, sie bildet auch den Schwerpunkt des Museums. Auf der Gemarkung von Kandern befinden sich ergiebige Tongruben, die schon frühzeitlich genutzt wurden. Den Handel mit Hafnerware begünstigte zudem die Lage an einer alten Handelsstraße zwischen dem Elsass und der Schweiz. Im ersten Stockwerk findet sich Geschirr aus Kandern, während im zweiten Stockwerk Keramiken der aus dem Hafnerhandwerk hervorgegangenen Kunsttöpferei zu sehen sind. Wer hat schon einmal etwas von der berühmten „Goldenen Sau von Kandern" gehört? Eine Kopie dieses kunstvollen Trinkgefäßes, das der badische Markgraf Georg Friedrich 1605 in Augsburg anfertigen ließ und dann als Dank für eine vergnügliche Jagd in den Wäldern Kanderns dem Forsthaus zu Kandern schenkte, ist im Museum zu besichtigen. Darüber hinaus zeigt das Museum Erinnerungsstücke an die Schlacht bei Kandern, einem zentralen Ereignis der 1848er-Revolution.

Kontakt:

Heimat- und Keramikmuseum Kandern, Ziegelstraße 30, 79400 Kandern, Tel. 0 76 26/97 23 56, www.kandern.de.

Mittwoch 15–17.30 Uhr und Sonntag 10–12.30 und 14–16 Uhr geöffnet.

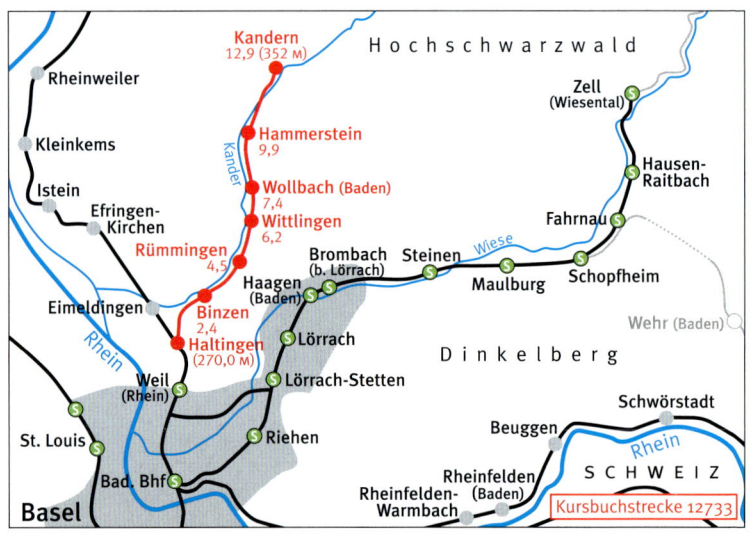

Anreise

Der Zielbahnhof Haltingen liegt an der Rheinschiene unweit von Basel. Direkte RE-Züge zwischen Basel SBB und Freiburg halten in Haltingen. Mit Umstieg in Basel-Badischer Bahnhof erreicht man auch mit einem IRE von Ulm über Friedrichshafen und Radolfzell die Kandertalbahn. Zur Anreise empfiehlt sich das Baden-Württemberg-Ticket, das auch bis nach Basel SBB (Schweizer Bahnhof) gültig ist.

Kontakt

Fahrkarten und Fahrpläne:
Tourist-Information Kandern, Hauptstraße 18, 79400 Kandern, Tel. 0 76 26/97 23 56.

Zweckverband Kandertalbahn, Postfach 1128, 79400 Kandern, E-Mail: info@kandertalbahn.de, www.kandertalbahn.de.

Von Baden ins Elsass

Eine internationale Strecke im Touristikverkehr ist die Strecke vom badischen Müllheim ins elsässische Mulhouse (Mülhausen). Hier verkehrt seit ein paar Jahren an Sonntagen im Sommer und an den Adventssonntagen ein moderner Triebwagen der französischen Staatsbahn SNCF im Pendelverkehr.

DIE STRECKE

Die Bahn verläuft ab Müllheim durch Äcker und Felder bis zum einzigen Zwischenhalt Neuenburg (Rhein). Danach wird die Autobahn A 5 über eine Brücke überquert. Es folgt der Rhein und damit nach rund fünf Kilometern Fahrt die Landesgrenze zu Frankreich. Hinter dem Rhein folgt der kanalisierte Rheinkanal, der ebenso wie der Fluss auf einer kombinierten Eisenbahn-Straßenbrücke passiert wird.

In Fahrtrichtung links sieht man ein Industriegebiet, das einen großen Gleisanschluss hat. Auf der in Fahrtrichtung rechten Seite folgt der Bahnanschluss an das umstrittene, über 30 Jahre alte Atomkraftwerk Fessenheim. Der Betriebsbahnhof Bantzenheim wird durchfahren. Durch ein großes Waldstück und entlang des Industrieparks der PSA erreicht der Triebwagen nach rund 23 Kilometern Fahrt den Bahnhof Mulhouse.

GESCHICHTE

1878 wurde die Bahnlinie zwischen Müllheim–Mulhouse eröffnet, um das Gebiet um Mülhausen mit Lebensmitteln und Holz aus der Gegend um Müllheim zu versorgen. Gebaut wurde die Strecke rechtsrheinisch durch die Großherzoglich Badischen Staatseisenbahnen und linksrheinisch durch die Reichseisenbahnen in Elsass-Lothringen, die auch den gesamten Betrieb bis 1919 führten. Der reguläre Personennahverkehr wurde auf dem Abschnitt Müllheim–Neuenburg 1980 eingestellt und 2009 wieder aufgenommen. Die Strecke dient hauptsächlich dem internationalen Güterverkehr. Seit 2006 findet der Touristikverkehr statt. Langfristiges Ziel ist die Wiederaufnahme eines regelmäßigen Personenverkehrs auf der Strecke. Seit 2009 wurde die Strecke daher teilweise ertüchtigt, dabei sollen nun auch noch die Flügelsignale durch elektronische Signaltechnik ersetzt werden. Aus der Region Oberrhein wurde gefordert, die TGV-Linie LGV Rhin-Rhône, deren Inbetriebnahme die SNCF für 2011 vorsieht, über diese Strecke bis Freiburg zu verlängern.

FAHRZEUGE

Zwischen Müllheim und Mulhouse verkehrt ein Triebwagen der französischen Staatsbahn SNCF. Die Entwicklung des Fahrzeugs war ein Gemeinschaftsprojekt der DB AG und der SNCF mit den Schienenfahrzeugherstellern De Dietrich Ferroviaire (heute Alstom DDF) und Linke-Hofmann-Busch (heute Alstom Transport Deutschland GmbH). Die 40 beschafften Fahrzeuge der Deutschen Bahn AG werden in Thüringen und am Hochrhein eingesetzt. Neben dem Haupteinsatzland Frankreich verkehren die Triebwagen auch noch in Luxemburg. Die äußerst komfortablen Triebwagen ermöglichen einen ebenerdigen Einstieg. Sie sind außerdem mit Mittelpufferkupplungen ausgerüstet, die ein automatisches Kuppeln bzw. Entkuppeln ermöglichen. Die Anordnung der beiden Antriebsanlagen vor den Drehgestellen, die wuchtigen Wagenkästen und die großen einteiligen Schwenktüren geben dem Fahrzeug sein charakteristisches Aussehen, welches ihm den Spitznamen „Walfisch" bzw. in Frankreich die Bezeichnung „Baleine bleue" (Blauwal) eingebracht hat. Die zugelassene Höchstgeschwindigkeit beträgt in Deutschland 120 km/h, in Frankreich und Luxemburg 140 km/h.

IM EINSATZ

Die Verbindung Müllheim–Mulhouse besteht an den Adventssonntagen vor Weihnachten sowie an den Sonn- und Feiertagen im Sommer. Achtung: Die Saison beginnt erst im

Juni und endet bereits Mitte September, im Gegensatz zu anderen Saisonbahnen, die vom 1. Mai bis Ende Oktober unterwegs sind. Wochentags wurde die Strecke Müllheim–Neuenburg zum Fahrplanwechsel im Dezember 2009 reaktiviert.

TICKETS

Im Gegensatz zu anderen Touristikbahnen wird im Zug Müllheim–Mulhouse weder das Schönes-Wochenende-Ticket noch das Baden-Württemberg-Ticket anerkannt. Es findet auch kein Fahrscheinverkauf im Zug statt, weshalb die Fahrkarte vorher am Automaten gelöst werden muss. Für die einfache Fahrt kann seit 2009 wieder eine reguläre Bahnfahrkarte nach internationalem Tarif gelöst werden. Diese Einzelfahrkarten sind an jeder DB-Verkaufsstelle (auch am Automaten) erhältlich.

Wer eine Hin- und Rückfahrt plant, sollte die Rückfahrkarte bereits in Deutschland lösen, da für den Streckenabschnitt Mulhouse–Neuenburg der internationale Tarif ab Frankreich einen höheren Preis vorsieht. Fahrräder und Kinder bis 4 Jahre fahren in Begleitung eines Erwachsenen frei. Neben dem regulären DB-Tarif gibt es für die Strecke spezielle Tageskarten. Diese Fahrscheine sind an den Automaten an den meisten Bahnhöfen im Gebiet des Regio-Verkehrsverbundes Freiburg (RVF) unter Sonderangebote zu finden. Da es sich bei den Tageskarten um Netztageskarten handelt, können mit diesen am Gültigkeitstag beliebig viele Fahrten sowohl im gesamten Netz des Regio-Verkehrsverbundes Freiburg (RVF) als auch mit den Nahverkehrszügen – den so genannten TER-Verbindungen – im Departement Haut-Rhin unternommen werden, was nachfolgende Bahnstrecken einschließt:

Colmar–Munster–Metzeral
Mulhouse–Basel SNCF/SBB
Mulhouse–Belfort
Mulhouse–Thann–Kruth
Mulhouse–Colmar–Ribeauvillé.

Leider sind die Fahrkarten in den Straßenbahnen und Bussen der Städte Mulhouse, Colmar und Belfort sowie Basel nicht gültig.

AUSFLUGSTIPPS

1 | Eisenbahnmuseum Mulhouse

Wer mit dem internationalen Touristikzug vom deutschen Müllheim ins elsässische Mulhouse kommt, hat die Möglichkeit, das Eisenbahnmuseum „Cité du Train" zu besuchen. Es ist das größte französische Eisenbahnmuseum. Im 2005 wiedereröffneten „Cité du Train" werden in einem riesigen animierten Raum die großen Themen aus der Eisenbahngeschichte zur Schau gestellt, darunter prächtige Lokomotiven und Waggons. Für deutsche Be-

Das Markgräfler-Museum in Müllheim präsentiert Wohnkultur des 18. Jahrhunderts.

sucher gibt es einen Audioführer. Die phantastische Sammlung bietet einen Überblick von der ersten Lokomotive bis zur Eisenbahn von heute. Der Besuch des Museums ist ein lebendiges und spektakuläres Erlebnis, speziell für jüngere Besucher. Vom Bahnhof Mulhouse-Ville erreicht man das Museum mit einem Anschlusszug bis zum Bahnhof Mulhouse-Dornach. Die Regionalzüge Richtung Colmar oder Kruth benötigen drei Minuten vom Bahnhof Mulhouse-Ville bis Mulhouse-Dornach. Von dort ist das Museum nach rund zehn Minuten Fußweg erreichbar. Man unterquert die Bahngleise durch eine Straßenunterführung, bevor man Richtung Nordwesten der Rue du Pâturage bis zum Museum folgt. Besucher mit einer RVF-Tageskarte erhalten ermäßigte Eintrittskarten.

Kontakt:

Cité du Train – Französisches Eisenbahnmuseum, 2, rue Alfred de Glehn, F-68200 Mulhouse, Tel. 00 33/3/89 42 83 33, www.citedutrain.com.

2 | Markgräfler-Museum Müllheim

Im frühklassizistischen, dreiflügligen Stadtpalais am Marktplatz in Müllheim befindet sich das Markgräfler-Museum Müllheim. Das um 1780 entstandene Haus mit seinem wunderschönen Innenhof ist selbst schon sehenswert, dokumentiert es doch den großzügigen Lebensstil einer gutsituierten Markgräfler Weingutsbesitzer-Familie im 18. und 19. Jahrhundert. Auf vier Etagen mit über 1500 m² Gesamtfläche werden attraktive Dauer- und Sonderausstellungen zu Kunst, Kultur und Geschichte des Markgräflerlandes präsentiert. Die Welt des Weinbaus im historischen Weinkeller, die Entstehung der Landschaft und die frühe menschliche Besiedlung sind Themen im liebevoll eingerichteten Museum. Vom Bahnhof Müllheim sind es rund drei Kilometer zu Fuß bis in die Altstadt. Früher gab es für die Überwindung dieser Distanz die Lokalbahn Müllheim–Badenweiler, die aber bereits 1955 eingestellt wurde. Heute verkehrt im Anschluss an die Züge der Linienbus 111 ins Zentrum. Zielhaltestelle ist Müllheim-Verkehrsamt.

Kontakt:

Markgräfler-Museum Müllheim, Wilhelmstraße 7, 79379 Müllheim, Tel. 0 76 31/1 54 46.

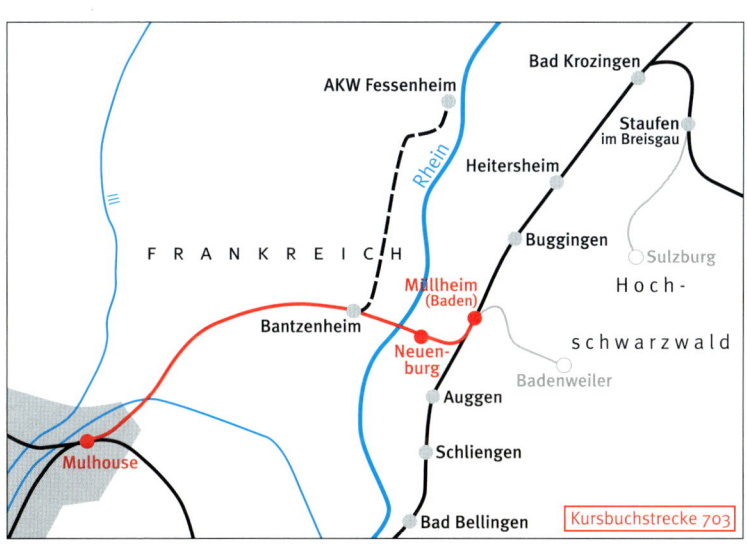

Anreise

Zielbahnhof für eine Fahrt ins elsässische Mulhouse ist der deutsche Bahnhof Müllheim an der Rheinschiene zwischen Freiburg und Basel. Neben den schnellen RE-Zügen Freiburg–Basel-SBB verkehren auch ergänzend RB-Züge.

Kontakt

Regio-Verkehrsverbund Freiburg GmbH (RVF), Bismarckallee 4, 79098 Freiburg, Tel. 07 61/2 07 28-0, E-Mail: info@rvf.de, www.muellheim-mulhouse.eu.

Der Rebenbummler

Westlich von Freiburg, rund um den Kaiserstuhl, verläuft die Kaiserstuhl-bahn. Auf ihr verkehrt seit 1978 der „Rebenbummler". Die historischen Fahrzeuge sind Originalfahrzeuge der Kaiserstuhlbahn und daher etwas Besonderes; denn bei kaum einer anderen Museumsbahn können die ursprünglichen Originalfahrzeuge noch im Einsatz erlebt werden.

DIE STRECKE

Die Kaiserstuhlbahn gehört zu den schönsten Bahnlinien Deutschlands. Im Bahnhof Riegel DB zweigt die Bahnstrecke von der Hauptbahn Offenburg–Freiburg ab. Nach weni-gen Minuten Fahrzeit passiert die Bahnstrecke die Autobahn mit ei-ner Unterführung. Danach hat man einen schönen Blick auf den St. Mi-chaelsberg und seine Kapelle sowie die denkmalgeschützten Gebäude der ehemaligen Riegeler Brauerei. Die Bahnstrecke überquert auf einer alten Stahlbrücke den Leopoldka-nal, der aus den drei Schwarzwald-flüssen Dreisam, Glotter und Elz gebildet wird. Anschließend wird der Bahnhof Riegel-Ort passiert. In Riegel zweigt der östliche Teil der Kaiserstuhlbahn ab, der über Bah-lingen, Nimburg, Eichstetten und Bötzingen nach Gottenheim führt und dort Anschluss an die Strecke Freiburg–Breisach der Breisgau-S-Bahn hat. Die Strecke verläuft weiter nach Endingen, dem heutigen Betriebsmittelpunkt der modernen

Kaiserstuhlbahn. Die ehemals vorderösterreichische Stadt Endingen hat einen sehenswerten Stadtkern. Weiter führt die Strecke über Königschaffhausen nach Sasbach an der Nordseite des Kaiserstuhls, durch fruchtbare Felder und Obstplantagen. Bei Sasbach schwenkt die Bahn nach Süden ab und berührt die Wälder der Rheinauen. Ab Jechtingen schlängeln sich die Gleise mitten durch die berühmten Weinberge des Kaiserstuhls. Bei Burkheim-Bischoffingen sieht man erstmals den Totenkopf, mit 552 Metern die höchste Erhebung des Kaiserstuhls. Man erkennt ihn an der großen Antenne. Nach Burkheim-Bischoffingen hat man auch einen herrlichen Blick ins Rheintal und zu den Vogesen. In einem großen Bogen wird Oberrotweil erreicht. Vor Achkarren zeigt sich nochmals der Totenkopf, ehe wieder die Rheinebene mit ihren Obstplantagen und Feldern erreicht wird. Am Endbahnhof Breisach trifft die Strecke auf die Hauptstrecke Freiburg–Breisach, die bis zum Ende des Zweiten Weltkriegs weiter über Neuf-Brisach nach Colmar führte und dort den Anschluss an das französische Bahnnetz herstellte.

GESCHICHTE

Im Jahr 1894 konnte die private Kaiserstuhlbahn den Eisenbahnbetrieb auf der Strecke Endingen–Riegel–Gottenheim aufnehmen. Im folgenden Jahr wurde auch der Betrieb auf der Strecke Endingen–

Zwischen Jechtingen und Burkheim-Bischoffingen dampft 64 419 der DBK Historische Bahn.

Im Hochsommer bei Waldbrandgefahr ist der Einsatz einer kohlegefeuerten Dampf-lok oft problematisch, weshalb auf eine Leih-Diesellok zurückgegriffen werden muss.

Breisach aufgenommen. Die Strecken sind zunächst durch die Süddeutsche Eisenbahngesellschaft Darmstadt (SEG) betrieben worden, die die Kaiserstuhlbahn 1953 an die Mittelbadische Eisenbahnen AG in Lahr übergab. Seit 1971 gehört die Kaiserstuhlbahn zur heutigen Südwestdeutschen Verkehrs-Aktiengesellschaft (SWEG). Die Strecke hat in den letzten Jahren durch neue Triebwagen vom Typ RegioShuttle eine deutliche Aufwertung erhalten und bietet einen modernen Nahverkehr. Sie ist im Regio-Verkehrsverbund Freiburg (RVF) integriert. Bis 2018 soll die Strecke für den S-Bahnverkehr elektrifiziert werden.

FAHRZEUGE

Während die Strecke von der Südwestdeutschen Eisenbahngesellschaft unterhalten wird, werden die historischen Fahrzeuge von den Ei-

senbahnfreunden Breisgau gepflegt und restauriert. Der Star am Kaiserstuhl ist die Lok 384 (siehe erstes Bild).

Die Lok wurde ursprünglich für die SEG Kaiserstuhlbahn 1927 bei Henschel & Sohn gebaut. Nach dem Zweiten Weltkrieg war sie auf der SEG-Strecke Worms–Offstein und anschließend auf der Bregtalbahn Donaueschingen–Furtwangen im Einsatz. Erst 1963 kam sie als Dampfreserve wieder in ihr Heimatbahnbetriebswerk Endingen an die Kaiserstuhlbahn zurück. 1973 wurde sie durch die Eisenbahnfreunde erworben und war von 1978 bis 2004 im Einsatz. Lok 384 ist seit 2005 nicht mehr betriebsfähig, weil die Betriebsgenehmigung im November 2004 wegen undichter Kesselanker nicht mehr verlängert werden konnte. Die Aufarbeitung wäre zwar möglich gewesen, jedoch erschien sie aufgrund des Alters des Kessels als nicht mehr wirtschaftlich. So entschloss sich der Verein, die Lok mit einem neuen Kessel auszustatten, was eine Investitionssumme von rund 200 000 Euro bedeutete.

Ab 2011 wird Lok 384 wieder im Einsatz bleiben. Während der Abwesenheit der eigenen Dampflok wurden die historischen Waggons des Rebenbummlers von Fahrzeugen der SWEG und Leihdampfloks wie der 64 419 der DBK Historische Bahn bespannt. Mit der V 34.04 befindet sich eine 3-achsige Henschel-Diesellok im Vereinsbestand.

Der Zug selbst besteht aus historischen Plattformwagen der Baujahre 1892 bis 1926 sowie einem Postwagen von 1893 und mehreren Güterwagen für den Getränke- und Fahrradtransport. Zusätzlich ist ein StädteExpress-Speisewagen der ehemaligen Deutschen Reichsbahn der DDR mit Baujahr 1969 als Ergänzung im Einsatz.

Nicht betriebsfähig hinterstellt ist noch der Triebwagen T 21, der von der Firma Linke-Hoffmann-Busch AG zwischen 1928 und 1930 gebaut wurde. Er war ursprünglich auf der Bregtalbahn im Einsatz.

IM EINSATZ

Der Rebenbummler-Museumszug ist von Mai bis Oktober an Sonn- und Feiertagen unterwegs.

Für den Getränketransport dient ein alter Bierwagen mit Bremserhaus.

ANGEBOTE

Die Eisenbahnfreunde Breisgau bieten mit dem Rebenbummler vier verschiedene Fahrangebote an. Während für die Bummelzugfahrten keine Voranmeldung und Platzreservierung erforderlich ist, muss man sich für die Genießer- und Erlebnisfahrten und den Spargelexpress anmelden.

Reisen auf Holzbänken wie vor über 100 Jahren.

Lok 20 des Achertäler Eisenbahnvereins erreicht in Kürze den Bahnhof Achkarren.

Genießerfahrten

Mit dem Rebenbummler zur Weinprobe in die Weinberge: Die Fahrt beginnt mit einem Empfang mit Wein und Brezeln am Bahnhof Riegel DB. Während der Fahrt durch die Reben sind sechs Weinsorten zu verkosten. Der Zug hält jeweils in der Lage des Weins, der sich gerade im Ausschank befindet. Die Fahrt führt nach Breisach, wo 1,25 Stunden Aufenthalt zur freien Verfügung stehen; ideal für eine Besichtigung des Münsterberges oder für einen kurzen Spaziergang an den Rhein. Am Abend fährt der Zug auf direktem Weg wieder zurück nach Riegel DB.

Erlebnisfahrten

Die Erlebnisfahrten sind besonders für kleine Gruppen oder Betriebsausflüge gedacht: Die Fahrt beginnt ebenfalls mit einem Empfang mit Wein und Brezeln am Bahnhof Riegel DB und führt zunächst nach Endingen, wo man auf einem geführten Rundgang die sehenswerte historische Altstadt kennen lernt. Daran schließt sich ein rustikales Mittagessen in Endingen an, bevor die Fahrt weiter nach Breisach führt. Die dort verfügbaren 2,5 Stunden können für eine Rheinschifffahrt oder eine Stadtführung (Voranmeldung erforderlich) individuell genutzt werden.

Bummelzugfahrten

Die Bummelzugfahrten sind als Ausflug für die ganze Familie gedacht. In der „Holzklasse" geht es von Riegel DB durch die Obstgärten und Weinberge nach Breisach, wo rund fünf Stunden Aufenthalt zu einer Schifffahrt auf dem Rhein und einem Besuch des Münsterberges sowie der

Altstadt ausreichend sind. Die Fahrkarten für die Schiffsrundfahrt sind im Zug erhältlich.

Spargelexpress

Neu (seit 2010) ist der Spargelexpress. Die Teilnehmer fahren mit dem Zug von Riegel nach Breisach, wo die Fahrt mit dem Rheinschiff „Weinland Baden" fortgeführt wird. Unterwegs auf dem Rhein wird frischer badischer Spargel serviert.

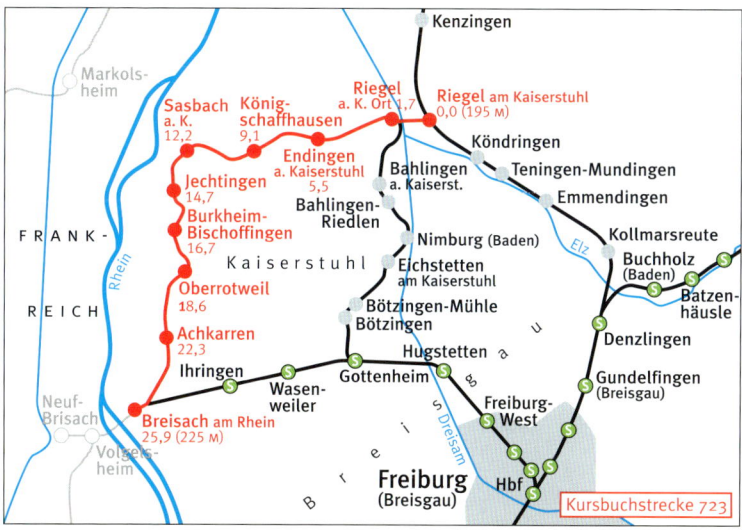

Anreise
Zielbahnhof ist Riegel DB. Dorthin gelangt man von Offenburg und Freiburg mit einer Regionalbahn und dem RegionalExpress mindestens im Stundentaktverkehr.
Der Rebenbummler startet in Riegel vor dem DB-Empfangsgebäude!

Kontakt
Fahrkarten und Reservierungen:
Kaiserstühler Verkehrsbüro, Adelshof 20, 79346 Endingen, Tel. 0 76 42/ 68 99-0 (Mo-Fr 9–12 Uhr, 14–18 Uhr), Tel. 0 76 42/68 99-90 (Sa 10–13 Uhr), E-Mail: info@endingen.de.

Kontakt zu den Eisenbahnfreunden
Eisenbahnfreunde Breisgau, Lorettostraße 24a, 79100 Freiburg im Breisgau, Tel. in der Werkstatt in Emmendingen: AB 0 76 41/53 845, E-Mail: info@rebenbummler.de, www.rebenbummler.de.

Die badische Schwarzwaldbahn

Die Schwarzwaldbahn ist die bekannteste Gebirgsbahn Deutschlands. Sie wird nach wie vor mit regulären Zügen befahren und ist die kürzeste Verbindung zwischen Karlsruhe und Konstanz. Seit ein paar Jahren wird die Strecke von der Stadt Triberg für touristische Tunnelfahrten genutzt. Im Einsatz sind historische Fahrzeuge der Eisenbahnfreunde Zollernbahn.

DIE STRECKE

Die Tunnelfahrt führt von Triberg nach St. Georgen. Von dort geht es wieder über Triberg nach Hausach und anschließend wieder nach Triberg. Um den Streckenverlauf nachvollziehen zu können, beginnt die nachfolgende Streckenbeschreibung in Hausach und endet in St. Georgen. Nach dem Bahnhof Hausach schwenkt die Strecke ins Gutachtal ab, vorbei an den in Fahrtrichtung rechts stehenden Vogtsbauernhö-

fen. Nach Überqueren der B 33 und der Gutach gewinnt die Strecke allmählich an Höhe. Es folgt der erste Tunnel der Strecke, der Rebbergtunnel, bevor das Reichenbachviadukt in Hornberg überquert wird. Der Zug hat den Bahnhof Hornberg erreicht. Nun folgt der imposanteste Streckenabschnitt mit mehreren Kehrschleifen und zahlreichen Tunneln. Immer wieder sieht man im Tal oder weiter oben die Strecke, die man vor wenigen Minuten pas-

siert hat, beziehungsweise passieren wird. Folgende Tunnels werden nach Hornberg passiert:
Glasträgertunnel I (23 m),
Glasträgertunnel II (43 m),
Glasträgertunnel III (18 m),
Niederwassertunnel (558 m),
Tunnel beim 4. Bauer (313 m),
Hohenackertunnel (41 m),
Tunnel beim 3. Bauer (88 m),
Letschenbergtunnel (129 m),
Röllerwaldtunnel (162 m),
Eisenbergtunnel (792 m),
Spärletunnel (80 m),
Obergießtunnel (175 m),
Hippensbachtunnel (365 m),
Kurzenbergtunnel (324 m),
Mühlhaldetunnel (64 m),
Losbachtunnel (185 m),
Forellentunnel (64 m),
Großhaldetunnel (327 m).
Nach Durchfahrt des Bahnhofs Triberg folgen nachstehende Tunnels:
Kleiner Triberger Tunnel (92 m),
Großer Triberger Tunnel (835 m),
Gummambstunnel (365 m),
Seelenwaldtunnel I (48 m),
Seelenwaldtunnel II (69 m),
Seelenwaldtunnel III (195 m),
Gremmelsbachtunnel (912 m),
Gaislochtunnel (54 m),
Hohentunnel (327 m),
Grundwaldtunnel (381 m),
Krähenlochtunnel (224 m),
Sommerbergtunnel (51 m),
Farrenhaldetunnel (313 m),
Steinbistunnel (63 m),
Tannenwaldtunnel (166 m),

Tannenbühltunnel (25 m),
Schieferhaldetunnel (93 m),
Sommerautunnel (1697 m).
Mit Erreichen des Bahnhofs St. Georgen endet die Tunnelfahrt auf der Schwarzwaldbahn. Nun geht es wieder zurück zum Bahnhof Triberg.

GESCHICHTE

Die erste Dampfeisenbahn Deutschlands fuhr 1835 zwischen Nürnberg und Fürth. Schon fünf Jahre später gab es erste Planungen einer Schwarzwaldquerbahn, die allerdings aufgrund der noch nicht vorhandenen technischen Möglichkeiten schnell wieder verworfen wurden. Ab 1865 begann man von Offenburg nach Hausach und von Engen bis Singen eine Bahnstrecke zu bauen. Diese Bauarbeiten waren relativ unproblematisch. Schon 1866 konnten die beiden Strecken in Betrieb genommen werden, während das Kernstück der Schwarzwaldbahn noch fehlte. Besonders der Abschnitt zwischen Hornberg und St. Georgen war bautechnisch aufgrund

Während es draußen eisig kalt ist, genießen die Fahrgäste die Tunnelfahrten im mollig beheizten Schienenbus.

Ende 2009 war Dampflok 78 468 für die Eisenbahnfreunde Zollernbahn im Schwarzwald im Einsatz.

der vielen Kehrtunnels sehr schwierig. Zudem verzögerte der Deutsch-Französische Krieg von 1870/71 die Bauarbeiten, so dass die Schwarzwaldbahn erst 1873 auf ihrer ganzen Länge befahrbar war. Obwohl von Anfang an zweigleisig trassiert, war ein durchgehender zweigleisiger Betrieb erst ab 1921 möglich. Weitere betriebliche Erleichterungen brachte die Elektrifizierung der Strecke, die 1977 abgeschlossen werden konnte. Heute wird die Schwarzwaldbahn hauptsächlich im Regionalverkehr genutzt. Der Güterverkehr hat an Bedeutung verloren und auch der Fernverkehr hat sich mit Verschwinden des InterRegios bis auf wenige IC-Züge von der Schwarzwaldbahn verabschiedet.

FAHRZEUGE

Unterschiedlich gestalten sich die Fahrzeugeinsätze auf der Schwarzwaldbahn. Entweder wird die Stammlok 52 7596 eingesetzt oder es kommen Gastdampfloks zum Einsatz. Die Lok 52 7596 ist eine Kriegslok, die nach dem Krieg in Österreich eingesetzt war. Der Zug besteht aus historischen Eilzugwagen der 60er-Jahre, den bekannten Wegmann-Wagen aus Luxemburg, die von der Bauart her eng mit den deutschen „Silberlingen" verwandt sind. Sollte einmal keine Dampflok verfügbar sein, kommt meist die vereinseigene Diesellok vom Typ V 100 zum Einsatz. An bestimmten Tagen verkehrt auch der Uerdinger Schienenbus 796 625. Mit einem solchen Fahrzeug haben 1997 die Tunnelfahrten, die damals noch von der Deutschen Bahn AG durchgeführt wurden, begonnen.

IM EINSATZ

Die Tunnelfahrten verkehren nicht, wie die meisten Museums- und Touristikbahnen, im Sommerhalbjahr, sondern an den Tagen nach Weihnachten bis Ende des Jahres. Danach werden die Fahrzeuge und die Mannschaft für die traditionellen Drei-Königs-Dampfzugfahrten der Eisenbahnfreunde Zollernbahn anderweitig benötigt. Meist an Ostern und im Mai gibt es noch einen weiteren Einsatztag auf der Schwarzwaldbahn.

TICKETS

Fahrkarten für die Tunnelfahrten gibt es bei der Tourist-Information Triberg. DB-Fahrscheine wie das Baden-Württemberg-Ticket haben in den Tunnelfahrten-Sonderzügen keine Gültigkeit.

AUSFLUGSTIPPS

1 | Triberger Wasserfälle

Überregional bekannt ist die Stadt Triberg durch ihre Wasserfälle geworden. Sie werden als die höchsten Wasserfälle Deutschlands bezeichnet, obwohl dieser Titel eigentlich dem Röthbachfall am Königsee im Berchtesgadener Land zustehen würde. Trotzdem sind die Triberger Wasserfälle zu jeder Jahreszeit einen Besuch wert.

Der Zielbahnhof für den Besuch der bekannten Wasserfälle ist Triberg. Hier beginnt ein ausgeschilderter Fußweg entlang der Gutach. Schäumend und tosend stürzt das Wasser am Rand der Kleinstadt 163 Meter den Berg hinab. Auf den Spazierwegen entlang der sieben Fallstufen kann man ein grandioses Naturschauspiel beobachten. Nach starken Regenfällen ist die herabstürzende Wassermenge naturgemäß größer und der Besuch noch eindrucksvoller. Die Triberger Wasserfälle sind gut besucht: Rund eine halbe Million Besucher pro Jahr kommen jährlich zu den Wasserfällen. Sie sind abends bis 22 Uhr beleuchtet und bieten einen faszinierenden Anblick. Bereits ab 1805 wurde der Wasserfalltourismus durch den Ausbau der Wanderwege um den Wasserfall gefördert. Auch der Bau der Schwarzwaldbahn ließ die Besucherzahl ansteigen, die nun recht einfach vom Rheintal und Karlsruhe anreisen konnten. Für den Besuch der Wasserfälle wird Eintrittsgeld verlangt.

2 | Hornberg

Ein Ausstieg im Schwarzwaldstädtchen Hornberg lohnt sich immer. Der Zielbahnhof Hornberg liegt zwischen den Bahnstationen Hausach und Triberg. Der von Hausach kommende Zug passiert zuerst das Hornbacher Viadukt, bevor er in den Bahnhof einfährt. Einen schönen Blick auf die Altstadt und das Eisenbahnviadukt hat man vom Schlossberg aus. Bereits um das Jahr 1100 entstand auf dem unteren Schlossfelsen bei Althornberg die erste Burg der Herren von Hornberg. 100 Jahre später verlegten die Herren von Hornberg ihren Sitz auf den hiesigen Schlossberg und gründeten zu Füßen der neuen Burg die kleine Stadt Hornberg. Der Schlossberg erlebte in der Folge eine sehr bewegte Geschichte. So wurde das Schloss zwischen 1641 und 1689 einmal von den Schweden und mehrmals von den Franzosen niedergebrannt. 1801 ging die gesamte Burganlage dann in badischen Besitz über und 1810 wurde Hornberg mitsamt seinen Teilorten badisch. Eine weitere Sehenswürdigkeit und Besonderheit von Hornberg ist das Duravit Design Center. Auf fünf Etagen erfährt man dort alles rund ums Bad. Wie entsteht Sanitärkeramik? Anschaulich wird hier die Firmengeschichte von 1817 bis zur Gegenwart erläutert. Die haushohe WC-Schüssel mit ihrer Aussichtsplattform in 12 m Höhe ist sicherlich bemerkenswert. Leider hat das Design Center nur Montag bis Freitag von 8–19 Uhr und an Samstagen von 12–16 Uhr geöffnet.

Nicht nur bei schlechtem Wetter lohnt ein Besuch bei der Schwarzwald-Modellbahn.

Kontakt:
Duravit AG, Werderstraße 36, 78132 Hornberg, Tel. 0 78 33/7 00, www.duravit.de.

3 | Schwarzwald-Modellbahn in Hausach

Wer nach dem Besuch der echten Schwarzwaldbahn noch Zeit hat, dem sei der Besuch bei der Schwarzwald-Modellbahn in Hausach empfohlen. Das Modell der Schwarzwaldbahn im Maßstab 1:87 ist großartig: Auf der 400 m großen Anlage fahren Zuggarnituren aktueller und historischer Baureihen auf rund 1300 m Gleisen durch eine wundervoll gestaltete Schwarzwaldlandschaft. Die Modellzüge überwinden hierbei 1,80 m Höhenunterschied und passieren die original nachgebildeten Bahnhofsanlagen der Schwarzwaldbahn, wie z. B. der Städte Hausach, Hornberg und Triberg.

Die Anlage zeigt den Schwarzwald und die Bahn, wie man sie sonst nur aus dem Flugzeug sieht. Auf der Anlage selbst fahren ständig zwischen 40 und 50 Züge, es gibt Sommerfeste, Schafherden mit Hund, Wanderer auf winzigen Bänken, es wird in Gärten gearbeitet, Schranken schließen sich, Signallampen blinken.

Vervollständigt wird das Ganze durch 50 000 Tannenbäume, 12 000 Obst- und Laubbäume, authentische Brückenbauwerke und weitere detailgetreue Nachbildungen entlang dieser einzigartigen Gebirgsbahn.

Kontakt:

Schwarzwald-Modellbahn, Eisenbahnstraße 52 a (gegenüber Bahnhof), 77756 Hausach, Tel. 0 78 31/ 96 60 10, E-Mail: info@schwarzwald-modell-bahn, www.schwarzwald-modell-bahn.de.

Von 1. April bis 30. November von 10–18 Uhr und 1. Dezember bis 31. März von 11–17 Uhr geöffnet. Montags außer an Feiertagen geschlossen. Gegen Vorlage der Sonderzugfahrkarte erhält man einen ermäßigten Eintrittspreis.

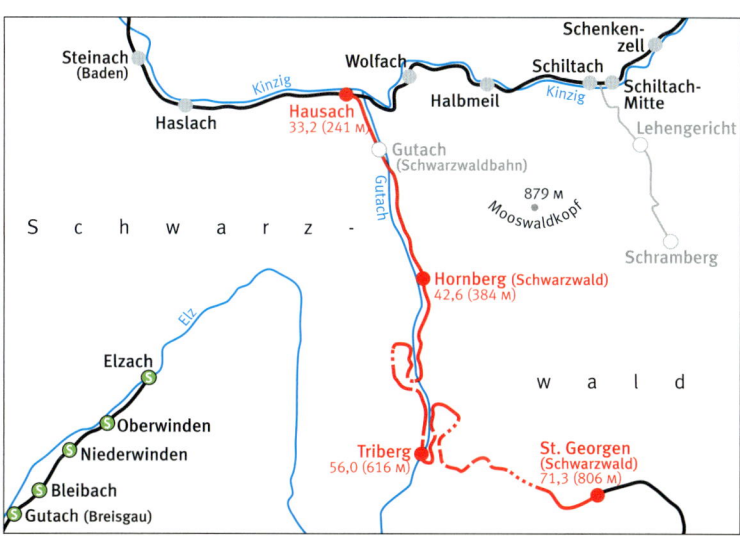

Anreise

Die Tunnelfahrten-Sonderzüge beginnen und enden in Triberg. Triberg liegt an der Schwarzwaldbahn zwischen Konstanz und Offenburg. Direkte Züge von und nach Karlsruhe und Konstanz/ Kreuzlingen erleichtern die Anreise. Von Richtung Stuttgart erreicht man die Schwarzwaldbahn über Freudenstadt und Hausach. Bis Freudenstadt verkehren ab Stuttgart direkte RE-Züge und ab Freudenstadt Züge der Ortenau-S-Bahn. In Hausach muss dann ein letztes Mal Richtung Konstanz/Kreuzlingen umgestiegen werden, um nach Triberg zu gelangen.

Kontakt und Vorverkauf

Ferienland im Schwarzwald, Tourist-Information Triberg, Wallfahrtstraße 4, 78098 Triberg im Schwarzwald, Tel. 0 77 22/86 64 90, E-Mail: touristinfo@triberg.net, www.dasferienland. de und www.badische-schwarzwaldbahn.de.

Mit Dampf durchs Achertal

Vom modernen Bahnhof Achern, an der Rheinschiene Karlsruhe–Freiburg–Basel gelegen, fährt in den Sommermonaten ein Dampfzug durch die Ortenau ins kleine Örtchen Ottenhöfen am Rande des Schwarzwalds. Stilechte Kleinbahnromantik wie in den 20er-Jahren des letzten Jahrhunderts bietet der Achertäler Eisenbahnverein seinen Fahrgästen. Die Fahrten mit dem Dampfzügle, das vom Achertäler Eisenbahnverein zusammen mit der SWEG unterhalten wird, gehören zu den Attraktionen des Feriengebietes. Aber nicht nur Urlaubsgäste, auch Einheimische genießen hin und wieder das nostalgisch-schöne Gefühl einer Dampflokfahrt.

DIE STRECKE

Nach Verlassen des Bahnhofs Achern bleiben die Gleise der Oberrheinstrecke rechts zurück. Die Trasse führt durch den südlichen Ortsrand von Achern hinaus durch Wiesen und Obstplantagen. In Fahrtrichtung links wird der lang gezogene Ort Oberachern passiert, es folgt der Haltepunkt Bindfadenfabrik. Nun geht es in die berühmte Weinbaugemeinde Kappelrodeck, wo das edle Tröpfchen „Hex vom Dasenstein" wächst. Weinfreunde werden inzwischen längst bemerkt haben, dass sie nicht aussteigen müssen, um ein „Viertele" dieses edlen Spätburgunders zu genießen. Denn im Buffetwagen werden die Weine von Kappelrodeck kredenzt. Rechts thront über dem Ort das schöne Schloss Rodeck. Ab Furschenbach geht es dann an der rauschenden Acher entlang. Das Tal wird enger und die gute Dampflok kommt mächtig ins Schnaufen. Kurz hinter Furschenbach steht eine der viel besungenen „Mühlen im Schwarzwäldertal": die Rainbauernmühle. Sie ist übrigens nicht die einzige in Ottenhöfen, das sich selbst mit gutem Recht „Mühlendorf" nennen darf. Eine letzte Steigung, und der Dampfzug fährt im Bahnhof des Luftkurorts ein. Der Endbahnhof beherbergt das Bahnbetriebswerk für die alten wie auch für die neuen Fahrzeuge der Achertalbahn.

GESCHICHTE

Im Achertal bestand ab Mitte des 19. Jahrhunderts ein hoher Bedarf an zeitgemäßer Infrastruktur für die dort ansässigen Industriebetriebe zum Transport ihrer Güter. Daher ging man schon bald an die Planung für eine Anbindung an die Rheintalbahn, die bereits seit 1845 Karlsruhe mit Freiburg verband. Im Jahr 1894 wurde schließlich ein Bahnkomitee gegründet, 1895 waren die Vorarbeiten für den Bau der Bahntrasse von Achern nach Ottenhöfen abgeschlossen. Die 10,4 Kilometer lange Stichbahn nach Ottenhöfen wurde am 1. September 1898 von der Eisenbahngesellschaft Vering &

Die Dampflok hat in Ottenhöfen das Zugende gewechselt und bespannt nun rückwärtsfahrend den Zug zur Talstation Achern.

Mit einem modernen Kran wird die Dampflok heute in Ottenhöfen mit neuer Kohle beladen.

Waechter eröffnet. Später übernahm die Südwestdeutsche Verkehrs-AG (SWEG) den Verkehr, die ihn bis heute durchführt. Im regulären Personenverkehr kommen auf der Achertalbahn Dieseltriebwagen vom Typ NE 81 und moderne RegioShuttles zum Einsatz. Unter der Woche gibt es annähernd einen Stundentakt, an Samstagen sowie Sonn- und Feiertagen verkehren weniger Züge. Die ersten Museumsdampfzugfahrten im Achertal führte die Deutsche Gesellschaft für Eisenbahngeschichte (DGEG) schon 1968 durch. Aus dem DGEG-Arbeitskreis Achertal ging 1985 der Achertäler Eisenbahnverein hervor, welcher die Dampfzugfahrten bis heute

gemeinsam mit der landeseigenen SWEG durchführt.

FAHRZEUGE

Für den Einsatz auf der Achertalbahn stehen zwei Dampfloks und ein sehr schön restaurierter Wagenpark aus Plattformwagen unterschiedlicher Bauart zur Verfügung.

Stammdampflok ist Lok 28 mit Baujahr 1900. Sie wurde für die Deutsche-Eisenbahn-Betriebs-Gesellschaft AG (DEBG) bzw. deren Nachfolgegesellschaft Südwestdeutsche Verkehrs-AG (SWEG) gebaut und ist vom Typ her eine preußische T 3. Gebaut wurde sie 1900 bei Borsig in Berlin für die Nebenbahn Voldagsen–Duningen–

Deligsen. Vielfach wurde sie zu anderen Bahnen der Gesellschaft versetzt, ehe sie im Jahr 1948 endgültig zur Achertalbahn kam. Sie war die letzte Dampflok der SWEG.

Neben der Lok 28 fährt bei der Achertalbahn auch die Lok 20. Sie wurde 1928 bei der Maschinenbaugesellschaft Karlsruhe gebaut und ist damit eine echte Badenerin. Sie war für die Badische Lokal-Eisenbahn-Gesellschaft in Karlsruhe, die Deutsche Eisenbahn-Betriebsgesellschaft Berlin und für die Südwestdeutsche Eisenbahn-Betriebsgesellschaft in Ettlingen im Einsatz. 1973 wurde sie als Denkmal in Oberharmersbach aufgestellt. Seit 1988 ist sie als Dauerleihgabe beim Achertäler Eisenbahnverein zu Hause.

Gezogen werden von den beiden Dampfloks mehrere Personenwagen mit offenen Plattformen. Mit dem CI 26 ist die Gattung der sog. Donnerbüchsen der Deutschen Reichsbahn-Gesellschaft mit dem Baujahr 1926 vertreten. Als Speisewagen dient der Bi 15, ein Wagen württembergischer Herkunft. Er stammt von 1922. Ein Originalwagen der Achertalbahn ist der BI 32. Dieser Wagen wurde 1898 für die Achertalbahn gebaut und war zeitlebens zwischen Achern und Ottenhöfen im Einsatz. Weit herum kam der Wagen Bi 123: 1911 wurde er für die Strecke Bergedorf-Süd–Zollenspieker gebaut. Nach deren Stilllegung

gelangte er zur Nebenbahn Neckarbischofsheim–Hüffenhardt. Seit 1969 verstärkt der Wagen den historischen Dampfzug im Achertal. Der kleinste Wagen der Achertalbahn ist der Bi 14. Mit seinem Baujahr 1896 ist er auch das älteste Fahrzeug der Bahn. In der Nachkriegszeit war der Wagen viele Jahre auf der Bühlertalbahn und zuletzt auf der Nebenbahn Bad Krozingen–Münstertal–Sulzburg eingesetzt.

Der Museumszug wird durch den 1925 gebauten Gepäckwagen mit Postabteil PWK 81 vervollständigt. Bei ihm dürfte es sich um den letzten in Deutschland gebauten Galerie-Packwagen handeln. Die Seitengalerie ermöglichte dem Zugpersonal das Passieren des Postabteiles, zu dem es keine Betretungsbefugnis hatte. Beschafft wurde das Fahrzeug von der Süddeutschen Eisenbahngesellschaft (SEG) in Darmstadt für die von ihr betriebene Bregtalbahn. Nach der Stilllegung der Bregtalbahn 1972 wurde es zur Achertalbahn überstellt.

IM EINSATZ

Unter Dampf steht der historische Zug an ausgewählten Sonn- und Feiertagen im Sommerhalbjahr.

TICKETS

Fahrkarten sind bei den Schaffnern im Zug und am Bahnsteig erhältlich.

177

1 | Wanderung Mühlenweg Ottenhöfen

Bekannt ist das Achertal für seine zahlreichen Mühlen. Der „Mühlenweg" wurde so eingerichtet und ausgeschildert, dass man bei einer Weglänge von rund 13 Kilometern an acht bzw. neun Mühlen des Mühlendorfes Ottenhöfen vorbeikommt. Er führt in viele reizvolle Seitentäler des Mühlendorfes, die einen bezaubernden Ausblick auf die Schwarzwaldgemeinde bieten. Die Gehzeit beträgt ca. vier bis fünf Stunden, wobei verschiedene Wegstrecken möglich sind.

Als Wegmarkierung dienen eine gelbe und teilweise auch eine blaue Raute sowie Holzschilder mit einem weißen M. Eine Wanderkarte ist günstig bei der Tourismusinformation erhältlich.

2 | Sensen- und Heimatmuseum Achern

Was haben wohl Sensen, Flaschen und ein Chapeau claque gemeinsam? Dieser Frage geht das Sensenmuseum in Achern nach. Hier gibt es nicht nur ungewöhnliche Arbeitsgeräte zu entdecken, sondern auch viel Spannendes über inzwischen ausgestorbene Berufe zu erfahren. Das Museum wurde 1978 eingerichtet und zeigt auf über 700 m² Ausstellungsfläche Zeugnisse der Acherner Siedlungs-, Gewerbe- und Kulturgeschichte. Ein Großteil der Sammlung stammt aus dem 1965 geschlossenen Sensenwerk.

Der Rundgang durch das Museum veranschaulicht, wie in 30 Arbeitsschritten aus einem kleinen Stahlstück eine elastisch schwingende Sense entsteht. Die rund 300 ausgestellten Sensen zeigen die Vielfalt der einstigen Sensenherstellung. Ein Überblick zur Geschichte der Schneidewerkzeuge von der Bronzezeit bis zur Gegenwart rundet die Präsentation ab.

Im Obergeschoss sind Exponate zur Acherner Geschichte ausgestellt. Der Bogen spannt sich von den Ursprüngen der Glasflaschenfabrikation über das Hutmachergewerbe, Hanfverarbeitung, Stuhlherstellung, Bäckerei, Schneiderei, Schuhmacherei bis hin zu Erinnerungsstücken aus der ehemaligen Heil- und Pflegeanstalt Illenau.

Kontakt:

Sensen- und Heimatmuseum, Berliner Straße 31, 77855 Achern, Tel. 0 78 41/2 92 99 (Achern-Schwarzwald-Info); Tel. 0 78 41/2 97 64 (Museum), Fax 0 78 41/6 27 76 26 (Museum), www.sensenmuseum.de. Von März bis Oktober jeden 1. und 3. Sonntag von 14 bis 17 Uhr geöffnet, Eintritt frei.

3 | Freibad Ottenhöfen

Von Mai bis September ist das beheizte Freibad „Im Hasenwald" geöffnet. Es liegt vom Bahnhof aus gesehen am südlichen Ortsrand von Achern, ca. 1 km vom Bahnhof entfernt. Über die Allerheiligenstraße ist es zu Fuß sehr gut zu erreichen. Das gepflegte Bad mit seiner großen Liegewiese ist auch besonders für Kinder sehr attraktiv.

Kontakt:

Kultur- und Verkehrsamt Ottenhöfen i. Schw., Großmatt 15, 77883 Ottenhöfen, Tel. o 78 42/8 04 44, Fax o 78 42/8 04 45, E-Mail: tourist-info@ottenhoefen.de, www.ottenhoefen.de.

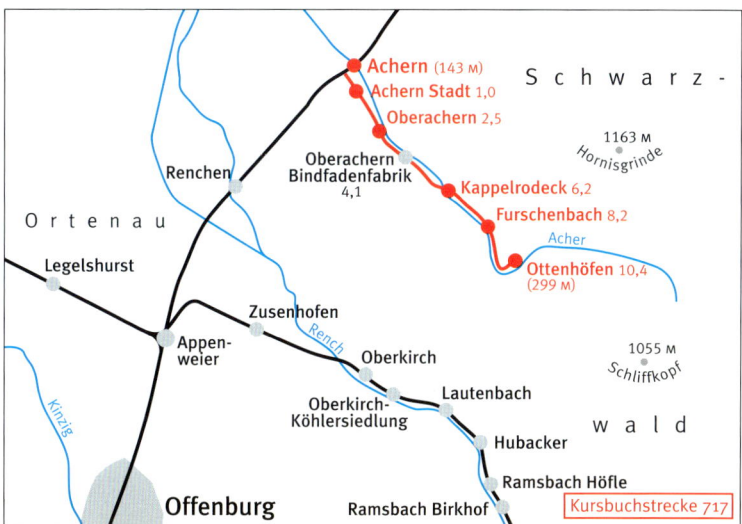

Anreise

Der Zielbahnhof Achern liegt verkehrsgünstig an der Rheinschiene Karlsruhe–Offenburg–Freiburg. In Achern halten sowohl der RegionalExpress von Konstanz nach Karlsruhe als auch die RE-Züge nach Offenburg. Außerdem ist Achern ein Endbahnhof der Karlsruher Stadtbahn. Die Dampfzüge starten vom Ende der 8oer-Jahre neu erbauten Bahnhof Achern, wie die regulären Züge der Achertalbahn.

Kontakt

Achertäler Eisenbahnverein, Großmatt 8, 77883 Ottenhöfen
und
Kultur- und Verkehrsamt Ottenhöfen im Schwarzwald, Großmatt 15, 77883 Ottenhöfen, Tel. o 78 42/8 04 44, Fax o 78 42/8 04 45,
E-Mail: tourist-info@ottenhoefen.de, www.ottenhoefen.de.

Vom Rheintal in den Schwarzwald

Dampfzüge auf der Albtalbahn zwischen Ettlingen und Bad Herrenalb verkehren hier seit über 30 Jahren und gehören fest zum Erscheinungsbild des Naherholungsgebiets Albtal der Region Karlsruhe.

DIE STRECKE

Die Dampfzüge der Ulmer Eisenbahnfreunde fahren am Ettlinger Stadtbahnhof mit seiner großen Bahnsteighalle ab. Als erster Bahnhof wird Waldbronn-Busenbach erreicht. Hier zweigt die Bergstrecke nach Ittersbach ab, die von der S 11 befahren wird. Die nächste Station ist der Bahnhof Etzenrot, während der Bahnhof Fischweier ohne Halt durchfahren wird. Es folgt nun Marxzell mit seinem Technikmuseum, das auf der in Fahrtrichtung linken Seite zu sehen ist. Die Strecke steigt

nun an, die Dampflok muss schwer arbeiten. Im Bahnhof Frauenalb-Schielberg kommt der Zug wieder zum Stehen. Die Türme der geschichtsträchtigen Klosterruine sind recht markant. Der Zug steuert nun den Endbahnhof Bad Herrenalb an, der von der Bahnhofshalle dominiert wird, die bis 1978 in Baden-Baden ihren Standort hatte. In Bad Herrenalb wird die Dampflok mit Wasser versorgt, ehe sie wieder am anderen Ende des Zuges angekuppelt wird. Zwar gibt es in Bad Herrenalb eine Wendeschleife, jedoch ist der

Radius für die große Dampflok zu gering, so dass diese beim Befahren entgleisen würde.

GESCHICHTE

Ab 1870 gab es Pläne, eine Eisenbahn von Karlsruhe über Ettlingen bis nach Herrenalb zu errichten. Dem Bahnbau stand Ettlingen zunächst sehr kritisch gegenüber, da befürchtet wurde, dass mit der direkten Eisenbahnverbindung nach Karlsruhe eine Eingemeindung der Stadt folgen könnte. Ettlingen konnte von den Vorteilen der neuen Eisenbahn überzeugt werden. Die befürchtete Eingemeindung fand bis heute nicht statt. Nach Erteilung der Konzession durch die badischen und württembergischen Behörden konnte mit dem Bahnbau begonnen werden. Württemberg? Ja, die Strecke erreicht am „Steinhäusle" Württemberg. Auch Bad Herrenalb gehört zu Württemberg. 1897 erfolgte die Eröffnung zwischen Karlsruhe und Ettlingen, seit 1898 war Bad Herrenalb auf der Schiene erreichbar. Die Rußbelästigung durch die Dampfloks war Anlass, die Strecke bis 1911 zu elektrifizieren. Der Verkehr auf der Albtalbahn entwickelte sich in den ersten Betriebsjahren sehr positiv. Trotzdem geriet die Bahn nach dem Ersten Weltkrieg zunehmend in wirtschaftliche Schwierigkeiten, bedingt auch durch die Einrichtung eines parallelen Busverkehrs zwischen Karlsruhe und Rüppurr. Die Bahngesellschaft musste Konkurs anmelden. Aus der Konkursmasse übernahm die Deutsche Eisenbahn-Betriebsgesellschaft im Jahr 1932 die Albtalbahn. Durch Modernisierungen, wie der Aufnahme des Rollwagenverkehrs für den Güterverkehr, gelang es, die wirtschaftlichen Verhältnisse der Bahn wieder zu stabilisieren. Nach dem Zweiten Weltkrieg befanden sich sowohl Strecke als auch Fahrzeuge in einem maroden Zustand. Mit Hilfe des Landes Baden-Württemberg gründete die Stadt Karlsruhe 1957 die Albtal-Verkehrsgesellschaft (AVG), die die Albtalbahn übernahm. Es wurde beschlossen, die Albtalbahn der Straßenbahn in Karlsruhe anzupassen und von Schmalspur (1000 mm) auf Normalspur (1435 mm) umzuspuren. Auch der elektrische Betrieb wurde auf 750 V Gleichstrom umgestellt. Durch weitere Ausbaumaßnahmen in den nachfolgenden Jahren konnte das Angebot für die Fahrgäste laufend verbessert werden.

FAHRZEUGE

Die Dampflok 58 311 der Ulmer Eisenbahnfreunde ist die letzte betriebsfähige Dampflok der ehemaligen badischen Bauart G 12. Sie wurde 1921 von der Maschinenbaugesellschaft Karlsruhe gebaut. Bis 1942 war sie hauptsächlich in Karlsruhe stationiert, kam aber dann, mit

In Bad Herrenalb bekommt die Dampflok frisches Wasser, bevor es zurück nach Ettlingen geht.

zusätzlichem Frostschutz versehen, zum Kriegseinsatz nach Oberschlesien. Nach dem Krieg verblieb sie bei der Deutschen Reichsbahn in der DDR. Nach einer Zwischenstation im Dampflokmuseum Neuenmarkt-Wirsberg kam sie zu den Ulmer Eisenbahnfreunden und konnte 1985 bei den Fahrzeugparaden der DB in Nürnberg zum 150-jährigen Jubiläum der deutschen Eisenbahnen erstmals wieder vor großem Publikum eingesetzt werden.

Neben 58 311 ist noch die Dampflok 50 2740 auf der Albtalbahn im Einsatz. Sie wurde als Übergangskriegslok im Jahre 1942 von Henschel gebaut. Die Übergangskriegsloks wurden zur Beschleunigung der Lokomotivauslieferung in vereinfachter Form ausgeliefert, wie zum Beispiel ohne Windleitbleche.

Insgesamt 3164 Lokomotiven wurden von 1939 bis 1943 von dieser Baureihe gebaut. Modernisierte Loks der Baureihe 50 wurden erst im Oktober 1988 außer Betrieb genommen. Noch vor der Öffnung der Grenzen wurde die 50 2740 in den Westen überführt. Bereits im November 1988 konnte sie zum ersten Mal im Albtal eingesetzt werden.

An Waggons werden ehemalige Eilzugwagen des Typs Bye aus den 30er-Jahren eingesetzt, die sich im Eigentum der Albtal-Verkehrsgesellschaft befinden. Ergänzt werden die Fahrzeuge durch einen Speisewagen, der ursprünglich auch ein normaler Sitzwagen war und bei der Deutschen Bundesbahn am Schluss in einem Ausstellungszug unterwegs war. Zusätzlich kommen noch mehrere Eilzugwagen aus den

6oer-Jahren zum Einsatz. Diese Wagen stammen aus Luxemburg und haben eine große Ähnlichkeit zu den Prototypen der Silberlinge der Deutschen Bundesbahn. Für die Beförderung von Fahrrädern ist ein Gepäck- bzw. Güterwagen eingestellt.

Eine wagentechnische Besonderheit gibt es bei den Eisenbahnfreunden in Ettlingen noch zu bestaunen: Der Heizwagen ist der letzte seiner Art, der betriebsfähig ist. Er diente zur Heizung langer Züge oder wenn die Lok keinen Dampferzeuger hatte. Bei den UEF dient er auch zum Anheizen der schwerölgefeuerten Schnellzuglok 01 1066, die von der Sektion UEF Historischer Dampfschnellzug betreut wird. Er steht normalerweise am Bahnhof Ettlingen-West.

IM EINSATZ

Die Dampfzüge im Albtal sind von Mai bis Ende Oktober an ausgewählten Sonn- und Feiertagen unterwegs. Zusätzlich werden um den 6. Dezember Nikolausdampfzüge angeboten. Die Fahrtermine findet man unter www.uef-dampf.de und im jährlich erscheinenden Prospekt. Der Albtal-Museumszug ist auch an vier Tagen auf der Murgtalbahn von Karlsruhe nach Baiersbronn unterwegs. Auch das Enztal und weitere Strecken rund um Karlsruhe werden befahren.

TICKETS

Fahrscheine für die Dampfzüge sind im Zug und bei den Schaffnern am Bahnsteig erhältlich. Im Dampfzug sind alle KVV-Fahrkarten in Verbindung mit einem Dampfzuschlag gültig.

AUSFLUGSTIPPS

1 | Wanderung zur Teufelsmühle

Die Teufelsmühle ist keine Mühle, sondern ein 908 Meter hoher Berg im Nordschwarzwald. Er liegt zwischen dem Murgtal im Westen und dem Albtal im Osten. Der Fluss Alb

Speziell für Familien mit Kinder ist eine Fahrt mit dem Dampfzug ein Erlebnis.

entspringt nahe der Ostflanke der Teufelsmühle, bevor er wenige Kilometer weiter nördlich Bad Herrenalb erreicht. Auf der Teufelsmühle befindet sich ein Aussichtsturm mit einer Gastwirtschaft. Von Bad Herrenalb führt ein reizvoller Wanderweg zu diesem Aussichtsturm.

Vom Bahnhof Bad Herrenalb folgt man zuerst den Schildern zum Kloster. Im Klosterhof geht man an der Ruine des Paradieses und an der Klosterscheuer vorbei über eine Treppe hinauf auf den Weg Nr. 1. Ihm folgt man bis zu der Stelle, an der man den Weg Nr. 43 kreuzt, der direkt zur Teufelsmühle führt. Vorher kommt man zum „Rißwasen" mit der Mautstelle für den Pkw-Verkehr zur Teufelsmühle. Am Ziel angekommen, hat man vom Aussichtsturm einen weiten Blick bis ins Rheintal. Der Hin- und Rückweg zur Teufelsmühle ist rund 15 Kilometer lang. Aufgrund des beachtlichen Höhenunterschieds sollte man etwas Kondition für diese Tour mitbringen. Wer mit fünf Stunden für diesen Ausflug kalkuliert, ist auf der sicheren Seite.

2 | Albgaubad Ettlingen

Eine Dampfzugfahrt lässt sich auch bei schlechtem Wetter durchführen. Wenn es im Herbst kalt und ungemütlich wird, dann ist der Reiz einer Dampflok und ihrer dampfbeheiz-ten Waggons ungleich höher als bei 30° C im Sommer. Das Rahmenprogramm ist oftmals aber sehr wetterabhängig. Wetterunabhängig ist die Verbindung der Dampfzugfahrt mit einem Besuch im Albgaubad Ettlingen. Zielhaltestelle ist Ettlingen-Albgaubad, an der der Dampfzug aber leider nicht hält.

Von Ettlingen-Bahnhof bzw. Busenbach fahren aber die Züge der S 1 und S 11 diese Station an. Das Freizeitbad wurde 2001 und 2007 grundlegend saniert und ist jeden Sonntag von 10 bis 19 Uhr geöffnet. Im Sommer ist das kombinierte Freibad geöffnet.

Kontakt:

Albgaubad Ettlingen, Luisenstraße 14, 76275 Ettlingen, Tel. 0 72 43/ 1 01-8 11, www.albgaubad.de.

3 | Fahrzeugmuseum Marxzell

Gegenüber der Station Marxzell befindet sich das 1968 gegründete private Fahrzeugmuseum. Das Museum ist eine Privatsammlung der Familie Reichert, die viele interessante und wertvolle Fahrzeuge vor der Verschrottung retten konnte. Im Museum, einem ehemaligen Sägewerk, findet man historische Autos und Motorräder, darunter neben mehreren Ford und Rolls Royce auch einen Adenauer-Mercedes. Das sympathische Chaos eines Jägers und Sammlers prägt das Museum. Im hauseigenen historischen Kino werden den Besuchern zur vollen Stunde historische Autofilme und historische Tonfilme über die Entwicklung der Motorisierung sowie Rennsportfilme präsentiert. Das Museum hat täglich von 10 bis 17 Uhr geöffnet.

Kontakt:

Fahrzeugmuseum Marxzell, Neuenbürger Straße 1, 76359 Marxzell, Geschäftsführer Wolfgang Reichert, Tel. 0 72 48/62 62, E-Mail: Reichert-Marxzell@t-online.de, www.fahrzeugmuseum-marxzell.de.

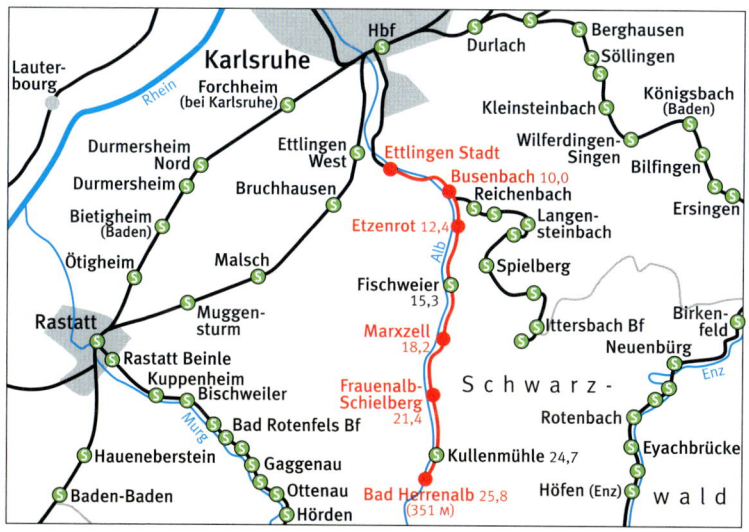

Anreise

Die Anreise zu den historischen Dampfzügen auf der Albtalbahn erfolgt zum Bahnhof Ettlingen-Stadt. Diesen erreicht man mit der S 1 nach Bad Herrenalb oder S 11 nach Ittersbach. Die Stadtbahnen verkehren in Karlsruhe Hbf. am Bahnhofsvorplatz.

Kontakt

Ulmer Eisenbahnfreunde – Sektion Ettlingen, c/o Erich Heger, Karl-Friedrich-Straße 29, 76344 Eggenstein-Leopoldshafen, Tel. 0 72 47/2 12 30.

Straßenbahnwelt und Oldtimerlinien

Von allen Städten im deutschen Südwesten hat Stuttgart mit Abstand die größte Sammlung an historischen Straßenbahnen. Mit der neuen Straßenbahnwelt haben die gelben Bahnen nach mehrmaligem Umzug nun einen endgültigen Standort erhalten.

GESCHICHTE

Das Zeitalter des innerstädtischen Schienenverkehrs begann in Stuttgart bereits 1868 mit der Eröffnung einer Pferdebahn. 1889 entstand durch Zusammenschluss zweier konkurrierender Pferdebahngesellschaften das bis heute bestehende Unternehmen Stuttgarter Straßenbahnen AG (SSB). Sechs Jahre später begann die rasche Umstellung auf elektrischen Betrieb. Zwei Weltkriege brachten massivste Zerstörungen. In den 1960er-Jahren drohte der Straßenbahn neue Gefahr durch den

wachsenden Individualverkehr. Doch während viele andere Betriebe dem Omnibus den Vorzug gaben, hielt Stuttgart am Schienenverkehr fest. Man liebäugelte sogar mit einer Untergrundbahn, entschied sich aber letztendlich für die Stadtbahn – eine Mischform aus Straßenbahn und U-Bahn, die zum Erfolgsmodell werden sollte. Dazu wurde das meterspurige Streckennetz auf Normalspur umgebaut, gleichzeitig entstanden mehrere Neubaustrecken. 1985 ging die erste Stadtbahnlinie in Betrieb, 2007 endete der Regelbetrieb mit herkömmlichen Straßenbahnen. Zwei Strecken behielten das übergangsweise verwendete Dreischienengleis und werden von Museumsfahrzeugen mitbenutzt. Seit Gründung des Verkehrs- und Tarifverbundes Stuttgart (VVS) im Jahre 1978 gilt für die Verkehrsmittel der SSB und für die S-Bahn der DB ein einheitlicher Tarif. Seit 1993 ist der gesamte öffentliche Nahverkehr in der Region Stuttgart mit einbezogen.

STRASSENBAHNWELT

Die im Juli 2009 eröffnete Straßenbahnwelt Stuttgart hat ihr Zuhause im denkmalgeschützten Straßenbahndepot Bad Cannstatt von 1929. Die Ausstellung, eingebettet in ein rundum stimmiges Ambiente, dokumentiert die Geschichte der Stuttgarter Straßenbahnen AG und der von ihr mitgegründeten, betriebenen oder übernommenen Nachbarbetriebe Filderbahn, Esslinger Städtische Straßenbahn, Straßenbahn Esslingen-Nellingen-Denkendorf und Städtische Straßenbahn Feuerbach. Gezeigt werden rund 30 Originalfahrzeuge mit Baujahren zwischen 1868 und 1965. Zu den Glanzlichtern zählt das Fragment eines der ersten Pferdebahnwagen, der älteste noch erhaltene SSB-Triebwagen von 1904, ein Filderbahn-Triebwagen von 1912, ein kompletter Zahnradbahnzug mit Beiwagen von 1898 bzw. 1900 und der „kultige" Gelenktriebwagen

GT4, der das Bild der SSB für fast 50 Jahre prägte. Hinzu kommen zahlreiche weitere Exponate aus Betrieb und Technik. Einzelne Aspekte (u. a. Gleisbau, Fahrschule) werden in Form sogenannter Themeninseln vertiefend dargestellt. Besonders beliebt bei Kindern ist eine Modellstraßenbahnanlage, die sich mit Hilfe eines Kurbelfahrschalters bedienen lässt. Das Museum verfügt über Gastronomie und ist Ausgangspunkt der sonntäglich verkehrenden Oldtimerlinien 21 und 23.

Insgesamt umfasst der historische Bestand 60 Schienenfahrzeuge, darunter Stadtbahn-Prototypen von 1982 und eine ebenfalls normalspurige Ellok der Filderbahn von 1924, die zurzeit leider nicht besichtigt werden können. Viele der Meterspurfahrzeuge sind fahrbereit. 11 Omnibusse bzw. Obusse aus Stuttgart und Esslingen sowie zwei Arbeits-Lkw runden die Sammlung ab.

BETREIBERMODELL

Die Straßenbahnwelt Stuttgart wird von der Stuttgarter Straßenbahnen AG in Kooperation mit dem 1987 gegründeten Verein Stuttgarter Historische Straßenbahnen e. V. (SHB) betrieben. Dieser hatte sich bereits als Träger der Vorgängermuseen in Gerlingen (1989–94) bzw. Zuffenhausen (1995–2007) einen Namen gemacht. Gute Beziehungen zur SSB gab es von Anfang an. Der Grund für das noch engere Zusammenrücken war der Wunsch nach einer deutlichen Ausweitung der Öffnungszeiten, was mit ehrenamtlichen Kräften allein nicht machbar gewesen wäre. Während die SSB die Leitung und das Marketing übernommen hat und für den Unterhalt der fahrbereiten Museumswagen sorgt, ist der Verein für den weiteren Ausbau der Ausstellung, für Restaurierungsmaßnahmen und für das Sonderfahrtengeschäft zuständig. Das Personal für das Museum und den Oldtimer-Linienverkehr stellen beide Partner gemeinsam.

IM EINSATZ

Jeden Sonntag gehen die Oldtimerlinien 21 und 23 auf Tour. Gemeinsamer Ausgangspunkt ist die Straßenbahnwelt Stuttgart. Zum Einsatz kommen verschiedene Museumsfahrzeuge im Wechsel. Die halbstündige Rundfahrt der Linie 21 bezieht die teils unterirdische Innenstadtschleife mit den Zwischenhalten Staatsgalerie, Berliner Platz (Hohe Straße) und Hauptbahnhof (Arnulf-Klett-Platz) ein. Besonders empfehlenswert ist eine Reise mit der Linie 23, die quer durch das Stadtgebiet führt und nach spektakulärer Bergfahrt an der Haltestelle Ruhbank am Fuß des berühmten Fernsehturms endet. Unterwegs werden sieben Stationen bedient, darunter die zentral gelegenen U-Haltestellen Schlossplatz und Charlottenplatz. Eine Hin- und Rückfahrt bedeutet gut eineinhalb Stunden pures Fahrvergnügen.

TICKETS

VVS-Tickets haben in den Oldtimerlinien keine Gültigkeit. Fahrscheine sind beim Schaffner erhältlich. Für Kinder, Schüler, Studenten, Behinderte, Wehr- bzw. Zivildienstleisten-

Blick in die neue Stuttgarter Straßenbahnwelt.

Zahlreiche Details, wie eine nachgestellte Gleisbaustelle, findet man in der Straßenbahnwelt.

Früher fuhr der Triebwagen von Esslingen nach Nellingen und Denkendorf.

de und Familien gibt es Preisnachlässe. Wer die Fahrt mit einem Besuch der Straßenbahnwelt verbindet, benutzt die besonders günstigen Kombikarten. Museumsbesucher mit VVS-Ticket zahlen ermäßigten Eintritt.

AUSFLUGSTIPPS

1 | Zur Zahnradbahn Zacke (Im Volksmund: „Zacke" oder „Zacketse")

Die Zahnradbahn der SSB ist für Stuttgart-Besucher ein Muss. Trotz ihrer herausragenden Stellung gilt der normale VVS-Tarif. Die meterspurige „Zacke" wurde 1884 eröffnet und zunächst mit Dampf betrieben. Die heutigen Triebwagen der dritten Generation stammen von 1982 und ähneln den Stadtbahnen. Sie verbinden den Stuttgarter Süden mit dem hoch gelegenen Stadtbezirk Degerloch. Die Talstation Marienplatz ist ab Hauptbahnhof mit der U14 (Rich-

tung Heslach) zu erreichen. Wer talwärts fahren möchte, benutzt die U5 (Leinfelden) bzw. U6 (Möhringen) bis Degerloch. Die Zahnradbahn verkehrt alle Viertelstunde. Die Fahrt dauert 9 Minuten und bietet einen faszinierenden Blick auf den Stuttgarter Talkessel. Auf einem Vorstellwagen können Fahrräder kostenlos mitgeführt werden (nur bergwärts). Ein historischer Zahnradbahnzug ist in der Straßenbahnwelt ausgestellt. Wer etwas mehr Zeit mitbringt, dem sei der „Heslacher Blaustrümpferweg" empfohlen, ein beliebter Rundwanderweg, der am Marienplatz beginnt und die „Zacke" mit der benachbarten Standseilbahn verbindet.

2 | Standseilbahn (Spitzname „Erbschleicher-Express" oder „Lustige Witwen-Express")

Ein weiteres Stuttgarter Original ist die denkmalgeschützte SSB-Standseilbahn Südheimer Platz–Waldfriedhof, die ebenfalls an die U14 (Richtung Heslach) angebunden ist. Von der Haltestelle Südheimer Platz zur Talstation sind es nur wenige Schritte. Die meterspurige Bahn wurde 1928/29 von der Maschinenfabrik Esslingen erbaut, nachdem sich eine Busverbindung nicht bewährt hatte. Sie war von Beginn an – und als erste weltweit – für vollautomatischen Betrieb ausgelegt. Der

189

Oldtimer im Mercedes-Benz-Museum Stuttgart.

Wagenführer bedient die Steuerung und hat ansonsten überwachende Funktion. Bei einer Streckenlänge von 536 Metern wird ein Höhenunterschied von 87 Metern überwunden. Es besteht ein 20-Minuten-Takt, die Fahrzeit beträgt 4 Minuten. Auch hier gilt der VVS-Tarif. Bis heute stehen die beiden aus Teakholz und Mahagoni gefertigten Wagen der Erstausrüstung im täglichen Einsatz. Von der Stilllegung bedroht, wurde die Bahn 2003 behutsam saniert und gilt heute als gesichert. An der Bergstation angekommen, bietet sich ein Besuch des idyllisch gelegenen Waldfriedhofs an, wo bekannte Persönlichkeiten ihre letzte Ruhestätte gefunden haben. Oder man unternimmt einen Spaziergang durch den Hangwald.

3 | Mercedes-Benz-Museum

Seit 2006 ist Stuttgart um eine Attraktion reicher: Auf einem 53 000 Quadratmeter großen Areal vor dem Haupttor des Mercedes-Benz-Werks in Stuttgart-Untertürkheim entstand das neue Mercedes-Benz-Museum. Über 120 Jahre schwäbische Automobilgeschichte werden da präsentiert. Die ersten Automobile der Welt von Karl Benz und Gottlieb Daimler sowie der erste Mercedes und weitere 160 ausgestellte Fahrzeuge sind dort zu besichtigen. Zu sehen sind auch bedeutende Rennwagen wie der „Blitzen-Benz", mit dem Bob Burman 1911 in Daytona Beach mit 228 km/h einen sensationellen Weltrekord aufgestellt hat. Limousinen und Sportwagen aus den 20er- und 30er-Jahren dokumentieren den damaligen Stand der Technik.

Weitere Höhepunkte sind die Kaiserwagen und die Kompressor-Sportwagen mit dem 500 K Spezialroadster. Aber auch alltägliche Fahrzeuge findet man im Museum, wie zum Beispiel den 260 D, den ersten Serien-Diesel-Pkw der Welt, und den 170 V, den meist verkauften Mercedes-Benz der Vorkriegszeit. Zu Fuß ist das architektonisch auffällige Gebäude in wenigen Minuten von der Straßenbahnwelt aus zu erreichen.

Kontakt:

Mercedes-Benz Museum, Mercedes-str. 100, 70372 Stuttgart, Tel. 07 11/ 17 30-0 00, Fax 07 11/17 30-4 00, *www.mercedes-benz-classic.com, E-Mail: classic@daimler.com, Dienstag bis Sonntag von 9–18 Uhr geöffnet.*

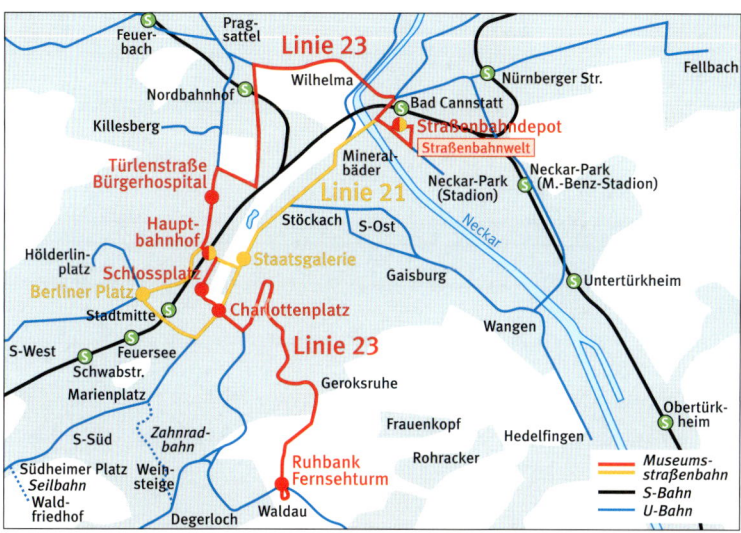

Anreise

Die Straßenbahnwelt befindet sich in Bad Cannstatt und ist vom DB-Bahnhof Stuttgart–Bad Cannstatt bequem in wenigen Minuten Fußweg erreichbar. Der Weg ist ab dem Südausgang ausgeschildert. Eine andere Möglichkeit, in die Straßenbahnwelt zu gelangen, ist die Fahrt mit der Stadtbahn U 1 und U 2 Richtung Fellbach oder Neugereut bis zur Haltestelle Wilhelmsplatz. Auch von dort sind es nur wenige Minuten Fußweg in Richtung DB-Bahnhof in die Straßenbahnwelt. Der Einstieg in die Oldtimerlinien 21 und 23 ist am Hauptbahnhof in der Arnulf-Klett-Passage oder am Straßenbahnmuseum sowie an allen anderen Haltestellen möglich.

Kontakt

Straßenbahnwelt Stuttgart, 70372 Stuttgart (Bad Cannstatt), Veielbrunnenweg 3. Öffnungszeiten: Mi., Sa., So. 10–17 Uhr, Do. 17–21 Uhr. Das Museum ist vom Bahnhof Bad Cannstatt in 5–6 Minuten zu Fuß erreichbar. Tel. 07 11/78 85-77 70, E-Mail: info@strassenbahnwelt.com, www.strassenbahnwelt.com. Museumsverein SHB: Telefon (0711) 82 22 10, E-Mail: info@shb-ev.info, www.shb-ev.info.

Historische Straßenbahn in Karlsruhe

Nur regional bekannt sind die Einsätze der historischen Straßenbahnen in der Adventszeit in Karlsruhe. Die bestens gepflegten Fahrzeuge verkehren an den Adventssonntagen unter Regie des Vereins TSNV Karlsruhe auf dem kleinen Innenstadtring.

GESCHICHTE

Bereits im Jahr 1894 übernahm die damalige AEG die Karlsruher Pferde- und Dampfbahn und gründete die Karlsruher Straßenbahn-Gesellschaft mit dem Ziel, sie in einen elektrischen Straßenbahnbetrieb umzuwandeln. Sechs Jahre später konnte das Straßenbahnnetz elektrifiziert werden, allerdings sah der Kompromiss innerhalb der Karlsruher Innenstadt einen Verzicht auf Oberleitungen und stattdessen einen Betrieb mit Akkumulatorwa-

gen vor. Der erste elektrische Straßenbahnverkehr konnte im Februar 1900 eröffnet werden. In den folgenden Jahren wurde das Streckennetz der Straßenbahn erweitert. Im Gegensatz zu vielen anderen Städten begann die Stadt Karlsruhe nach dem Zweiten Weltkrieg mit der Modernisierung ihrer Straßenbahn. Mit der Übernahme der Albtalbahn im Jahr 1957 und ihrer Umspurung von Schmal- auf Normalspur sowie der Verknüpfung mit dem Straßenbahnnetz verkehrten die Wagen der Albtal-Verkehrs-Gesellschaft auch auf den Schienen der Verkehrsbetriebe Karlsruhe und stellten eine direkte Verbindung zwischen dem Umland und der Innenstadt dar. Heute fahren die Karlsruher Stadtbahnwagen von Heilbronn bis nach Freudenstadt. Das Verkehrssystem „Karlsruher Modell" wurde wesentlich vom ehemaligen Geschäftsführer Dr. Dieter Ludwig gestaltet. Im Karlsruher Modell können Zweisystemfahrzeuge sowohl auf Straßenbahn- als auch auf Eisenbahnstrecken fahren. Das vorhandene Schienennetz der Deutschen Bahn im Großraum Karlsruhe wurde mit dieser Zielsetzung unter Dr. Ludwigs Leitmotto „Man muss die Bahn zu den Menschen bringen und nicht die Menschen zur Bahn!"

modernisiert. Heute zählt das Stadtbahnnetz mit rund 640 Kilometern zu den größten der Welt.

VEREIN

Der Treffpunkt Schienennahverkehr Karlsruhe (TSNV) ist ein Zusammenschluss von Menschen aller Alters- und Berufsgruppen, die am Schienennahverkehr interessiert sind. Neben der Restaurierung, Pflege und Unterhaltung der historischen Straßenbahnen veranstaltet der Verein zahlreiche Vortragsabende und Ausflüge. Bemerkenswert ist eine aktive Jugendgruppe.

FAHRZEUGE

Die eingesetzten Fahrzeuge gehören den Verkehrsbetrieben der Stadt

Der TW 139 vertritt die Generation der Nachkriegsstraßenbahnfahrzeuge in Karlsruhe.

Karlsruhe (VBK) und der Albtal-Verkehrs-Gesellschaft (AVG) und werden von den Aktiven des Vereins TSNV unterhalten und betreut. An Fahrzeugen sind vorhanden: ein ehemaliger Akkutriebwagen, der Tw 14 von 1899, der Stahlumbauwagen Tw 95 von 1929 und der Spiegelwagen Tw 100 von 1930. Der Stahlumbauwagen wurde, wie schon der Name sagt, aus einem Spiegelwagen umgebaut. Während der Tw 14 bei Herbrand gebaut wurde, stammen der Tw 95 und Tw 100 von der Waggonfabrik Rastatt.

Außerdem sind als Nachkriegsfahrzeuge der Kriegsstraßenbahnwagen Tw 115, gebaut von der Waggonfabrik Fuchs 1948, ein Breitraumstraßenbahnwagen Tw 139 mit dem Bau-jahr 1958 mit passendem Beiwagen sowie der Tw 12, ein achtachsiger Triebwagen von 1959, der früher auf der Albtalbahn im Einsatz war, vorhanden. Für den Triebwagen Tw 95 ist der Beiwagen 299 und für Tw 100 ist Beiwagen 298 vorhanden. Beide Beiwagen entstanden aus ehemaligen Triebwagen (d. h. Fahrzeuge mit Antrieb) und wurden, weil kein antriebsloser Beiwagen erhalten wurde, umgebaut. Vorhanden sind auch ein achtachsiger Gelenktriebwagen von 1958 (Tw 4) sowie ein sechsachsiger Gelenktriebwagen von 1963 (Tw 167). Der Residenzwagen Tw 92, der 1922 von der Waggonfabrik Wismar gebaut wurde, befindet sich gerade in Aufarbeitung.

Robin Engel im Einsatz als Verkaufsschaffner auf der Adventsringlinie.

IM EINSATZ

An den vier Adventssonntagen verkehren die historischen Straßenbahnen als Adventsringlinie auf dem kleinen Stadtring vom Marktplatz über die Ettlinger Straße zum Hauptbahnhof und von dort weiter über die Karlstraße, den Europaplatz und die Kaiserstraße wieder retour zum Marktplatz.

Aufgrund von Baustellen ist eine Änderung der Fahrtroute möglich. Neben der Adventsringlinie gibt es regelmäßig Pendelfahrten zum Hafenkulturfest und anderen Festivitäten und Veranstaltungen, wie etwa am „Tag des offenen Denkmals". Die historischen Straßenbahnen sind außerdem bei vielen Veranstaltungen, wie dem Bahnhofsfest Bad Herrenalb (siehe Seite 180), anzutreffen.

Unterwegs mit Triebwagen 100.

TICKETS

Auf der Ringlinie gilt der reguläre Tarif des Karlsruher Verkehrsverbunds (KVV). KVV-Fahrausweise sind auch an Bord bei den Schaffnerinnen und Schaffnern erhältlich. Alle Fahrscheine, die im KVV gültig sind, wie zum Beispiel das Baden-Württemberg-Ticket oder das „Schönes-Wochenende-Ticket", haben auch in den historischen Bahnen Gültigkeit.

Anreise

Die historische Adventsringlinie verkehrt direkt am Bahnhofsvorplatz des Karlsruher Hauptbahnhofes. Von daher ist die Anreise sehr einfach. Direkte Verbindungen von Stuttgart, Heilbronn, Konstanz, Neustadt (Weinstraße), Freudenstadt und Mannheim erleichtern die Anreise.

Natürlich kann auch an allen anderen Haltestellen im Stadtgebiet von Karlsruhe zugestiegen werden.

Kontakt

Treffpunkt Schienennahverkehr Karlsruhe, Postfach 6303, 76043 Karlsruhe, Tel. 07 21/96 13 77-0, Fax 07 21/96 13 77-1,
E-Mail: mail@tsnv.de, www.tsnv.de und
Karlsruher Verkehrsverbund GmbH, Tullastraße 71, 76131 Karlsruhe, Tel. 07 21/61 07-58 85, Fax 07 21/61 07-58 89, E-Mail: info@kvv.karlsruhe.de, www.kvv.de.

Nostalgieverkehr Rhein-Neckar

Im Norden Baden-Württembergs ist die Interessengemeinschaft Nahverkehr Rhein-Neckar angesiedelt. Ihr Ziel ist unter anderem die Erhaltung historischer Straßenbahnfahrzeuge aus der Region Heidelberg, Mannheim und Ludwigshafen. In Zusammenarbeit mit den Eigentumsgesellschaften werden diese restauriert und teilweise auch im Nostalgieverkehr eingesetzt.

GESCHICHTE

Eine lange Geschichte haben die einzelnen Straßenbahnunternehmen in der Region Mannheim, Heidelberg und Ludwigshafen. Erst seit ein paar Jahren wird der Betrieb auf dem Gesamtnetz von einer Gesellschaft betrieben, die 2004 aus den bisherigen Unternehmen Heidelberger Straßen- und Bergbahn AG, MVV Verkehr AG, MVV OEG AG, Rhein-Haardtbahn GmbH und den Verkehrsbetrieben Ludwigshafen GmbH gegründet wurde. Die Rhein-Neckar-Verkehrs GmbH (RNV) verfügt über rund 210 Schienenfahrzeuge und 200 Busse, die mit rund 1700 Mitarbeitern betrieben werden. Im Gegensatz zu vielen anderen Straßenbahnbetrieben wurden bis in die 30er-Jahre einzelne Strecken, die heute mit modernen Stadtbahnen befahren werden, sogar mit Dampfloks betrieben. Eine Lok befindet sich heute im Landesmuseum für Technik und Verkehr in Mannheim (siehe Seite 214). Aber schon früh setzte sich der wirtschaftlichere elektrische Betrieb auch auf den Überlandstrecken durch.

VEREIN

Die Interessengemeinschaft Nahverkehr Rhein-Neckar (IGN) wurde von Mitarbeitern der Verkehrsbetriebe im Rhein-Neckar-Raum gegründet. Im März 2008 fusionierte sie mit dem Verein Historische Straßenbahn Heidelberg (HSH). Arbeitseinsätze an den historischen Fahrzeugen werden durch den 1. Vorsitzenden organisiert und finden am OEG-Standort Edingen statt.

FAHRZEUGE

Die Interessengemeinschaft Nahverkehr Rhein-Neckar besitzt drei eigene historische Straßenbahnen und betreut eine Reihe Fahrzeuge, die den Bahngesellschaften gehören. Dazu gehört der Gelenktriebwagen 204 der HSB. Er brannte 1984 bei einem Betriebshofbrand fast vollständig aus und wurde mit Teilen von anderen Fahrzeugen wieder aufgebaut. Seit 2003 ist das Fahrzeug ein von Carsten Kruse gestaltetes fahrendes Kunstwerk. Aus dem Jahr 1925 stammt der Triebwagen HSB 44. Er wurde 1973 außer Dienst gestellt und soll in einen betriebsfähigen Zustand gebracht werden. Seit 2007 gehört der Triebwagen 80 dem Verein. Er steht für Sonderfahrten zur Verfügung.

Im Eigentum der Rhein-Haardtbahn (RHB) befindet sich der Triebwagen 1018. Im Laufe der 50er-Jahre brachte die Düsseldorfer Waggonfabrik Düwag mit ihren Gelenktriebwagen frischen Wind in den ÖPNV der Städte. Der Triebwagen 1018 ist das letzte weitgehend im Originalzustand befindliche Fahrzeug von einst zehn Garnituren der RHB und wird samt Beiwagen bis auf Weiteres von der RNV hinterstellt.

Im Eigentum der OEG befinden sich weitere Fahrzeuge. Zwischen 1958 und 1963 wurden an die OEG in zwei Bauserien sieben vierachsige Triebwagen geliefert, Wagen 81 wurde 1963 in Dienst gestellt. Die achtachsigen Gelenktriebwagen Bauart Rastatt waren bis Mitte der 90er-Jahre noch im regulären Einsatz, Wagen 81 wird heute als Nostalgiefahrzeug direkt von der RNV vermarktet.

Tw 80 als Adventsringlinie.

Tw 1122 durchfährt die Station Ellerstadt-West.

Wagen 71 wurde 1958 in Dienst gestellt. Die vierachsigen Triebwagen Bauart Rastatt waren bis Mitte der 80er-Jahre noch im regulären Einsatz, seitdem werden die noch vorhandenen Fahrzeuge als Dienstfahrzeuge genutzt. Ziel der IGN ist es, Triebwagen 71 als Museumsfahrzeug zu erhalten; im November 2006 wurde das Fahrzeug farblich in den Zustand der 80er-Jahre zurückversetzt.

Im Jahr 1952 lieferte die Waggonfabrik Fuchs aus Heidelberg vier Triebfahrzeuge an die OEG. Wegen des sich an den Wagenenden stark verjüngenden Wagenkastens erhielten die Fahrzeuge den Namen „Spitzmaus". Einziges noch erhaltenes Fahrzeug dieser Bauart ist Triebwagen OEG 66. Seit 2002 hat die IGN das Fahrzeug wieder ausstellungsfähig aufgearbeitet.

Außerdem gibt es noch den OEG Salonwagen, der aus einem technisch gut erhaltenen Halbzug 45/46 der Waggonfabrik Fuchs besteht. Erst 1974 endete der planmäßige Einsatz des Halbzuges. Die Ausstattung ist edel und komfortabel: Für die Mittelplattform und den Fahrerstand wurde Teakholz verwendet, für die Abteile Mahagoni. 1990 wurde der Salonwagen grundlegend restauriert und wird seither von der RNV für Feiern und Feste vermietet.

IM EINSATZ

Neben zahlreichen Sonderfahrten verkehren die historischen Straßenbahnen mit der Adventslinie in Heidelberg an den vier Adventssonntagen vor Weihnachten.

TICKETS

Bei allen Fahrten des Adventsexpress gilt der reguläre VRN-Tarif. Alle im Verkehrsverbund gültigen Fahrscheine, wie auch das Baden-Württemberg-Ticket, sind gültig.

Anreise
Die Anreise zur jährlich stattfindenden Adventslinie erfolgt am besten über den DB-Bahnhof Heidelberg Hbf. Am Bahnhofsvorplatz verkehrt die historische Adventsringlinie.

Kontakt
Interessengemeinschaft Nahverkehr Rhein-Neckar, Neunkircher Straße 19, 68309 Mannheim, Tel. 06 21/73 83 62, E-Mail: ign@gmx.net, www.ign-ev.de.

Durch die schmucke Altstadt

Seit 1901 verkehrt in Freiburg eine Straßenbahn. Erst seit Ende 1994 gibt es die „Freunde der Freiburger Straßenbahn", die mit dem Adventsverkehr und einem Einsatztag in den Sommermonaten historische Straßenbahnen am Leben erhalten. Eine Fahrt durch die historische und nach dem Zweiten Weltkrieg weitgehend in den ursprünglichen Proportionen und Straßenverläufen wieder aufgebaute geschichtsträchtige und schmucke Altstadt von Freiburg ist ein Erlebnis.

GESCHICHTE

Die „Direktion des Elektrizitätswerkes und der Straßenbahn" wurde 1899 gegründet. Bereits 1901 konnten die seit 1891 bestehenden Pferdeomnibuslinien durch vier elektrisch betriebene Straßenbahnlinien ersetzt werden. Mehrere Linienverlängerungen und zwei neue Linien folgten bis 1925. Der schwere Luftangriff am Ende des Zweiten Weltkriegs im November 1944 zerstörte einige Fahrzeuge sowie die Hälfte des Oberleitungsnetzes. Nach Kriegsende setzte man auch in Freiburg auf den Omnibus, aber nicht zu Lasten des Bestandsnetzes der Straßenbahn. 1984 wurde die heutige Regiokarte eingeführt, die maßgeblich am Erfolg des ÖPNV im Freiburger Raum beteiligt ist. 1985 erfolgte die Eröffnung der Stadtbahn bis nach Landwasser. Die letzte Verlängerung erfolgte 2006 ins Vaubanviertel. Die Straßenbahnen in Freiburg fahren ausschließlich mit Ökostrom.

VEREIN

Die „Freunde der Freiburger Straßenbahn" haben sich zum Ziel gesetzt, durch Renovierung, Pflege und Präsentation historischer badischer und insbesondere Freiburger Straßenbahnwagen die Geschichte dieses Verkehrsmittels lebendig zu halten. Dies war gar nicht so einfach, da die Straßenbahnen der Baujahre 1909 und 1914 alle bis 1971 verschrottet oder verkauft wurden. Dank privater Initiative konnte der Wagen Nr. 2 bereits 1961 von Privat erworben werden und ist deshalb noch heute vorhanden.

FAHRZEUGE

Sechs historische Straßenbahntriebwagen werden in Freiburg unterhalten. Die älteste noch erhaltene Straßenbahn in Freiburg ist der Triebwagen Nr. 2 aus dem Baujahr 1901. Leider ist das Fahrzeug seit einiger Zeit nicht mehr aus eigener Kraft fahrfähig und kann deswegen nur von einem anderen Motorwagen gezogen werden bzw. verbringt die meiste Zeit als Ausstellungsstück im Betriebshof Süd.

Der Motorwagen 45 von 1914 ist das Herzstück der Sammlung. Das Fahrzeug wurde nach Freiburg zurückgeholt und mit Hilfe der Arbeitsgemeinschaft Freiburger Stadtbild von Grund auf restauriert. Seit 2001 fährt das Fahrzeug wieder auf Frei-

Von 1914 stammt der Motorwagen 45, der seit 2001 wieder im Einsatz ist.

Weihnachtlich geschmückt ist Tw 56 für den Adventsverkehr.

burgs Schienen und ist derzeit die älteste betriebsfähige Straßenbahn der Stadt.

Der Triebwagen mit der Nr. 56 wird von der Freiburger Verkehrs-AG erhalten. Das Fahrzeug von 1927 befindet sich noch weitgehend im Originalzustand und wird von den FdFS betreut

Erst im Jahre 2005 wurde der Gelenktriebwagen Nr. 100 wieder zum Fahrgastbetrieb umgerüstet. Seit seiner Ausmusterung aus dem Linienbetrieb fungierte das Fahrzeug bei der VAG lange Zeit als Werbewagen. Das Fahrzeug ist eines von insgesamt drei gelieferten Fahrzeu-

gen dieser Bauart und besaß zu Anfang die Betriebsnummer 100, wurde aber später umnummeriert in 103. Weil diese drei Wagen die allerersten Gelenkwagen in dieser modernen Bauart waren, bekamen sie die Bezeichnung „Sputnik". Seit Mai 2006 ist das Fahrzeug wieder in seiner alten cremefarbenen Lackierung einsatzfähig.

Der 2-Richtungs-Gelenkwagen 109 kam 1962 nach Freiburg. Nach seiner Ausmusterung Mitte der 90er-Jahre blieb das Fahrzeug in Freiburg. Der GT4 109 ist auch als „Tram-Café" bekannt, da er oft als mobiler Kaffeesalon fungiert. Das Fahrzeug

Tw 100 „Sputnik" im Nostalgieeinsatz.

wurde in den Farben seiner letzten Einsatztage gehalten – dem für Freiburg typischen Rot-Weiß.

In Aufarbeitung befindet sich der ausrangierte Arbeitswagen mit der Nummer 402. 1951 wurde der Wagen mit seiner ursprünglichen Betriebsnummer 70 in Dienst gestellt. Das ebenfalls 2-achsige Fahrzeug wurde nach der „Nachkriegs-Einheits-straßenbahn" konstruiert und wird deshalb auch als „Verbandstyp" bezeichnet. Er soll wieder für den Fahrgastbetrieb hergerichtet werden.

IM EINSATZ

Historische Straßenbahnen kommen in Freiburg mit der Oldtimerlinie 7 und im Adventsverkehr zum Einsatz. Die Oldtimerlinie 7 verkehrt einmal im Monat von Mai bis September auf der Strecke Stadthalle–Bertoldsbrunnen–Hauptbahnhof–Paduaallee.

Die Termine findet man auf der Homepage des Vereins unter www.fdfs.de. Im Adventsverkehr verkehren historische Straßenbahnen an den Adventssamstagen zwischen Betriebshof Süd und Bissierstraße über Bertoldsbrunnen und Hauptbahnhof.

TICKETS

Fahrkarten für die historischen Züge sind bei den Schaffnern in den Straßenbahnen erhältlich.

Anreise
Zielbahnhof ist Freiburg Hbf. an der Kursbuchstrecke 703 zwischen Karlsruhe und Basel. Freiburg erreicht man auch von Richtung Ulm über Donaueschingen und Titisee. Die historischen Straßenbahnen fahren auf der Stadtbahnbrücke oberhalb der DB-Gleisanlagen ab. Der Ein- und Ausstieg ist an allen Stationen möglich.

Kontakt
Freunde der Freiburger Straßenbahn (Haltestelle „Lorettostraße" Linie 2), Urachstraße 5, 79102 Freiburg, E-Mail: info@fdfs.de, www.fdfs.de, 1. Vorsitzender: Dietmar Gemander, Tel. 07 61/5 90 20 40.

Mit dem „Bierbähnle" unterwegs

Auch in Ulm gibt es historische Straßenbahnfahrzeuge, die allerdings in der breiten Öffentlichkeit weitgehend unbekannt sind, weil mit den Fahrzeugen keine regelmäßigen Fahrten, wie zum Beispiel in Stuttgart, stattfinden.

GESCHICHTE

Seit 1897 gibt es eine Straßenbahn in Ulm. Sie wird von den Stadtwerken Ulm/Neu-Ulm GmbH (SWU) betrieben. Die im März 2009 auf 10,2 Kilometer verlängerte, vormals 5,5 Kilometer lange, meterspurige Straßenbahn Ulm besteht aus einer einzigen Linie. Diese führt als Durchmesserlinie von Ulm-Söflingen im Westen bis Böfingen im Osten der Stadt. Früher fuhr die Straßenbahn auch in die bayerische Nachbarstadt Neu-Ulm. Von den ursprünglich vier Linien ist nach dem Stilllegungs-wahn der 6oer-Jahre lediglich die Strecke Söflingen–Hauptbahnhof–Donauhalle–Böfingen (Linie 1) übrig geblieben.

VEREIN

1996 haben sich die Ulmer/Neu-Ulmer Nahverkehrsfreunde als neue Gruppe im Sport-Kultur-Freizeit-SWU gegründet. Die Mitglieder dieser Gruppe interessieren sich für alles was mit dem „Nahverkehr der Stadtwerke" in irgendeiner Weise zu tun hat. Das Ziel dieser Gruppe ist, historische Fahrzeuge des Verkehrsbetriebes zu erhalten, für die Zukunft aufzubewahren und fahrbereit zu halten sowie Gegenstände aus Betrieb und Technik zu sichern, sammeln und restaurieren.

FAHRZEUGE

In Ulm sind drei Museumsbahnfahrzeuge vorhanden. Das bekannteste ist das „Bierbähnle" aus dem Jahre 1910. Das Fahrzeug wurde ursprünglich in Baden-Baden eingesetzt und kam erst 1951 nach Ulm. Es wurde nach einem Umbau ab 1954 auf der Linie 4 eingesetzt. Seit einer Restauration im Jahre 1979 wird die als Tw 16 bezeichnete Straßenbahn als „Bierbähnle" eingesetzt. Seit Juni 2002 ist der Oldtimer für die Ulmer Brauerei Gold Ochsen als „Bier-

bähnle" unterwegs. Insgesamt gibt es weltweit von diesem Modell nur noch acht funktionsfähige Bahnen, die einst im halleschen Waggonbaubetrieb Lindner gefertigt wurden.

Das zweite Fahrzeug ist der Triebwagen Tw 1. Das Fahrzeug mit Baujahr 1958 entstand in der Maschinenfabrik Esslingen. Die Triebwagen vom Typ GRW4 wurden Ende der 50er-Jahre eigens für Ulm von der Maschinenfabrik Esslingen entworfen und gebaut. Die zehn Fahrzeuge wurden in den 80er-Jahren durch Stuttgarter GT4 abgelöst und verschrottet. Nur der Tw 1 wurde als Museumsfahrzeug aufbewahrt.

Das dritte Fahrzeug ist der Triebwagen Tw 10 der Bauart GT4. Diese Triebwagen sind seit Juli 2003 nicht

Im Betriebshof stehen die historischen Triebwagen.

Der Triebwagen Tw 1 wurde eigens für Ulm von der Maschinenfabrik Esslingen gebaut.

mehr im Plandienst anzutreffen. 13 GT4-Fahrzeuge wurden im September 2003 per Bahn nach Arad (Rumänien) transportiert und sind dort im Planeinsatz mit fast original Ulmer Ausstattung zu bewundern.

IM EINSATZ

Leider gibt es nur wenige Anlässe, an denen die historischen Ulmer Straßenbahnen im Einsatz sind. Ein regelmäßiger Fahrbetrieb findet nicht statt. Alle Fahrzeuge können für private Sonderfahrten zu günstigen Preisen angemietet werden.

Kontakt
Straßenbahn zum Mieten:
Tourist-Information Ulm/Neu-Ulm, Münsterplatz 50 (Stadthaus), 89073 Ulm, Tel. 07 31/1 61-28 31,
E-Mail: info@tourismus.ulm.de,
www.tourismus.ulm.de.

Verein
Sport-Kultur-Freizeit-SWU Ulm/Neu-Ulmer Nahverkehrsfreunde, Jürgen

Späth, Bauhoferstraße 9, 89077 Ulm,
E-Mail: juergen.spaeth@swu.de,
www.unf-ulm.de.

Betreiber
SWU Nahverkehr Ulm/Neu-Ulm GmbH, Bauhoferstraße 9, 89077 Ulm, Tel. 07 31/1 66-21 20, www.swu.de.

205

100 Jahre Straßenbahngeschichte

Auch in Augsburg hat die Straßenbahn die große Stilllegungswelle der 60er- bis 80er-Jahre überlebt und fährt wieder einer sicheren Zukunft entgegen. In den letzten Jahren wurden erhebliche Investitionen getätigt. Nicht selbstverständlich ist aber, dass auch in Augsburg betriebsbereite Oldtimerstraßenbahnen vorhanden sind.

GESCHICHTE

Wie viele Städte hatte Augsburg anfangs eine Pferde-Straßenbahn. Nach der Übernahme der Pferdebahn durch die Firma Schuckert & Co. begann man mit den Vorbereitungen für die Umstellung auf elektrischen Antrieb. Der Pferdebahnbetrieb wurde während des Umbaus fortgeführt und endete erst mit der Eröffnung des elektrischen Betriebs am 1. September 1898. Damit hatte auch Augsburg seine elektrische Straßenbahn. Der Bahnbetrieb ent-wickelte sich bis zum Ersten Weltkrieg positiv. Während des Krieges waren zum ersten Mal Frauen bei der Straßenbahn beschäftigt. Das Straßenbahnnetz konnte zwischen den beiden Weltkriegen erweitert werden. Beim schweren Luftangriff auf Augsburg am 26./27. Februar 1944 entstanden große Schäden. Aber erst mit der Besetzung der Stadt im April 1945 kam der Verkehr völlig zum Erliegen. Doch noch im gleichen Jahr konnten schon wieder Teile der Straßenbahn in Betrieb

gehen. 1952 wurden die ersten Linien durch Busse ersetzt, weitere
folgten 1960. Neue Fahrzeuge ab
den 80er-Jahren verhalfen der Bahn
zu überleben. Die Renaissance der
Straßenbahn in Augsburg kam ab
Mitte der 90er-Jahre und sie hält bis
heute an.

VEREIN

Die Mitglieder des Vereins „Freunde
der Augsburger Straßenbahn" üben
unterschiedlichste Berufe aus. Ein
Vereinsziel besteht darin, alle am
Straßenbahnwesen Interessierten
zusammenzuführen und auch Beziehungen mit gleichartigen Vereinen in
anderen Städten zu pflegen. Ziel ist

auch der Aufbau eines Nahverkehrs-
museums, ebenso die Erhaltung und
Aufarbeitung historisch wertvoller
Fahrzeuge. Die Sammlung wird ergänzt durch alte Pläne, Zeichnun-
gen, Fotos und Schriften mit Bezug
zum Augsburger Nahverkehr.

FAHRZEUGE

Dreizehn historische Straßenbahntriebwagen sind in Augsburg vorhanden. Der älteste Wagen ist der
Tw 14 von 1898. Er wurde bei MAN
produziert. Das Fahrzeug entstammt
der Bauserie 1–40 und ist im Depot
an der Baumgartnerstraße abgestellt. Ein Einsatz im Fahrbetrieb ist
gegenwärtig nicht möglich. Von 1913

*Ursprünglich von den Stuttgarter Straßenbahnen (SSB) stammen die
GT4-Triebwagen, die einige Zeit in Augsburg im Einsatz waren.*

1958 von MAN gebaut ist Tw 520 heute in Augsburg hinterstellt.

Triebwagen 101 von 1913 ist leider nicht betriebsfähig.

stammt der Tw 101, der ebenfalls bei MAN gebaut wurde. Auch er ist im Moment leider nicht betriebsfähig. Mit dem Wagen 165 folgt eine weitere Straßenbahn aus dem Hause MAN. Das Fahrzeug des Baujahrs 1926 ist im Moment nicht betriebsfähig, genausowenig wie der Wagen Tw 179 aus dem Jahr 1938. Gebaut wurde er auch bei MAN. Ein Gelenktriebwagen von 1958 ist der Tw 403. Das nicht einsatzfähige Fahrzeug wurde bei Talbot gebaut. Mehrere Kriegsstraßenbahnwagen von 1948 sind in Augsburg vorhanden. Die Fahrzeuge stammen aus der Bauserie 501–510 und sind in der Wagenhalle in Lechhausen abgestellt. Ein Einsatz im Fahrbetrieb ist gegenwärtig nur mit Fahrzeug

506 möglich. Der Triebwagen Tw 520 mit Baujahr 1958 von MAN sowie der Triebwagen Tw 535 von 1968 sind nicht betriebsfähig abgestellt.

IM EINSATZ

Seit 2008 ist der Kriegsstraßenbahnwagen 506 einmal im Monat von Mai bis September im Linienverkehr unterwegs. Die genauen Termine findet man auf der Homepage der Straßenbahnfreunde: www.f-d-a-s.de.

TICKETS

Fahrkarten sind im Kundencenter am Königsplatz erhältlich. Pro Fahrt sind jeweils maximal 30 Personen zugelassen! Abfahrt am Königsplatz ist um 13 Uhr, 14 und 15 Uhr.

Anreise
Zielbahnhof ist der Augsburger Hbf. an der Kursbuchstrecke 980 zwischen Ulm und München. Die historischen Straßenbahnen nehmen ihren Weg über den Bahnhofsvorplatz des Hauptbahnhofs. Der Ein- und Ausstieg ist an allen Stationen möglich.

Kontakt
Freunde der Augsburger Straßenbahn, Herbert Waßner, Zimmerer Straße 22, 86153 Augsburg, Tel. 08 21/5 67 71 21, www.f-d-a-s.de.

Eisenbahnmuseen und
Sammlungen

In allen großen Technikmuseen befindet sich heute eine Eisenbahnabteilung. Die bekanntesten Museen in Deutschland sind das Nürnberger Verkehrsmuseum oder das Deutsche Museum in München.

Viele regionale Sammlungen und Museen zu diesem Thema finden sich aber auch in Baden-Württemberg und Bayerisch-Schwaben und bereichern die Museumslandschaft. Sie zeigen oftmals in authentischer Umgebung, wie zum Beispiel in einem alten Bahnbetriebswerk oder einem Bahnhofsgebäude, Originalfahrzeuge und Gegenstände aus der Welt der Bahn.

Die Museen sind dabei keine sterilen Ausstellungen, sondern zeigen Fahrzeuge und Maschinen in Betrieb, teilweise sogar „unter Dampf". Im Kapitel Eisenbahnmuseen und Sammlungen versammeln sich auch jene Organisationen, die keine reguläre Stammstrecke für ihre historischen Fahrzeuge haben, sondern zu den unterschiedlichsten Zielen im In- und Ausland mit ihren Zügen fahren.

Oftmals werden die konservierten Eisenbahnen nur bei diesen Fahrten in der Öffentlichkeit gezeigt und stehen ansonsten sicher vor Wind und Wetter sowie dem immer größer werdenden Vandalismus in abgeschlossenen Hallen.

Auch zwei alte Bahnhofsgebäude haben es in dieses Kapitel geschafft. Während heute der Bahnhof, speziell im ländlichen Raum, kaum mehr eine Rolle spielt, war er früher doch Dreh- und Angelpunkt der Dörfer. Die Vielfalt der hier vorgestellten Einrichtungen könnte nicht größer sein.

Technikgeschichte zum Anfassen

Jeder, der schon einmal auf der Autobahn A 6 an Sinsheim vorbeigefahren ist, kennt das Auto & Technik Museum. Schon von weitem sieht man die beiden Überschallflugzeuge, die französische Concorde und die russische Tupolev, die begehbar auf dem Dach des Museums aufgestellt sind. Dass das Museum auch eine Eisenbahnabteilung hat, ist weniger bekannt.

DAS MUSEUM

1981 wurde das Museum in Sinsheim eröffnet. Mit mehr als 3000 Ausstellungsgegenständen auf über 50 000 m² gehört es zu den größten Museen seiner Art. Der Großteil der Exponate sind Fahrzeuge im weitesten Sinne. Hinter dem Museum steht ein gemeinnütziger Verein mit mehr als 2000 Mitgliedern. Ziel des Vereins ist es, technische Kulturgüter der Nachwelt zu erhalten und das Interesse an technischen Entwicklungen zu fördern. Das Museum wird aus Eintrittsgeldern, Mitgliedsbeiträgen sowie Spenden finanziert. Abgerundet wird die Museumswelt durch ein IMAX-3D-Kino mit einer 22 x 27 m großen Riesenleinwand.

EXPONATE

Im Auto & Technik Museum gibt es auch eine Eisenbahnabteilung, die mit sehenswerten Exponaten aufwartet.

Die ursprünglich badische Schnell-zuglok 18 314 von 1919 wurde bei der Reichsbahn in der ehemaligen DDR grundlegend modernisiert. Für die Erprobung von Schnellzugwagen be-nötigte man in der DDR eine schnell fahrende Dampflok. Dafür wurden bei der Versuchsanstalt Halle zwei Loks zu Hochgeschwindigkeitsloko-motiven umgebaut, die für mindes-tens 150 km/h zugelassen werden konnten. Bis 1960 wurde die 18 314 umgebaut. Neben den Versuchs-fahrten war sie auch im Schnellzug-dienst auf den Strecken Halle–Berlin und Halle–Saalfeld im Einsatz. 1971 wurde die Maschine ausgemustert und konnte vom Verein Historische Eisenbahn Frankfurt/M. erworben werden.

Eine Vertreterin einer leichteren Güterzugdampflok ist mit 41 113 im Museum vertreten. Die Lok mit Baujahr 1939 entstand bei Krupp in Essen. 1938 ging die erste Serie in Bau. An der Fertigung der Lokomoti-ve waren alle namhaften deutschen Lokomotivhersteller wie BMAG, Borsig, Maschinenfabrik Esslingen, Henschel & Sohn, Arnold Jung Loko-motivfabrik, Krauss-Maffei, Krupp, Orenstein & Koppel und Schichau beteiligt. Kriegsbedingt stagnierte die Abnahme der schnellen Güter-zuglokomotiven zunehmend, bis im Jahr 1941 die bereits vergebenen Aufträge komplett storniert wurden und von der MF Esslingen die letzte

Lokomotive dieser Baureihe geliefert wurde. Nach 366 Exemplaren wurde jetzt den Kriegsloks der Baureihen 50 und 52 der Vorzug gegeben.

Mit 043 100 ist in Sinsheim auch eine schwere Güterzugdampflok vorhan-den. Von dieser Baureihe wurden ab 1926 die ersten Loks gebaut. Insgesamt wurden 1989 Maschi-nen in Dienst gestellt. Die damalige 44 100 wurde 1939 von Henschel er-baut. Nach dem Zweiten Weltkrieg verblieben die Loks hauptsächlich in West- und Ostdeutschland. Durch die französische Staatsbahn kamen aber auch 48 Loks bei der Türki-schen Staatsbahn zum Einsatz. Bis zur Ablösung durch moderne Diesel- und Elektrolokomotiven waren die Maschinen der BR 44 das Rückgrat des schweren Güterzugdienstes in Deutschland. Der Verbrauch an Kohle bei den leistungsfähigen Ma-schinen war groß. Darum wurden bei der Deutschen Bundesbahn ab 1958 32 Loks auf eine Schwerölfeue-rung umgebaut. Ab 1968 wurden die ölgefeuerten Loks der Baureihe 44 als 043 bezeichnet.

Zwischen 1939 und 1948 wurden 3164 Maschinen der Universaldampf-lok der Baureihe 50 in Dienst ge-stellt. Die in Sinsheim ausgestellte 50 413 wurde 1940 erbaut. Die Loks zählen zu den gelungensten Konst-ruktionen der damaligen Deutschen Reichsbahn. Die Baureihe 50 wurde im Rahmen der Kriegswirtschaft in

Deutsche Kriegslokomotive der Baureihe 52 in Tarnanstrich.

Deutschland in großen Stückzahlen beschafft. Am Ende der Dampflokzeit war die Baureihe 50 eine Universallok. Loks der Baureihe 50 sind bei der Strohgäubahn (siehe Seite 59), der Sauschwänzlebahn (siehe Seite 138), auf der Albtalbahn (siehe Seite 180) und im Bayerischen Eisenbahnmuseum (siehe Seite 275) im Einsatz zu sehen.

Eine echte Kriegslok ist die 52 3109, die auch im Museum einen Tarnanstrich trägt. Ab 1942 wurden rund 7000 Stück dieser Universalmaschine hergestellt. Die Baureihe 52 war eine vereinfachte Lok der Baureihe 50. Ihre Hauptaufgabe war es, den enormen Nachschubbedarf der deutschen Wehrmacht in den besetzten Ostgebieten zu decken, und auf der Rückfahrt die erbeuteten Güter ins Reich zu schaffen. Nach dem Krieg war sie in vielen Teilen Europas beim Wiederaufbau noch lange unentbehrlich. Die in Sinsheim ausgestellte Lok verblieb nach dem Zweiten Weltkrieg in Österreich und wurde dort modernisiert. Sie bekam dort den Kabinentender, den sie zu Kriegszeiten nicht hatte. Die Tender mit einer Kabine dienten dem Zugführer (nicht Lokführer) und Rangierer zum Aufenthalt während der Fahrt. Dadurch konnte der sonst übliche Güterzugbegleitwagen entfallen.

Im nahen Heidelberger Hauptbahnhof fand die elektrische Rangierlok 160 012-1 am Schluss ihr Einsatzgebiet. In den 20er-Jahren für neu elektrifizierte Strecken beschafft, sollten sie den unwirtschaftlichen Rangierbetrieb mit Dampfloks beenden. Ende der 50er-Jahre wurden die Lokomotiven grundlegend modernisiert. 1983 wurde mit der 160 012 die letzte Lokomotive der Baureihe 160 nach einem Stangenbruch ausgemustert.

Auch ein Schweizer Krokodil, die Ce 6/8 14282, hat es bis nach Sinsheim geschafft. Als Krokodile werden die Elektrolokomotiven bezeichnet, die aus zwei längeren Vorbauten mit den Antriebsachsen und Motoren sowie einem gelenkig verbundenen Mittelteil bestehen, der meist Führerstände und Transformator aufnimmt. Die Ce 6/8 wurde für den schweren Güterzugeinsatz insbesondere auf der steilen Gotthardbahn entwickelt. Um die engen Kurven befahren zu können, wurde der Wagenkasten dreigeteilt und beweglich verbunden. Die Dreiteilung in „Schnauze", „Körper" und „Schwanz", die an den Gang eines Krokodils erinnernden rotierenden Bewegungen der Kuppelstangen sowie die grüne Farbe dürften zur Entstehung des Spitznamens beigetragen haben.

Das Gegenstück zum Schweizer Krokodil ist das Österreichische Krokodil 1089.06. Die Schnellzugloks wurden 1923/24 in Dienst gestellt. Für die Rampenstrecken der Arlbergbahn benötigte die österreichische Bundesbahn ÖBB elektrisch angetriebene Loks. Die Entscheidung fiel zugunsten einer Bauart nach Schweizer Vorbild. Im Unterschied zum Vorbild wurde ein etwas einfacherer Antrieb mit einer einzigen Treibstange gewählt, die sowohl die Blindwelle als auch die Treibräder verband. Bis 1979 waren die Loks im Einsatz. Für den Betrieb eines Krokodils wurden immer zwei Mann benötigt, einen zur Schmierung und einen zur Führung der Maschine. Die dadurch höheren Personalkosten führten zur schnellen Ausmusterung der sehr bewährten Loks.

Neben diesen Eisenbahnfahrzeugen sind noch mehrere Industrielokomotiven, die einst bei Werkbahnen im Einsatz waren, in Sinsheim vertreten. Ebenso findet sich noch ein Dampfkran samt zugehörigem Schutzwagen im Auto & Technik Museum.

Anreise

Zielbahnhof für den Besuch des Auto & Technik Museums ist die S-Bahn-Station Sinsheim Museum/Arena. Von der S-Bahn-Station sind es nur rund 5 Minuten Fußweg zum Haupteingang des Auto & Technik Museums Sinsheim.

Öffnungszeiten

Das Auto & Technik Museum in Sinsheim hat 365 Tage im Jahr geöffnet. Mo–Fr 9–18 Uhr, Sa und So 9–19 Uhr.

Kontakt

Auto & Technik Museum Sinsheim, Museumsplatz, 74889 Sinsheim, Tel. 0 72 61/92 99-0, www.technik-museum.de.

Eschenau unter Dampf

Das Technoseum in Mannheim stellt den technischen und gesellschaftlichen Wandel Südwestdeutschlands der letzten 250 Jahre dar. Für Eisenbahnfreunde ist die Ebene E „Hochindustrialisierung", wo man durch die Ausstellung mit Maschinen der ehemaligen Maschinenfabrik Esslingen (ME) gehen kann. Der Museumszug mit Lok „Eschenau" lädt die Besucher zu einer Zugfahrt ins Freigelände ein.

DAS MUSEUM

Das Technoseum in Mannheim, das sich bis Ende 2009 Landesmuseum für Technik und Arbeit nannte, konnte 1990 eröffnet werden. Das Museum befasst sich mit der Industrialisierung des deutschen Südwestens und bietet – auch speziell für Schüler und Kinder – ein reichhaltiges Angebot an Anschauungsmaterial. Im Gegensatz zu anderen Museen sind viele Maschinen in Bewegung und wirken lebendig. Die Dauerausstellung „Eisenbahn" ist auf jeden Fall einen Besuch wert: War doch die Eisenbahn eine fundamentale Triebkraft für den Industrialisierungsprozess. Sie transportierte Personen und Güter schneller, billiger und in größerem Umfang als alle anderen bisher dagewesenen Transportmittel und veränderte damit die gesamte Wirtschaft. Vormals große Distanzen waren auf einmal überwindbar, Stadt und Land rückten einander näher, aber auch ganze Regionen wuchsen stärker zusammen. Und nicht nur das: Die einheitliche Uhrzeit innerhalb Deutschlands ist auch eine Folge der Eisenbahn. Noch bis 1893 galten in einzelnen Gebieten unterschiedliche Zeitangaben. Um verbindliche Fahrpläne erstellen und einen sicheren Bahnverkehr gewährleisten zu können, wurde eine Normierung notwendig. Die Bahnhöfe waren in dieser Zeit Tore zur Welt. Im Technoseum lässt sich genau das nachempfinden: Mit dem Eintritt in die Architektur einer Bahnhofshalle werden die Besucher bereits in Reiseatmosphäre versetzt.

EXPONATE

Im Technoseum gibt es eine eigene Dauerausstellung zum Thema Eisenbahn. Mehrere Originalfahrzeuge gehören dazu. Die meisten Fahrzeuge sind jedoch nur vom Außengelände aus zu besichtigen.

Ebenfalls in Mannheim zu besichtigen ist die badische Dampflok 18 316. Die ab 1918 von Maffei gebauten Lokomotiven der Baureihe IV h der Großherzoglich Badischen Staatsbahn sollten ältere Schnellzuglokomotiven auf der Rheintalbahn zwischen Basel und Mannheim ersetzen. Die Treibräder mit einem Durchmesser von 2100 mm waren die größten, die weltweit jemals an einer in Serie gebauten Schnellzugdampflok verwendet wurden. Die beiden letzten Loks der Baureihe, 18 316 und 18 323 (siehe Seite 299) wurden erst 1969 ausgemustert. Die 18 316 wurde Anfang der 90er-Jahre vom Landesmuseum für Technik und Arbeit übernommen.

Fabian Jahn und Marco Wagner freuen sich an der OEG Dampflok 56.

Obwohl sie mehr als 20 Jahre im Freien gestanden hatte, gelang es, sie wieder betriebsfähig aufzuarbeiten. Von 1995 bis zur Abstellung im April 2002 war die 18 316 als eine von nur

Auch die Versuchslok Blauer Bock hat in Mannheim ihren Platz gefunden.

zwei betriebsfähigen Schnellzuglokomotiven aus der Länderbahnzeit auf zahlreichen Sonderfahrten zu sehen. Während der Einsatzzeit bei den Ulmer Eisenbahnfreunden gab es immer wieder technische Probleme mit der Maschine. Ein Riss in der Felge der ersten Treibachse führte dazu, dass der Mietvertrag mit den Ulmer Eisenbahnfreunden nicht verlängert wurde und die Lok nach einer Zwischenstation bei der Historischen Eisenbahn Mannheim nun im Technoseum kalt abgestellt ist. Unter Dampf steht die württembergische T 3 „Eschenau", die, umgebaut zur Dampfspeicherlok, mehrmals pro Tag aus dem Museum ins Freigelände fährt.

Von dieser historisch wertvollen Baureihe gibt es nur noch sehr wenige Exemplare. Lok 979 „Eschenau" ist nun „feuerlos". Sie bekommt heißen Dampf, der stationär im Museum erzeugt wird, und kann mit diesem fahren. Diese Technik findet noch heute bei Industriebetrieben Anwendung, die Dampf als „Abfallprodukt" erzeugen und damit ihre Werkbahn betreiben. Zusammen mit einem neu gebauten Personenwagen ohne Vorbild setzt sie sich täglich zur Freude der Besucher in Bewegung. Eine moderne Lok ist der „Blaue Bock" mit der Betriebsnummer 202 004 von 1973. Von diesem Typ wurden 1971 bzw. 1973 vier Maschinen zur Erprobung von der Firma Henschel-BBC gebaut. Das Besondere an der Diesellok ist der Drehstrom-Asynchron-Fahrmotor, welcher durch einen von einem Dieselmotor angetriebenen Drehstromgenerator gespeist wird.

Eine kleine Schmalspurdampflok ist die Dampflok 56, die von der Oberrheinischen Eisenbahn-Gesellschaft AG stammt. Sie wurde 1886 für den Betrieb der Überlandstraßenbahnen Mannheim–Weinheim–Heidelberg gebaut. Neben der Dampflok 56 ist auch Lok 102 im Bestand des Museums, allerdings nicht öffentlich ausgestellt.

Noch ganz neu im Museum ist die Rangierlok 365 715, die bei der Maschinenfabrik Kiel 1960 gebaut wurde. Sie befindet sich im letzten Betriebszustand, so wie die Loks noch heute bei DB Schenker Rail AG eingesetzt werden. Für diese Güterbahnrangierloks gibt es bei der Deutschen Bahn keine Nachfolger.

Seit Ende 2009 ergänzt noch ein Bahnpostwagen von 1959 die Eisenbahnabteilung im Technoseum.

Für die kleinen Besucher ist von Mai bis Oktober immer sonn- und feiertags von 14 bis 17 Uhr die Schmalspurbahn im Museumspark in Betrieb.

Anreise

Das Technoseum ist über den Zielbahnhof Mannheim Hbf. zu erreichen. Zum Museum gelangt man mit der Straßenbahnlinie 1 zum „Tattersall". Dort muss man auf die Linie 6 oder 6a Richtung Neuostheim oder Neuhermsheim umsteigen. Die Zielhaltestellen sind „Luisenpark/Technoseum" oder „Technoseum Süd".

Fahrplanauskünfte bis zur Zielhaltestelle erhält man unter www.bahn.de. In der Straßenbahn in Mannheim ist übrigens auch das Baden-Württemberg-Ticket gültig, das eine günstige Anreise ermöglicht.

Öffnungszeiten

Täglich 9–17 Uhr (am 24. und 31. Dezember geschlossen).

Kontakt

Technoseum, Landesmuseum für Technik und Arbeit in Mannheim, Museumsstraße 1, 68165 Mannheim, Tel. 06 21/42 98-9, E-Mail: info@technoseum.de, www.technoseum.de.

217

Treffpunkt alte Fahrleitungsmeisterei

Wer mit dem ICE von Karlsruhe oder Stuttgart nach Mannheim reist, sieht wenige Minuten vor Mannheim den Stützpunkt eines kleinen, aber aktiven Vereins, der die Szene der historischen Eisenbahnen in der Region Rhein-Neckar bereichert. Der Verein „Historische Eisenbahn Mannheim" beherbergt einige Schätze, die in der breiten Öffentlichkeit beinahe völlig unbekannt sind.

VEREIN

Der junge Verein „Historische Eisenbahn Mannheim" wurde im Jahr 2000 gegründet. Durch Ausstellungen, Vorträge, Sonderfahrten, pädagogische Aktionen und Exkursionen bringt der Verein Historische Eisenbahn interessierten Fachleuten und Laien die Eisenbahntechnik sowie die Verkehrs- und Industriegeschichte im Großraum Rhein-Neckar nahe. Es besteht auch die Möglichkeit für Schulklassen, einen Einblick in die

Welt der Eisenbahnen zu bekommen. Der Verein hat seinen Sitz in der ehemaligen Fahrleitungsmeisterei-Anlage in Mannheim-Friedrichsfeld, die Mitte der 50er-Jahre erbaut wurde und vom Verein äußerlich weitestgehend im Originalzustand erhalten wird. Ein Ziel dort ist die Darstellung der Entwicklung und Bedeutung des Eisenbahnknotens Ludwigshafen–Mannheim–Heidelberg. Ihre wichtigste Aufgabe sehen die Eisenbahnfreunde im Aufbau einer Fahrzeugsammlung. Ein Schwerpunktthema ist, da nahe am Rangierbahnhof gelegen, die Entwicklung der Rangiertechnik zu präsentieren, wozu bereits fünf Kleinlokomotiven vorhanden sind.

EXPONATE

Die E-Lok E 244 31 wurde 1935 gebaut und ist das älteste Stück bei der Historischen Eisenbahn Mannheim. Die Lokomotive wurde für den elektrischen Versuchsbetrieb mit Industriefrequenz auf der Höllentalbahn bei Freiburg geliefert und war bis 1960 in Freiburg stationiert. Ihre Besonderheit ist der Phasenspalterantrieb: Die Induktionsmotoren erzeugen den Dreiphasenstrom für die Drehstrommotoren. Die Lokomotive mit ihrem Drehstromantrieb bildet eine Vorstufe für die Antriebsweise der modernen Triebfahrzeuge und dokumentiert daher einen wichtigen Entwicklungsschritt. Sie gehört der Universität Karlsruhe.

Eigentümer der Diesellok 218 225-1 ist das DB-Museum Nürnberg. Die Lok ist allerdings als Dauerleihgabe an die Universität Karlsruhe verliehen, die die Lok wiederum in Mannheim pflegen lässt. Seit den 70er-Jahren ist die Baureihe 218 mit 399 Serienlokomotiven die zahlreichste und wichtigste Vertreterin der westdeutschen Streckendieselloks. Die Baureihe 218 ist auch heute noch auf Strecken der Deutschen Bahn AG

anzutreffen und wird im Nah- und Fernverkehr mit stark sinkendem Bedarf eingesetzt. Neue Triebwagen oder Einstellung von Fernverkehrszügen wie dem InterRegio haben zu verstärkten Ausmusterungen der Baureihe geführt.

Seit 2009 in der Sammlung ist die ehemalige Wehrmachtsdiesellok DWK Typ 220 B, die bei der Deutschen Bundesbahn zuletzt als 270 051-6 im Einsatz war. Die Lok ist eine Variante der Wehrmachtsdiesellokomotiven, die als militärisches Gerät an das Reichsluftfahrtministerium ausgeliefert wurden. Mit nur noch einer erhaltenen baugleichen Lok in Braunschweig ist sie die einzige ihrer Art in Süddeutschland und erinnert auch an ihren Hersteller,

Die Freiburger Höllental-E-Lok 244 31 ist in Mannheim ausgestellt.

Auf dem Vereinsgelände sind mit etwas Glück immer wieder auch betriebsfähige Fahrzeuge der Pfalzbahn GmbH oder anderer Verkehrsunternehmen zu sehen, wie hier die Rangierlok 360 577-1.

die ehemalige Werft „Deutsche Werke Kiel".

Eine recht moderne Kleinlok ist die Köf III mit der Nummer 332 128-8: Köf III steht für Kleinlok, ölgefeuert mit Flüssigkeitsgetriebe der Leistungsgruppe drei. Die Kleinlok ist eine Weiterentwicklung der zahlreichen und bewährten Köf II. Die Deutsche Bundesbahn beschaffte von 1959 bis 1965 rund 300 Loks der Leistungsgruppe III mit Kettenantrieb. Im Jahr 2002 wurde die letzte Lok dieser Baureihe 332 bei der DB AG ausgemustert. 2008 bekam die restaurierte Maschine eine Hauptuntersuchung und ist seitdem betriebsfähig.

Mit 323 942-3 und 322 640-4 sind zwei unterschiedliche Varianten der Köf II vorhanden. Für die Deutsche Bundesbahn wurden nach dem Krieg rund 700 Köf II nachgebaut. Sie halten die Erinnerung an die zahlreichen bei der DB bis 1999 eingesetzten Loks dieser Bauart wach. Eine Werkslok ist die Diema DVL 30 aus dem Jahr 1963. Sie war rund 35 Jahre lang bei der Joseph Vögele AG für innerbetriebliche Rangierdienste zuständig. Die Firma Joseph Vögele baute übrigens rund hundert Jahre Weichen, Schiebebühnen, Drehscheiben und Rangieranlagen. Heute ist die Firma für ihre Straßenfertiger oder auch Teermaschinen bekannt. Ein Bahndienstfahrzeug vom Typ Klv 51 ergänzt die Sammlung des Ver-

Auch Räumlichkeiten für Feiern aller Art sind vorhanden.

eins. Diese Fahrzeuge waren ab den 6oer-Jahren im gesamten Bundesgebiet weit verbreitet. Nahezu bei jedem größeren Eisenbahnknoten gab es Bahnmeistereien, die innerhalb ihres Streckenbereichs für die betriebssichere Unterhaltung der Eisenbahnanlagen verantwortlich waren. Ausgestattet mit Kran und Ladefläche konnten mit ihnen kleine Bauarbeiten schnell und kostengünstig durchgeführt werden.

Päckchen und Pakete fuhren früher im Bahnpostwagen im Nachtsprung durch Europa. Was heute alles mit dem Flugzeug und dem Lkw abgewickelt wird, war vor Jahren noch ein Kerngeschäft der Eisenbahn. Die Beförderung der Wagen erfolgte in so genannten Postzügen, D- und E-Zügen oder anderen Zugarten der Deutschen Bundesbahn. Der mit originaler Inneneinrichtung erhaltene Bahnpostwagen des Vereins hält die Erinnerung der 1997 zu Ende

gegangenen Ära der Bahnpost in Mannheim/Ludwigshafen wach. Außerdem sind noch mehrere Bahndienstwagen, ein Fuchs-Seilbagger und ein Mobilkran vorhanden.

VERANSTALTUNGEN

Im Regelfall sind die Aktiven der Historischen Eisenbahn Mannheim samstags von 10–17 Uhr auf ihrem Vereinsgelände anzutreffen. Dabei sind Besucher immer herzlich willkommen. Daneben gibt es noch zahlreiche Tage, an denen das Gelände geöffnet hat, wie zum Beispiel am Tag der offenen Tür oder der langen Nacht der Museen. Darüber hinaus veranstalten die Eisenbahnfreunde Tagesfahrten mit Fahrzeugen befreundeter Organisationen, wie zum Beispiel die Hafenrundfahrt im Schienenbus durch den Mannheimer Industriehafen oder „Mit Dampf und Diesel durch die Pfalz" zum Kuckucksbähnel.

Anreise
Zielbahnhof ist die Mannheimer S-Bahn-Haltestelle Friedrichsfeld-Süd, die von der RheinNeckar-S-Bahn von Heidelberg und Mannheim bedient wird. Den Haltepunkt verlässt man in Richtung Norden und Friedrichsfeld und hält sich anschließend links in Richtung Brücke. Noch vor der Straßenkreuzung überquert man die Straße und folgt dem Weg unter der L 597 auf die Brücke über die Bahnanlagen. Von der Brücke aus sieht man rechts schon die Sulzer Straße mit Sport-

plätzen entlang der Bahnlinie und am Ende der Straße das Vereinsgelände. Ein Fußweg mit Treppe führt zur Sulzer Straße hinab.

Öffnungszeiten
Vereinsgelände: samstags 10–17 Uhr.

Kontakt
Historische Eisenbahn Mannheim, Sulzer Str. 43, 68229 Mannheim, Tel. 06 21/4 82 53 74 (Sa 10–17 Uhr), E-Mail: hemev@web.de, www.historische-eisenbahn-ma.de.

Ort mit besonderem Flair

Ein recht junges Eisenbahnmuseum findet sich in Heilbronn-Böckingen. Das um die Jahrtausendwende entstandene Museum ist, wie das Bayerische Eisenbahnmuseum in Nördlingen (siehe Seite 275), kein totes Museum, sondern auch Werkstatt und Heimatbahnbetriebswerk vieler einsatzfähiger Dampfloks.

GESCHICHTE

Das historische Bahnbetriebswerk Heilbronn wurde 1893 von den Königlich Württembergischen Staats-Eisenbahnen in Betrieb genommen. Bis 1997 waren Fahrzeuge der Deutschen Bahn AG im Bahnbetriebswerk Heilbronn stationiert. In den letzten Jahren der Nutzung durch die Staatsbahn verfielen die denkmalgeschützten Anlagen immer mehr. Glücklicherweise fand sich mit dem Eisenbahnmuseum bald ein Nachnutzer für die noch vorhandene Infrastruktur. Das auf dem Gelände des Bahnbetriebswerkes errichtete Museum wird von einem Verein getragen, der rund 300 Mitglieder hat. Er hat sich zur Aufgabe gemacht, die denkmalgeschützten Gebäude und Anlagen des ehemaligen Bahnbetriebswerks Heilbronn zu erhalten, um dort ein Eisenbahnmuseum zu errichten. Rund 20 Mitglieder sind dort aktiv und restaurieren Dampf- und Diesellokomotiven sowie Wagenmaterial aus der Zeit von 1895 bis in die 50er-Jahre. Ein Glanzstück ist neben den Fahrzeugen der Lokschuppen von 1893, der letzte im Originalzustand erhaltene Ringlokschuppen aus der Zeit der Königlich Württembergischen Staats-Eisenbahn. Im Museum können mittlerweile rund 20 restaurierte Lokomotiven unterschiedlicher Epochen und Bauarten besichtigt werden. Daneben befinden sich derzeit ca. zehn Fahrzeuge in der Aufarbeitungsphase. Neben den betriebsbereiten Lokomotiven macht gerade die anschauliche Aufarbeitung von historischen Eisenbahnfahrzeugen das besondere Flair des Süddeutschen Eisenbahnmuseums aus.

EXPONATE

Im Eisenbahnmuseum sind eine Vielzahl historischer Loks und Wagen untergebracht. Die meisten Eisenbahnfahrzeuge befinden sich in einem restaurierten und teilweise sogar betriebsfähigen Zustand, wie zum Beispiel die 01 1066 der Ulmer Eisenbahnfreunde (siehe Seite 245). Die baugleiche Maschine 01 1102 ist ebenfalls in Heilbronn stationiert. Die ehemalige Denkmallokomotive 01 1102, die 1996 wieder reaktiviert und im Ausbesserungswerk Meiningen eine rekonstruierte Stromlinienverkleidung erhielt, ist aber nicht betriebsfähig. Betriebsfähig ist aber der Star des Eisenbahnmuseums, die 38 3199. Die Berliner Maschinenbau AG lieferte im Juli 1906 die erste Lok dieser Baureihe aus. Insgesamt wurden von verschiedenen Bahngesellschaften im In- und Ausland knapp 4000 Loks von diesem Typ in Dienst gestellt. Nach 1945 waren in den vier Besat-

Saisoneröffnung im Süddeutschen Eisenbahnmuseum Heilbronn.

Zu Gast war 2010 die Dampflok 41 018 aus Augsburg.

des Nürnberger DB-Museums haben in Heilbronn eine neue Bleibe gefunden und werden, zumindest optisch, aufgearbeitet: 23 105, die letztgebaute Dampflok der DB von 1959, und die Nebenbahnlok 86 457. Diese wurde 1942 bei der Deutschen Waffen- und Munitionsfabrik Posen gebaut. Solange die 64 289 nicht betriebsfähig ist, steht auch die erste Lok der Eisenbahnfreunde Zollernbahn in Heilbronn (siehe Seite 239). Eine schwere Güterzugdampflokomotive ist die 44 1378, die schön restauriert die großen Güterzugmaschinen der Bahn vertritt. Eine kleine Einheits-Rangierlok ist mit 80 014 im Museum vorhanden. Etwas ganz Besonderes ist die Lok 888. Sie ist eine württembergische T 3 und gehört zu den letzten noch erhaltenen Dampfloks der Königlich Württembergischen Staats-Eisenbahnen. Sie war als erste Museumsbahndampflok in Baden-Württemberg Ende der 60er-Jahre für die Euro-Vapor im Einsatz (siehe Seite 280). Noch nicht so lange ist die Rangierlok E 163 008 im Museum. Die elektrischen Verschubloks der Baureihe E 63 wurden bis 1978 im Rangierdienst auf verschiedenen Bahnhöfen eingesetzt. Die Rangierlok gehört dem DB-Museum Nürnberg und wurde ursprünglich von der BSW-Gruppe Garmisch-Partenkirchen betreut. Über den Bahnpark Augsburg kam sie nach Heilbronn. In Stuttgart

zungszonen noch knapp 2000 Stück vorhanden. Bei der Deutschen Bundesbahn wurde die letzte Lok 1974 ausgemustert. Die 1921 erbaute Maschine war ab 1926 bei der rumänischen Staatsbahn im Einsatz und wurde mit viel Aufwand aus einem Lok-Torso wieder in eine Dampflok zurückverwandelt. 2005 wurde bei Schweißarbeiten im Bahnbetriebswerk Nürnberg ein Brand ausgelöst. Zahlreiche Fahrzeuge des DB-Museums Nürnberg wurden bei diesem Großfeuer zerstört. Ein Teil der schwer beschädigten Fahrzeuge konnte an andere Museen abgegeben werden. Zwei der Brandopfer

ist von der gleichen Baureihe noch die 163 001 als Denkmal vorhanden im Bahnpark Augsburg steht die E 63 05 (siehe Seite 270). Im letzten Betriebszustand in verkehrsroter Lackierung und DB Cargo-Beschriftung befindet sich in Heilbronn die 150 186-5. Diese schwere E-Lok war bis 2003 bei der Deutschen Bahn im Einsatz. Nur zwei Maschinen wurden der Nachwelt erhalten. Die Dieseltraktion ist ebenfalls mit mehreren interessanten Fahrzeugen, wie einer V 200 oder einer Rangierlok der Baureihe V 60, in Heilbronn vertreten.

Die letzgebaute Dampflok der Deutschen Bundesbahn steht in Heilbronn.

VERANSTALTUNGEN

Größere Veranstaltungen sind im Mai die Dampftage und im September das Dampflokfest, das mit einem Modellbahntreffen der Spur 1 kombiniert wird. Der betriebsfähige Dampfzug des Museums ist zusätzlich noch an vielen Wochenenden auf unterschiedlichen Strecken in der näheren Umgebung unterwegs. Ihn trifft man bei Bahnhofsfesten oder Veranstaltungen befreundeter Vereine.

Anreise

Heilbronn liegt zentral und ist von allen Landesteilen mit Nahverkehrszügen erreichbar. Von Richtung Karlsruhe und Eppingen kommt man mit der S 4 nach Böckingen-Sonnenbrunnen, dem Zielbahnhof für den Besuch des Süddeutschen Eisenbahnmuseums. Achtung: Der Haltepunkt ist ein Bedarfshalt. Wer aussteigen möchte, sollte rechtzeitig die Haltewunschtaste betätigen. In Böckingen-Sonnenbrunnen halten keine Eilzüge. Die S 4 ist auch von Heilbronn Hbf. aus zur Anreise zu empfehlen. Die Züge in Richtung Karlsruhe verkehren am Bahnhofsvorplatz von Heilbronn Hbf.

Öffnungszeiten

Das Museum hat von Anfang März bis Ende Oktober an Samstagen, Sonn- und Feiertagen von 10–18 Uhr geöffnet.

Kontakt

Süddeutsches Eisenbahnmuseum Heilbronn, Leonhardstraße 15, 74080 Heilbronn, Tel. 0 71 31/3 90 74 34, E-Mail: museum@seh-sueddeutsches-eisenbahnmuseum-heilbronn.de, www.eisenbahnmuseum-heilbronn.de.

Relikte vergangener Zeiten

Im stillgelegten Bahnbetriebswerk Tuttlingen befindet sich heute das Deutsche Dampflok- und Modelleisenbahnmuseum. Den Besucher erwartet dort eine ganz andere Art der Präsentation historischer Fahrzeuge als gewöhnlich in einem Museum: Auf dem ehemaligen Bahnbetriebswerksgelände bei Tuttlingen können seit 1994 26 alte Dampflokomotiven besichtigt werden. Einige der letzten bei der Bundesbahn unter Dampf gefahrenen Lokomotiven befinden sich im Lokschuppen des BW. Bis heute befindet sich die Sammlung und das Bahnbetriebswerk in privater Trägerschaft. Die Modellbahnabteilung ist noch im Aufbau und kann zur Zeit nicht besichtigt werden.

GESCHICHTE

Tuttlingen lag über Jahrhunderte sehr verkehrsgünstig an der so genannten Schweizer Poststraße, einer wichtigen Nord-Süd-Straßenverbindung, die von Stuttgart an die Schweizer Grenze bei Schaffhausen führte. Mit dem Bau der Württembergischen Hauptbahn Heilbronn–Bad Cannstatt–Ulm–Friedrichshafen 1844 bis 1850 verlor die Schweizer Poststraße aber ihre Bedeutung und Tuttlingen seine verkehrsgünstige Lage. Dies änderte sich erst, als Württemberg seine Hauptbahn durch weitere Strecken ergänzte und so auch Tuttlingen in die Reichweite des neuen Verkehrsmittels kam. Von der Hauptstrecke in Plochingen ausgehend bekam Tuttlingen über Tübingen und Rottweil 1869 erstmals Anschluss an das Eisenbahnnetz. Nach dem Ersten Weltkrieg strebte Württemberg einen Ausbau seiner Eisenbahnen an. Es war aus wirtschaftlichen Gründen daran interessiert, dass der Verkehr von Berlin in die Schweiz über sein Territorium verlief. Württemberg begann deshalb, die Eisenbahnmagistrale von Berlin über Würzburg, Stuttgart und Tuttlingen nach Zürich auszubauen. 1927 konnten in einem Vertrag mit der Deutschen Reichsbahn zahlreiche Ausbaumaßnahmen beschlossen werden, die unter anderem zum Bau eines neuen Tuttlinger Bahnhofs führten. Von Tuttlingen sollte für die Beschleunigung der Verkehre eine eingleisige, acht Kilometer lange Verbindungskurve nach Hattingen an die Schwarzwaldbahn gebaut werden, so dass für den Verkehr von Stuttgart in die Schweiz der Umweg über Immendingen entfiel. Der neue Bahnhof mit seinem Bahnbetriebswerk und der neuen Strecke nach Hattingen konnte 1933 eingeweiht werden. Der Bahnhof verfügte damals über acht Gleise, zusätzliche Ladegleise, einen Lokschuppen, eine Güterabfertigungshalle sowie eine Drehscheibe. Von Anfang an waren die Bahnanlagen überdimensioniert,

In langen Reihen stehen über 20 Dampfloks auf dem Gelände des Eisenbahnmuseums.

da das erhoffte Verkehrsaufkommen nie eintraf. Daher gab es in der Zeit nach dem Zweiten Weltkrieg bereits zahlreiche Rückbauten des jungen Bahnhofs, der eigentlich hätte sogar noch vergrößert werden sollen. Das Bahnbetriebswerk Tuttlingen verlor spätestens mit der Elektrifizierung der Gäubahn 1977 an Bedeutung. Im Jahr 1992 verkaufte die Deutsche Bundesbahn das Güterbahnhofsgelände an die Stadt Tuttlingen sowie das Lokschuppen-Areal an eine Familie. Der Bahnhof Tuttlingen wird heute dank moderner Technik von Karlsruhe aus ferngesteuert, so dass die alten Stellwerksgebäude inzwi-

Dampflok 50 2838 steht geschützt im Lokschuppen.

schen ohne Funktion sind und vor kurzem abgerissen wurden.

MUSEUM

Das direkt an der Donau gelegene Bahnbetriebswerk mit all seinen Originaleinrichtungen kann zusammen mit dem Verwaltungsgebäude, dem siebenständigen Ringlokschuppen, einer voll funktionsfähigen 21-Meter-Drehscheibe sowie den erhaltenen Bekohlungsanlagen besichtigt werden. Auf dem 4 Hektar großen Freigelände sind 26 Dampflokomotiven, mehrere Diesellokomotiven, Personen-, Schlaf- und Güterwagen sowie zahlreiche weitere Exponate aus der Eisenbahn-Geschichte, insbesondere aus der Dampflok-Ära, ausgestellt und für die Besucher zugänglich. Die Fahrzeuge befinden sich in einem unrestaurierten Zustand. Bei den im Außengelände abgestellten Fahrzeugen befinden sich auch so genannte „Dampfspender" aus der ehemaligen DDR. Dort wurden im Eisenbahnbetrieb nicht mehr benötigte Fahrzeuge zum Vorheizen von Reisezugwagen (mittels Dampfheizung) oder zur Dampferzeugung in der Industrie oder für Krankenhäuser mit Dampfheizungen weiterverwendet. Oftmals verloren diese Maschinen fast alle ihre für den Eisenbahnbetrieb benötigten Teile wie Zylinder, Stangen, elektrische Ausrüstung. Die vorhandene 21-Meter-Drehscheibe ist voll funk-

Gespenstisch wirken die alten Dampfrösser auf den Besucher des Eisenbahn-museums.

tionsfähig, während der Lokschuppen und das Verwaltungsgebäude Schritt für Schritt renoviert werden. Die im Lokschuppen vorhandenen Loks sind Raritäten, deren Aufar-beitung sicher lohnenswert wäre. An erster Stelle sei hier nur die Tender-dampflok 78 192 genannt, welche sogar zeitweise in Tuttlingen behei-matet war.

Anreise

Zielbahnhof ist der Knotenbahnhof Tuttlingen. Direkte Züge von Stuttgart und Ulm erreichen im Taktverkehr den Bahnhof. Der Ringzug sorgt für einen guten Nahverkehr in der Region. An Sonn- und Feiertagen hält auch der Naturpark-Express (siehe Seite 88) im Bahnhof Tuttlingen. Vom Bahnhof Tuttlingen sind es rund 20 Minuten Fußweg zum Bahnbetriebswerk. Man verlässt den Bahnhof durch die Unter-führung und den Nordausgang (dort wo kein Bahnhofsgebäude ist) und begibt sich zur Donau. Man folgt dem Weg neben der Donau flussaufwärts bis zum Eingang des Museums.

Öffnungszeiten

Die Saison geht jährlich von 1. Mai bis 3. Oktober. Geöffnet ist sonn- und fei-ertags von 10–17 Uhr. Gruppenführun-gen sind ganzjährig nach Vereinbarung möglich, ebenso wie Fototermine, z. B. für Hochzeiten. Auf dem Bahngelän-de befindet sich eine Grillstelle, die im Anschluss an eine Besichtigung genutzt werden kann.

Kontakt

Deutsches Dampflok- und Modell-eisenbahnmuseum Bahnbetriebs-werk Tuttlingen, 78532 Tuttlingen, Tel. 0 74 61/9 11 68 27, E-Mail: info@ bahnbetriebswerk-tuttlingen.de.

Elektrisch mit dem Sonntagswagen

Nur vier Kilometer lang ist die Strecke der Trossinger Eisenbahn. Eigentlich wäre die Anschlussbahn der Stadt Trossingen zum Staatsbahnhof Trossingen an der Strecke Rottweil–Schwenningen–Villingen nichts Besonderes, wäre die Strecke nicht schon 1898 als elektrische Eisenbahn gebaut worden.

GESCHICHTE

Die Bahnstrecke zwischen dem württembergischen Rottweil und dem badischen Villingen wurde bereits 1869 eröffnet. An dieser Strecke erhielt Trossingen einen Bahnhof, der allerdings vier Kilometer weit vom Ort Trossingen entfernt lag. Die örtlichen Fuhrunternehmer konnten die gestiegenen Transporte zum Bahnhof nicht mehr bewältigen, weshalb in Trossingen 1897 von 15 weitsichtigen Menschen die „Aktiengesellschaft Elektrizitätswerk und Verbindungsbahn Trossingen" gegründet wurde. Der Baubeginn der Strecke erfolgte schnell, noch vor Erteilung der Konzession zum Bau und Betrieb der Strecke durch König Wilhelm II. Bereits 1898 fuhr der erste elektrische Zug vom Staatsbahnhof Trossingen nach Trossingen-Stadt. Aufgrund der großen Steigung, die überwunden werden musste, entschloss man sich von Anfang an, die Bahn elektrisch mit 600 V Gleichspannung zu betreiben. Damit ist die Trossinger Eisenbahn ein Pionier des elektrischen Bahnbetriebs. Der kurzen Strecke sollte ein langes Leben beschieden sein. Erst 2003, nach über 105 Betriebsjahren, wurde der Betrieb von der Hohenzollerischen Landesbahn AG (HzL) mit modernen Dieseltriebwagen des Typs Regio-Shuttle im Zuge der Einführung des 3er-Ringzuges übernommen. Die Bahnstrecke sowie die historischen Elektrofahrzeuge befinden sich nach wie vor im Eigentum der Stadtwerke Trossingen GmbH. Für den Ringzugbetrieb werden die Gleise, Signalanlagen sowie der Ringzugbahnsteig in Trossingen-Stadt der HzL zur Verfügung gestellt.

FAHRZEUGE

Alle Fahrzeuge der Trossinger Eisenbahn sind Unikate. Sie wurden speziell für die Trossinger Eisenbahn erbaut. Der Großteil der Fahrzeuge ist sogar bis heute einsatzfähig.

Von 1898, und damit die ersten Fahrzeuge der Bahn, sind der Triebwagen T1 und der Beiwagen B2. Sie wurden 1990 wieder in den Auslieferungszustand von 1898 zurückversetzt.

E-Lok EL4 „Lina" wurde für den stark angestiegenen Güterverkehr 1902 direkt an die Trossinger Eisenbahn geliefert. Die Maschine wurde 1967 außer Dienst gestellt und 1990 zusammen mit dem Triebwagen T1 und dem Beiwagen B3 wieder in den fahrbereiten Ursprungszustand zurückversetzt.

Mit diesen drei Fahrzeugen besitzt die Trossinger Eisenbahn den ältesten betriebsbereiten Elektrozug der Welt!

Sehr bequem fährt man im Triebwagen T3, der deshalb auch Sonntagswagen genannt wird.

Blick ins Eisenbahnmuseum, das in den ehemaligen Betriebsgebäuden der Bahn eingerichtet wurde.

Vierzig Jahre nach der Eröffnung der Bahn kam mit dem Triebwagen T3, der auch Sonntagswagen genannt wird, ein neues Fahrzeug nach Trossingen. Der bei der Esslinger Maschinenfabrik gebaute vierachsige Wagen war mit vier unterschiedlichen Bremssystemen und Totmannschaltung zur Überwachung des Triebfahrzeugführers damals technisch auf dem modernsten Stand. Mit 60 Sitzplätzen und 34,6 Tonnen Gesamtgewicht ist der T3 das größte und stärkste Fahrzeug bei der Trossinger Eisenbahn.

Ebenfalls in der Maschinenfabrik Esslingen wurde 1956 der Triebwagen T5 gebaut. Der Triebwagen T5 wurde 1986 nach mehr als 30 Jahren Einsatzzeit bei der Maschinenfabrik Rastatt komplett überholt und wird heute noch gerne wegen seiner tollen Rundumsicht zu Sonderfahrten eingesetzt.

Zum 70. Geburtstag 1968 gab es nochmals einen weiteren Neubautriebwagen. Der Triebwagen T6 war gleichzeitig aber auch die letzte Fahrzeugbeschaffung der Trossinger Eisenbahn. Bei den Fahrgästen war der Wagen durch seine moderne Federung berühmt-berüchtigt. Hüpfend wie ein Känguru pendelte der Triebwagen 34 jahrelang zwischen den beiden Trossinger Bahnhöfen hin und her.

MUSEUM

Das Museum der Trossinger Eisenbahn befindet sich in den ehemaligen

Betriebsräumen der Eisenbahngesellschaft. Dort sind die historischen Fahrzeuge witterungsgeschützt abgestellt, die man während den Öffnungszeiten ausgiebig besichtigen und auch betreten kann. In den original erhaltenen Fahrgasträumen lässt sich der Reisekomfort der jeweiligen Epoche nachvollziehen. Die Gepäckabteile und die Führerstände der unterschiedlichen Fahrzeuge zeigen den Arbeitsplatz und die Arbeitsbedingungen der damaligen Bahnbediensteten. Neben den Fahrzeugen beschäftigt sich das Museum mit dem Gleisbau.

Eine Ausstellung zeigt den Museumsbesuchern, dass beim „Trossinger Bähnle" alle Maschinen, Werkzeuge und Einrichtungen vorhanden waren, die für einen sicheren, zuverlässigen und pünktlichen Personen- und Güterverkehr benötigt werden. Weiter sind in diesem liebevoll und professionell eingerichteten Museum viele Unterlagen, Einrichtungen und Werkzeuge aus der Zeit der Trossinger Eisenbahn zu besichtigen.

VERANSTALTUNGEN

Mehrmals im Jahr sind die historischen Elektrofahrzeuge auch wieder auf ihrer einstigen Strecke als Sonderzüge unterwegs. Die exakten Einsatztage finden sich auf der Homepage des Freundeskreises der Trossinger Eisenbahn. Auf Wunsch und gegen eine kleine Spende wird das Museum auch außerhalb der regulären Öffnungszeiten für eisenbahnorientierte Besucher geöffnet.

Anreise
Die Anreise mit der Bahn ist sehr bequem. Das Museum befindet sich direkt am Bahnhof Trossingen-Stadt. Die Ringzüge der Hohenzollerischen Landesbahn (HzL) fahren den Bahnhof Trossingen-Stadt etwa 50 Mal am Tag an und bieten damit optimale Anschlüsse aus Rottweil (Gäubahn Stuttgart–Singen) sowie aus Villingen-Schwenningen (Schwarzwaldbahn Karlsruhe–Konstanz). Fahrplanauskünfte gibt es unter www.bahn.de. Das Baden-Württemberg-Ticket gilt natürlich auch in den Zügen der HzL. Aus der Region ist die 3er-Verbundkarte eine preisgünstige Fahrkarte zur Anreise.

Öffnungszeiten
Das Museum in der Fahrzeughalle am Trossinger Stadtbahnhof ist jeweils von April bis Oktober an jedem ersten Sonntag im Monat von 14 bis 17 Uhr geöffnet.

Kontakt
Freundeskreis der Trossinger Eisenbahn, Bahnhofstraße 9, 78647 Trossingen, Tel. 0 74 25 / 94 02-36 (evtl. Anrufbeantworter, es wird gerne zurückgerufen), Tel. 0 74 25 / 94 02-37 (nur während den Öffnungszeiten des Museums), E-Mail: info@trossinger-eisenbahn.de, www.trossinger-eisenbahn.de.

Ein wahres Schmuckstück

Am Rande der Schwäbischen Alb im Echaztal, unterhalb von Schloss Lichtenstein, liegt der restaurierte Bahnhof Honau (Württ.). In den letzten Jahren hat sich der Bahnhof dank des Fördervereins in ein wahres Schmuckstück verwandelt.

GESCHICHTE

Honau wäre der Endbahnhof der Echazbahn Reutlingen–Honau, einer normalen Nebenbahn am Rande der Schwäbischen Alb gewesen, wäre da nicht die Fortsetzung der Bahnstrecke über die Honauer Steige, die mit Zahnradbetrieb eine technische Herausforderung für Mensch und Maschine war. Auf der Albhochfläche wurde die Bahnstrecke über Kleinengstingen und Münsingen nach Schelklingen wieder normal als Adhäsionsbahn weitergeführt. Schon 1962 wurde der Zahnradbetrieb von Dampfbetrieb auf moderne Schienenbusse mit Zahnrad umgestellt. Leider konnte auch die „Verdieselung" das Ende der Zahnradbahn und später auch der Talbahn nicht verhindern. Mit dem etappenweisen Rückzug der Bahn wurde es auch in Honau still. Im November 2001 beschloss die Gemeinde Lichtenstein, den alten, einsturzgefährdeten Bahnhof abreißen zu lassen. Dank der schnellen Reaktion einiger Idealisten vor Ort konnte ein Projektplan zur Rettung dieses Kleinods vorgelegt und da-

Vom Verkehrsmuseum Dresden stammt dieser württembergische Personenwagen, der noch aufgearbeitet wird.

mit der Abbruch verhindert werden. Der Bahnhof Honau gehört zu den Vorläuferbauten (Prototypen) der württembergischen Einheitsbahnhöfe (siehe Seite 236). Aus einer Ruine wurde in den letzten Jahren ein stattliches Gebäude, das bestens restauriert ein Schmuckstück für die Region darstellt. Als Ergänzung zum Gebäude fanden sich zwei historische Personenwagen ein, die noch auf die Restauration warten. Die einstige Zahnraddampflok soll künftig auf der Flachstrecke der Echazbahn zwischen Schelklingen und Kleinengstingen (siehe Seite 70) verkehren. Vielleicht erreicht die Lok in ferner Zukunft mal wieder ihren Bahnhof Honau – noch fehlt dazu aber die Zahnradbahn. Über die Reaktivierung der Talstrecke Reutlingen–Honau wird im Rahmen des Projekts Stadtbahn Neckar-Alb bereits laut nachgedacht.

VERANSTALTUNGEN

Lichtensteiner Weihnachtsmarkt im Dezember, Bahnhofsfest mit großem „Bauramarkt" im Juni.

Anreise

Mit dem Bus bis zur Haltestelle „Unterhausen Bahnhofstraße, Lichtenstein (Württ.)", von dort sind es nur noch wenige Meter zu Fuß bis zum Gebäude.

Von Reutlingen bietet sich an, mit dem Fahrrad durch das Echaztal nach Honau zu fahren. An den Wochenenden in den Sommermonaten besteht auch von Kleinengstingen, dem Endbahnhof der Schwäbischen Alb-Bahn, die Möglichkeit einer Anreise mit dem Fahrrad.

Öffnungszeiten

Der Bahnhof Honau wird noch renoviert. Daher kann das Gebäude zur Zeit nur von außen besichtigt werden. Einmal im Monat gibt es einen Vereinsstammtisch, bei dem auch Gäste willkommen sind.

Kontakt

Förderverein Bahnhof Honau, c/o Klaus Beck, Nebelhöhlestraße 19, 72805 Lichtenstein (Württ.), Tel. o 71 29/53 79, www.bahnhof-honau.de.

Der württembergische Einheitsbahnhof

In Baden-Württemberg gibt es insgesamt sieben Freilichtmuseen. Sie sind durchaus mit Museumsbahnen vergleichbar, denn sie zeigen keine „tote Materie", sondern helfen, die alte Zeit lebendig darzustellen. Ein Grund, das Freilichtmuseum Wackershofen in einem Eisenbahnnostalgieführer aufzunehmen? Sicher nicht. Aber gerade Wackershofen hat ein Gebäude in seinem Bestand, der das Eisenbahnwesen in Württemberg ganz speziell geprägt hat und auch noch bis heute prägt: Den württembergischen Einheitsbahnhof!

DER EINHEITSBAHNHOF

Die Schwaben sind für ihre Sparsamkeit bekannt; warum sollte dies nicht auch für die Königlich Württembergische Staatseisenbahn gelten? Anstatt für jeden Bahnhof einen komplett neuen Bauplan zu entwerfen, bediente man sich eines Einheitsbahnhofs, mit dem die Nebenbahnen ausgestattet werden konnten. Von 1892 bis 1911 ent-standen landesweit 59 Bauten in drei verschiedenen Varianten. Da die Mittel des Staats für den Streckenbau begrenzt waren und er die finanzielle Unterstützung der meist wenig begüterten Anliegergemeinden einforderte, galt das Gebot der Sparsamkeit unter anderem auch für die Bahnhofsbauten. Die im Oktober 1892 eröffnete Strecke Waldenburg–Künzelsau war die erste Strecke mit

Einheitsbahnhöfen. Im Gegensatz zu den Vorläuferbauten der Strecke Reutlingen–Honau (siehe Seite 71) waren die Einheitsbahnhöfe schlichter gestaltet. So entfiel beispielsweise das Krüppelwalmdach zugunsten eines Satteldachs. Nachdem das Bahnhofsgebäude von Kupferzell an der Kochertalbahn, bei dem es sich wahrscheinlich um den ersten Einheitsbahnhof überhaupt handelt, nicht mehr benötigt wurde, hat man es 1989/90 in das Hohenloher Freilandmuseum Wackershofen transloziert. Insgesamt wurden vier verschiedene Gebäudetypen erbaut, die Gebäude der nachfolgend grau aufgelisteten Orte wurden zwischenzeitlich abgerissen:

Typ 1:

Haag, Hof und Lembach, Kleinbottwar, Murr.

Typ 2a:

Äpfingen, Auenstein, Bad Ditzenbach, Dettingen, Ebhausen, Frauenzimmern-Cleebronn, Friedrichstal, Gomadingen, Hausen (Fils), Hütten, Kleinengstingen, Kohlstetten, Kupferzell, Leonbronn, Ludwigsruhe, Maselheim, Mehrstetten, Meimsheim, Mühlhausen-Gruibingen, Nenningen, Oberstenfeld, Pfaffenhofen (Württ.), Raboldshausen, Reinstetten, Steinheim (Murr), Talheim, Unterlenningen und Zaberfeld.

Typ 2b:

Bad Überkingen, Deggingen, Geislingen-Altenstadt und Rudersberg.

Der Bahnhof Kupferzell ist auch von innen zu besichtigen; hier die Küche mit dem alten Spültisch.

Das Wohnzimmer des Bahnhofs-vorstehers.

Typ 3a:

Bad Buchau, Baiersbronn, Beilstein, Brackenheim, Gerabronn, Großbott-war, Güglingen, Heilbronn-Sont-heim, Ilsfeld, Langenburg, Marbach (Lauter), Münsingen, Ochsenhau-sen, Oberlenningen, Owen (Teck) und Stuttgart-Münster.

Typ 3b:

Donzdorf, Freudenstadt-Stadt, Klosterreichenbach, Weißenstein (Württ.), Welzheim und Wiesen-steig.

Die charakteristischen Bauten sind bei württembergischen Neben-bahnen nicht wegzudenken. Auch bei drei Museumsbahnen finden sich heute noch württembergische Einheitsbahnhöfe. An der Echaztal-bahn Schelklingen–Kleinengstingen (siehe Seite 70), an der Öchsle-Mu-seumsbahn Warthausen–Ochsen-hausen (siehe Seite 124) und an der Wieslauftalbahn Schorndorf–Rudersberg–Welzheim (siehe Seite 64) finden sich diese prägenden Bauten. Neben den großen Gebäu-den gibt es württembergische Ein-heitsbahnhöfe auch für die Modell-bahn in den Spurweiten H0, N und Z. Diese Gebäude stammen von den Firmen Faller und Kibri. Als Vorbilder dienten die Gebäude Güglingen und Dettingen (Teck).

Anreise
Der Bahnhof Wackershofen/Hohen-loher Freilandmuseum befindet sich direkt an der Haltestelle der Bahn. Die Station heißt Wackershofen/Ho-henloher Freilandmuseum. In wenigen Minuten erreicht man vom modernen Haltepunkt das Kassengebäude zu Fuß. Fahrplanauskünfte gibt es auf der Homepage der DB AG: www.bahn.de.

Öffnungszeiten
Ende März bis 30. April Di–So von 10–17 Uhr; 1. Mai bis 30. Sept. täglich von 9–18 Uhr; 1. Okt. bis Anfang November Di–So von 10–17 Uhr.

Kontakt
Hohenloher Freilandmuseum Wa-ckershofen, 74523 Schwäbisch Hall, Tel. 07 91 97/1 01-0, E-Mail: info@wackershofen.de, www.wackershofen.de.

Mit Volldampf durch Hohenzollern

Ganz klein angefangen haben auch die Eisenbahnfreunde Zollernbahn (EFZ), die seit 1973 mit Sonderzügen rund um die Zollernalb in Erscheinung treten. Ihre Einsatzstelle ist seit ein paar Jahren das ehemalige Bahnbetriebswerk Rottweil an der Gäubahn Stuttgart–Singen.

GESCHICHTE

1973 wurde der Verein Eisenbahnfreunde Zollernbahn in Balingen gegründet. Benannt wurde er nach der Bahnstrecke Tübingen–Sigmaringen. Die erste eigene Sonderfahrt wurde 1973 mit einer preußischen P 8, die damals noch als Baureihe 38 in Diensten der Deutschen Bundesbahn stand, durchgeführt. Schon 1975 kam der erste eigene Waggon, ein Gesellschaftswagen, und die Tenderdampflok 64 289 zum Verein. Schwieriger wurde es für den Verein ab 1977: Am 26. Oktober 1977 ende-te der Einsatz von Dampflokomotiven bei der Deutschen Bundesbahn. Um dieses Ereignis zu manifestieren, erließ die technische Aufsicht der Bundesbahn das „Dampflokverbot". Damit war dem Einsatz von Dampfloks auf den Gleisen der Deutschen Bundesbahn ein Ende gesetzt. Auch Nostalgiefahrten wurden, um die DB als fortschrittliches Unternehmen zu präsentieren, untersagt. Glück hatten die Eisenbahnfreunde Zollernbahn, dass sie im Gegensatz zu anderen Eisenbahnvereinen direkt in nächster Umgebung die Hohenzollerische Landesbahn hatten. Die Bahngesellschaft betreibt bis heute nicht nur eine Stichstrecke, wie viele andere nichtbundeseigene Eisenbahngesellschaften, sondern gleich ein kleines Netz an Strecken. Damit ergaben sich für die EFZ ideale Bedingungen zum Einsatz ihrer Dampfloks. Aber auch gelegentliche Einsätze auf den Gleisen der Württembergischen Eisenbahngesellschaft, wie zum Beispiel auf der Oberen und Unteren Kochertalbahn, die heute beide abgebaut sind, erfolgten in den nachfolgenden Jahren. Daraus entstand übrigens der Verein DBK Historische Bahn, der heute seinen Sitz in Crailsheim hat (siehe Seite 242).

1982 begannen die EFZ einen regelmäßigen Museumszugbetrieb auf der Strecke von Kleinengstingen nach Gammertingen und 1984 auch zwischen Hechingen und Eyach. Seit 1993 fahren die Maschinen der Eisenbahnfreunde Zollernbahn auch wieder auf Staatsbahngleisen. Seitdem gibt es Fahrten im gesamten südwestdeutschen Raum und darüber hinaus. Heute haben die EFZ ihren Sitz in Rottweil an der Gäubahn. Sie bieten hauptsächlich Pendelfahrten und Tagesfahrten in Baden-Württemberg an. Zu den Eisenbahnfreunden Zollernbahn gehört außerdem die NeSA Eisenbahn-Betriebsgesellschaft Neckar-Schwarzwald-Alb-mbH. Diese Firma

wurde gegründet, um selbstständig auf dem Bahnnetz agieren zu können. Die NeSa erbringt zudem kommerziell Leistungen im Bauzugsektor für andere Eisenbahnverkehrsunternehmen, hauptsächlich mit ihren beiden roten Dieselloks, der V 100 1041 und V 100 2335.

FAHRZEUGE

Das schnellste Fahrzeug der Eisenbahnfreunde Zollernbahn ist die in der DDR rekonstruierte (d. h. modernisierte) Schnellzugdampflok 01 519, die aktuell nicht betriebsfähig ist. Währenddessen ist die zuletzt in Österreich eingesetzte Kriegslok 52 7596 betriebsfähig und übernimmt die Bespannung sämtlicher Sonderzüge, die in ganz Süddeutschland unterwegs sind. Die Güterzugdampflok 50 245 ist abgestellt und nicht betriebsfähig, auch die erste Lok des Vereins, 64 289, steht abgestellt im Süddeutschen Eisenbahnmuseum Heilbronn (siehe Seite 222). Seit 2003 gehört auch der Uerdinger Schienenbus 796 625 zum betriebsfähigen Bestand. Der Schienenbus wird zu Tagesfahrten, meist ab Rottweil, eingesetzt. Außerdem gehören zahlreiche Wagen zu den EFZ, vor allem zweiachsige Plattformwagen sowie Eil- und Schnellzugwagen der 30er-Jahre, die größtenteils von der Österreichischen Bundesbahn stammen. Sie sind alle nicht betriebsfähig abgestellt. Betriebsfähig sind die sechs 2005 von der Luxemburgischen Staatsbahn übernommenen Wagen des Typs Bn sowie der Speisewagen WRg 45 029. Die Waggons aus Luxemburg sind größtenteils baugleich mit den bekannten deutschen Silberlingen. Sehr innovativ war der Umbau der Dampflok 52 8055. Die Lok, seit 1992 im Besitz der EFZ, musste 1995 wegen Ablaufen der Fahrwerksfrist abgestellt werden. An eine Aufarbeitung war zunächst nicht gedacht; sie sollte als Ersatzteilspender für die anderen Loks Verwendung finden. Im Laufe des Jahres 1996 suchte die Schweizer Lokfabrik Winterthur (SLM) eine moderne Dampflok mit Verbrennungskammerkessel, um sie einer umfangreichen Modernisierung zu unterziehen. Die 52 8055 wurde für dieses Projekt auserkoren. Seit der Modernisierung ist sie die modernste Dampflok Europas und wirtschaftlich durchaus mit dem Einsatz von Diesellokomotiven zu vergleichen.

Leider erhielt die nun mit Leichtöl gefeuerte Maschine keine Zulassung in Deutschland und wurde daher 2003 an die Dampflokomotiv- und Maschinenfabrik DLM AG in Räterschen bei Winterthur verkauft. Die DLM setzt die Maschine für Sonderfahrten und für die Weiterentwicklung der Dampftechnik ein.

VERANSTALTUNGEN

Der 1978 erstmals organisierte „Drei-Königs-Dampf", jeweils um den 6. Januar jeden Jahres, ist der Höhepunkt der Vereinsveranstaltungen.

Im gesamten süddeutschen Raum gibt es Sonderfahrten mit eigenen und gemieteten Fahrzeugen. Bekannt sind auch die im Auftrag der Kurverwaltung Triberg durchgeführten Tunnelfahrten auf der Schwarzwaldbahn (siehe Seite 138). Mindestens einmal im Jahr gibt es einen Tag der offenen Tür im Bahnbetriebswerk Rottweil, dem Sitz der Vereinigung.

Anreise

Die Züge der Eisenbahnfreunde Zollernbahn verkehren immer von den normalen Personenbahnhöfen der DB bzw. der jeweiligen Eisenbahngesellschaften und sind daher immer gut per Bahn erreichbar. Das Bahnbetriebswerk Rottweil ist mit direkten Zügen aus Singen über Tuttlingen und mit Direktzügen aus Stuttgart über Böblingen, Herrenberg und Horb erreichbar.

Kontakt

Eisenbahnfreunde Zollernbahn, Bahnhof 10/1, 78628 Rottweil, Tel. 07 41/17 47 08 18, E-Mail: kontakt@efz-ev.de, www.eisenbahnfreunde-zollernbahn.de.

Eisenbahnnostalgie erleben

Haupteinsatzgebiet der DBK Historische Bahn ist die Strecke Schorn-dorf–Welzheim (siehe Seite 64). Von 1976 an war die Arbeitsgruppe der Eisenbahnfreunde Zollernbahn (siehe Seite 239) in Gaildorf tätig. 1985 entstand aus ihnen der Verein Dampfbahn Kochertal. Von 1986 bis 2003 betrieb der Verein mit seinen Fahrzeugen einen Museumsbahnverkehr auf der Nebenbahn Gaildorf–Untergröningen der Württembergischen Eisenbahngesellschaft mbH (WEG).

GESCHICHTE

Im Jahr 2000 kam es auf dieser Strecke zu einem Zusammenstoß von zwei Dieseltriebwagen des Regelverkehrs, weshalb der Personenverkehr auf eine parallele Omnibusstrecke verlegt wurde. Zwischen Gaildorf-West und Laufen gibt es seitdem nur noch Güterverkehr. 2004 wurde die Strecke ab Streckenkilometer 15 aufgrund maroder Schwellen gesperrt. 2005 stellte die WEG den vollständigen Betrieb ein. Die Strecke wurde 2006 seitens der WEG zum Verkauf ausgeschrieben, fand aber keinen Käufer. 2009 wurde daher mit dem Abbau der Schienen begonnen. Der Verein musste sich eine andere Bleibe suchen und fand im ehemaligen Bahnbetriebswerk Crailsheim eine geeignete Unterkunft. Heute zählt der Verein, der sich seit 1999 DBK Historische Bahn nennt, rund 100 Mitglieder.

EXPONATE

Die DBK Historische Bahn versucht seit ihrer Gründung gezielt Fahrzeuge der Maschinenfabrik Esslingen in ihre Sammlung einzureihen. Der Bestand umfasst bislang vier Dampflokomotiven:

Die Güterzugschlepptenderlok 50 3545 wurde 1996 vom Verein erworben. Sie wurde 1942 in der Maschinenfabrik Esslingen (ME) gebaut. Bei der Reichsbahn in der ehemaligen DDR wurde die Lok komplett modernisiert. In Fachkreisen werden diese Maschinen auch Reko-Loks genannt. Der Begriff Rekonstruktion wurde in der DDR für Erneuerung im Sinne von Sanierung verwendet. Im Dezember 2005 erlitt die Lok aufgrund eines Wasserschlages einen schweren Triebwerkschaden und ist seither in Crailsheim konserviert abgestellt. Die Wiederinbetriebnahme ist geplant.

Auch die Kriegsdampflok 52 8077 wurde in der DDR zu einer Reko-Lok umgebaut. Sie ist die letzte komplett erhaltene Lokomotive dieser Baureihe der Maschinenfabrik Esslingen und ist ebenfalls in Crailsheim in der Halle eines Industriebetriebes konserviert abgestellt.

Die älteste Dampflok im Verein ist die Tenderlok 64 419. Sie wurde 1937 in Esslingen gebaut. 520 Exemplare gab es von dieser Baureihe. Sie war die typische Nebenbahnlok in Baden-Württemberg. Als letzte Lokomotive ihrer Baureihe wurde die Crailsheimer Lokomotive 1974 ausgemustert. Die Dampflokomotive 64 419 wurde nach ihrer Ausmusterung von einem Crailsheimer Unternehmer erworben. Das Ziel, die Lokomotive als Denkmal in Crailsheim aufzustellen, scheiterte jedoch. Die 64 419 stand noch einige Zeit im Ringlokschuppen von Crailsheim, bevor für sie eine Odyssee zu Ausstellungen und verschiedenen Abstellorten begann.

Mit ihrem Baujahr 1952 ist die Werklok 80 106 eine junge Esslinger Dampflok. Sie war auch die letzte Dampflok der ME, die für einen deutschen Privatbesteller gebaut wurde. Die Lok dokumentiert den Abschluss der Dampflokentwicklung bei der Maschinenfabrik Esslingen. Heute ist sie in einer Halle eines Industrieunternehmens in Crailsheim konserviert abgestellt.

Die Dieseltraktion ist mit drei Lokomotiven beim Verein vertreten: Die V 36 510 wurde unmittelbar nach der Dampflok 80 106 im Werk Esslingen gebaut. Sie ist keine echte V 36. Von den DBK wurde sie wegen der großen Ähnlichkeit mit dieser Nummer versehen. Auch sie ist nicht betriebsfähig. Die kleinste Lok ist die Rangierlok Kö 0186. Sie wurde 1935 gebaut. Loks dieses Typs waren an vielen Bahnhöfen zum Rangieren eingeteilt.

Ähnlich, aber doch etwas stärker, ist die Rangierlok 323 328-5, eine

Zahlreiche Sonderfahrten führen die DBK Historische Bahn zu den interessantesten Zielen im Süden Deutschlands.

Köf 2. Sie ist betriebsfähig und als Rangierlok im Einsatz. Daneben sind noch die Werklok 4 der Firma Voith aus Heidenheim und ein Esslinger Triebwagen, ehemals SWEG, Eigentum des Vereins.

Mit V 100 2084, einer Streckendiesellok der ehemaligen Deutschen Bundesbahn, steht dem Verein eine leistungsfähige Diesellok für die Unterstützung der Dampfloks zur Verfügung. Die V 100 2084 gehört dem DB Museum Nürnberg. Ein ganzer Park an Waggons fährt für die DBK Historische Bahn: 14 Personenwagen, davon zwei Eilzugwagen, fünf vierachsige Umbauwagen und sieben dreiachsige Umbauwagen. Ergänzt werden die Fahrzeuge durch acht Güterwagen, die für die Beförderung von Wasser für die Dampflok oder Fahrrädern gute Dienste leisten.

IM EINSATZ

Im Einsatz stehen die Züge des Vereins DBK Historische Bahn auf mehreren Strecken. Seit 1992 ist die Wieslauftalbahn Schorndorf–Rudersberg–Welzheim eine der Stammstrecken (siehe Seite 64). Außerdem ist der Dampfzug der DBK Historische Bahn bei anderen Bahnen zu Gast, wie zum Beispiel beim Rebenbummler rund um den Kaiserstuhl (siehe Seite 162). Zusätzlich gibt es Sonderfahrten auf den Gleisen der DB AG.

TICKETS

Die Fahrkarten für die historischen Dampfzüge der DBK Historische Bahn sind beim Schaffner im Zug bzw. am Bahnsteig erhältlich. Normale Fahrscheine der Bahn haben in den Zügen im Regelfall keine Gültigkeit.

Kontakt
DBK Historische Bahn, Geschäftsstelle, Horaffenstraße 32, 74564 Crailsheim, Tel. 07 00/32 58 01 06, www.dbk-historische-bahn.de.

Eine Dampflok als Hauptgewinn

Die Ulmer Eisenbahnfreunde gehören zu den größten Eisenbahnvereinen Baden-Württembergs. Seit Ende der 70er-Jahre sind die Dampfzüge von der Albtalbahnstrecke Ettlingen–Bad Herrenalb sowie zwischen Amstetten und Gerstetten nicht mehr wegzudenken. Hinzu kamen im Lauf der Jahre die Dampfschnellzüge ab Stuttgart und die Schmalspurbahn Amstetten–Oppingen.

GESCHICHTE

In Ulm setzte sich 1969 eine kleine Gruppe von Eisenbahnfreunden zusammen. Damals wollte der Oberbürgermeister der Stadt Ulm die Dampflok 64 001 erwerben und sie der Nachwelt als Denkmal erhalten. Für die Eisenbahnfreunde kam jedoch eine Aufstellung im Freien nicht in Frage. Lange Zeit war daher das Projekt des Lokomotivmuseums ein Thema. Dieses Museum wurde zwar nie verwirklicht, dafür wurden aber

1971 die Ulmer Eisenbahnfreunde gegründet. Der Verein konnte sofort die betriebsfähige Dampflok 98 812 übernehmen, die ein Student bei einem Preisausschreiben der Deutschen Bundesbahn gewonnen hatte. Schnell gesellte sich die Dampflok 86 346 dazu. Ergänzt wurden die beiden Loks durch drei Donnerbüchsen. Schon im Jahr 1974 ermöglichte der Einsatz von 01 173 bei den Ulmer Eisenbahnfreunden dampfbespannte Schnellzüge. Die Maschine wurde

1974 vom Deutschen Dampflokomotiv-Museum in Neuenmarkt von der Deutschen Bundesbahn erworben. Die Kesselfristen waren noch nicht abgelaufen, so dass die Ulmer Eisenbahnfreunde sie bis 1976 vor Sonderzügen einsetzen konnten. Aufgrund eines schweren Kesselschadens musste sie abgestellt werden. Sie wurde gegen die ölgefeuerte Schnellzuglok 01 1066 aus dem Besitz des Verkehrsmuseums Berlin getauscht. Heute sind übrigens wieder beide Lokomotiven in Obhut der Ulmer Eisenbahnfreunde. 01 1066 ist betriebsfähig, während 01 173 gerade betriebsfähig aufgearbeitet wird (im Eisenbahnmuseum Heilbronn, siehe Seite 222). Schwierig wurde es für den Verein anno 1977: Am 26. Oktober 1977 endete der Einsatz von Dampflokomotiven bei der Deutschen Bundesbahn. Um dieses Ereignis zu manifestieren, erließ die technische Aufsicht der Bundesbahn das „Dampflokverbot". Damit war dem Einsatz von Dampfloks auf den Gleisen der Deutschen Bundesbahn ein Ende gesetzt. Auch Nostalgiefahrten wurden, um die DB als fortschrittliches Unternehmen zu präsentieren, untersagt. Die offizielle Begründung hierfür war die angeblich fehlende Möglichkeit zum Wasserfassen für die Maschinen, aber vor allem der fehlende Brandschutzstreifen. Das streng einzuhaltende Verbot wurde

erst 1985 zum 150-jährigen Jubiläum der deutschen Eisenbahn gelockert. Die UEF mussten sich mit dem Verbot eine neue Bleibe suchen. Mit der Lokalbahn Amstetten–Gerstetten der Württembergischen Eisenbahngesellschaft (siehe Seite 40) und der Albtal-Verkehrsgesellschaft mit ihrer Strecke Ettlingen–Bad Herrenalb bei Karlsruhe (siehe Seite 180) fanden sich zwei Strecken, auf denen die Dampfzüge weiterhin eingesetzt werden durften. 1985, zum Jubiläum 150 Jahre Deutsche Eisenbahnen, war die damalige Deutsche Bundesbahn sehr froh, dass sich trotz des Dampfverbots einige Dampfloks betriebsfähig erhalten hatten. Mit der Lockerung des Dampfverbots kehrten auch die Fahrzeuge der UEF wieder auf die Staatsbahngleise zurück. 1990 konnte die Schmalspurbahn Amstetten–Oppingen (siehe Seite 46) in Betrieb genommen werden. 1997 wurde die Lokalbahn Amstetten–Gerstetten vor dem Rückbau gerettet. Durch seine Größe bedingt wurde ab 1996 nach einer Regelung gesucht, wie die einzelnen Arbeitsgruppen selbstständiger werden konnten. Im Jahr 1999 strukturierte sich der Verein neu. Der bisherige Verein ist seitdem als „Dachverein" mit den beiden direkten Sektionen Ettlingen und Alb-Bähnle tätig. Für die Lokalbahn Amstetten–Gerstetten und die historischen Dampfschnellzüge wurden indirekte Sektionen ge-

Der Star der UEF: Die ölgefeuerte Schnellzuglok 01 1066.

gründet, die rechtlich selbstständige Vereine sind. Die indirekten Sektionen sind Eigentümer der Fahrzeuge; die Fahrzeuge der direkten Sektionen gehören dem Hauptverein. 2008 wurde die ostdeutsche Dampflok 01 509 an die Preßnitztalbahn in Sachsen verkauft.

SEKTIONEN

Die Ulmer Eisenbahnfreunde haben sich in vier Sektionen organisiert. Zwei Sektionen unterstehen direkt dem Dachverein, zwei Sektionen sind selbstständige Vereine.

UEF-Sektion Alb-Bähnle

Die Sektion Schmalspurbahn betreibt die Schmalspurbahn Amstetten–Oppingen. Eingesetzt werden die Dampflok 99 7203 und die Diesellok D8. Rund sechs Kilometer lang ist das Reststück der einst bis Nellingen führenden Nebenbahn, die seit 1990 als Museumsbahn in Betrieb ist (siehe Seite 46).

UEF-Lokalbahn Amstetten–Gerstetten

Auf der vereinseigenen Strecke Amstetten–Gerstetten verkehren seit 1982 Dampfzüge. Seit Mitte 2006 ist ergänzend der Museumstriebwagen T 06 auf der Alb im Einsatz. Gelegentlich verkehren auch Güterzüge. Die Dampflokomotive 75 1118 befördert alle Dampfzüge, da die ebenfalls auf der Lokalbahn stationierte 98 812 nicht betriebsfähig abgestellt ist. Sie ist die erste vereinseigene Dampflok der Ulmer Eisenbahnfreunde (siehe Seite 40).

UEF-Sektion Ettlingen

Im Albtal bei Karlsruhe verkehrt der historische Eilzug mit den Dampfloks 58 311 oder 50 2740. Die Wagen des Eilzuges wurden größtenteils in den 30er-Jahren gebaut und in den 50er-Jahren modernisiert. Zur Aufarbeitung ist noch 86 346 vorhanden, die mehrere Jahre in Frankreich war, dort aber nie richtig zum Einsatz kam (siehe Seite 180).

UEF Historischer Dampfschnellzug

Die Sektion unterhält die Schnellzuglok 01 1066 sowie die historischen Schnellzugwagen der 1. und 2. Wagenklasse. Die Dampflok wird im Gegensatz zu den anderen Maschinen des Vereins nicht mit Kohle, sondern mit Schweröl beheizt.

Der historische Dampfschnellzug wird durch die Schnellzugwagen der Passauer Eisenbahnfreunde verstärkt. Die Schnellzugdampflokomotiven und ein funktionsfähiger Heizwagen sind im Süddeutschen Eisenbahnmuseum Heilbronn stationiert, die Wagen in Stuttgart. Im Bahnpark Augsburg wird die nicht betriebsfähige 01 1081 als Museumsexponat aufgearbeitet. Die Sektion übernahm die 01 173 als Leihgabe. Die Lokomotive soll betriebsfähig aufgearbeitet werden.

VERANSTALTUNGEN

Neben den Planzügen auf den Stichbahnen Amstetten–Oppingen, Amstetten–Gerstetten und Ettlingen–Bad Herrenalb finden zahlreiche Sonderfahrten in ganz Europa statt. Diese werden von den einzelnen Sektionen organisiert und durchgeführt. UEF Historischer Dampfschnellzug ist in ganz Europa unterwegs, beispielsweise in Italien, Frankreich, Ungarn, Schweden und Russland (Kaliningrad), meistens jedoch in Süddeutschland. Diese Fahrten finden meist ab Stuttgart Hbf. statt, der von allen Landesteilen gut erreichbar ist.

Kontakt
UEF Historischer Dampfschnellzug, c/o Ulf Haller, Nürnberger Straße 151, 70374 Stuttgart.

Geschäftsstelle Stuttgart: Geöffnet Mo–Mi von 19–22 Uhr, Tel. 07 11/1 20 97 05, E-Mail: historischer-dampfschnellzug@t-online.de, www.uef-dampf.de.

Hauptverein
Ulmer Eisenbahnfreunde, Walter Sigloch, Distelweg 19, 73340 Amstetten, Tel. 0 73 31/71179, E-Mail: walter.sigloch@online.de.

Die Kontaktadressen der Sektionen Albbähnle, Lokalbahn und Albtalbahn findet man bei den jeweiligen Bahnen.

Bald wieder in Betrieb?

Einst gehörte die Jagsttalbahn zu den schönsten und interessantesten Museumsbahnen in Baden-Württemberg. Doch das ist lange her. 1988 wurde die Strecke aufgrund technischer Mängel gesperrt. Viele Jahre vergingen, bis sich die Südwestdeutsche Eisenbahngesellschaft (SWEG) als Eigentümerin der Strecke, die Kommunen und der Museumsbahnverein einigen konnten, was mit der Strecke passieren sollte. Bis heute ist die Finanzierung und Wiederinbetriebnahme der Bahn allerdings ungewiss.

DIE STRECKE

Die Schmalspurbahn führte einst von Möckmühl, an der Hauptbahn Stuttgart–Würzburg gelegen, immer entlang der Jagst über die Orte Ruchsen, Widdern, Olnhausen, Jagsthausen, Berlichingen, Kloster Schöntal, Bieringen, Winzenhofen, Gommersdorf, Krautheim und Klepsau nach Dörzbach. Die landschaftlich reizvolle Bahn hatte 1988 ihren letzten Betriebstag, seitdem ruht der Bahnverkehr. Die Stadt Möckmühl hat 1997 den Abschnitt zwischen Möckmühl und Widdern in einen Radweg umbauen lassen, nachdem eine Wiederinbetriebnahme in absehbarer Zeit nicht wahrscheinlich erschien. Beim Abbau der Gleise wurden auch die Eisenbahnbrücken entfernt und durch Brücken ersetzt, die für eventuelle Züge der Jagsttalbahn nicht geeignet sind. Daher ist eine Wiederinbetriebnahme des Bahnverkehrs bis Möckmühl aus heutiger Sicht wohl illusorisch. Auf der restlichen Strecke liegt, stark zugewachsen und teilweise auf kurzen Abschnitten auch unterbrochen, noch das Gleis. Die alte Bahntrasse ist bis heute als Bestandteil des Gesamtdenkmals Jagsttalbahn geschützt und unverbaut.

GESCHICHTE

1869 erreichte die normalspurige Hauptbahn vom heutigen Bahnhof Bad Friedrichshall-Jagstfeld (damals Jagstfeld) aus den Bahnhof Osterburken. Der Wunsch einer Eisenbahnverbindung entlang der Jagst blieb lange Jahre unerfüllt. Erst

1892 wurden von der badischen und der württembergischen Regierung Geldmittel in Aussicht gestellt, so dass man die Berliner Firma Vering & Waechter mit der Planung des Projektes betraute. 1898 konnte ein Staatsvertrag zwischen dem Königreich Württemberg und dem Großherzogtum Baden über den Bau der Strecke abgeschlossen werden. Der Baubeginn war 1899. Ab Ende 1900 gab es die ersten planmäßigen Güterzüge, während der Personenverkehr erst 1901 aufgenommen wurde. Während die Hauptstrecken Staatsbahneigentum waren, waren viele Neben- und Kleinbahnen Eigentum verschiedener nichtstaatlicher Bahngesellschaften. Ab 1918 gehörte die Jagsttalbahn zur Deutschen

Die historischen Personenwagen der „Holzklasse" warten auf ihre Restaurierung.

Beide Dieselloks des Vereins stehen vor dem Lokschuppen in Dörzbach.

Eisenbahn-Betriebsgesellschaft. Der unbedeutende Personenverkehr wurde schon Ende 1951 auf der Gesamtstrecke eingestellt. Als die Bahngesellschaft die Stilllegung ihrer süddeutschen Klein- und Nebenbahnen anstrebte, wurde die Bahn 1963 von der SWEG übernommen. 1967 konnte der Personenverkehr in kleinem Rahmen wieder, mit zugekauften Fahrzeugen, für Schüler reaktiviert werden.

Seit 1971 befuhren Museumszüge der Deutschen Gesellschaft für Eisenbahngeschichte (DGEG) die Strecke. Leider wurde 1979 der Schülerverkehr wieder auf die Straße verlagert, während der Güter- und Museumsverkehr weiterhin florierte. Transportiert wurden hauptsächlich Zuckerrüben und Kunstdünger für die Lagerhäuser in Marlach, Kraut-

heim und Dörzbach. Der Transport von Zuckerrüben wurde Ende 1986 eingestellt. Damit hatte die Jagsttalbahn ihr Haupttransportgut im Güterverkehr verloren. 1988 wurde der Gesamtbetrieb wegen Oberbaumängeln eingestellt. Zu einer förmlichen Stilllegung kam es allerdings nie.

EXPONATE

Zwei Dampfloks und mehrere Dieselloks, zahlreiche Personen- und Güterwagen sowie Rollböcke zum Transport normalspuriger Waggons auf der Schmalspurbahn sind noch vorhanden. Die Fahrzeuge stehen seit 1988 teilweise im Freien und sind Wetter und mutwilliger Beschädigung ausgesetzt. Trotzdem sind sie eine gute Basis für künftige Restaurierungsarbeiten.

VERANSTALTUNGEN

An den Bahnhofstagen in Dörzbach ist das Bahnhofsgebäude und der Lokschuppen für Besucher geöffnet. Kaffee, Kuchen und Getränke sind dann auch erhältlich. Am in unregelmäßigen Abständen stattfindenden Bahnhofsfest in Dörzbach ist eine Fahrzeugausstellung zu sehen, sowie eine Präsentation des aktuellen Baufortschritts. Für Kinder ist eine 5-Zoll-Eisenbahn zum Mitfahren eine zusätzliche Attraktion.

WIEDERINBETRIEBNAHME

Die Jagsttalbahn führt derzeit keinen Fahrbetrieb durch. Seit Ende 1988 ruht der Betrieb auf der Nebenbahn Möckmühl–Dörzbach aufgrund festgestellter Oberbaumängel. 1997 wurde der Abschnitt Ruchsen–Möckmühl entwidmet und rückgebaut. Ein Betrieb auf der Reststrecke ist nicht möglich, da umfassende Sanierungsmaßnahmen nötig sind. Die Gemeinden Dörzbach und Krautheim gründeten im Jahr 2000 die Jagsttalbahn AG, der in den folgenden Jahren Grundstücke und historische Fahrzeuge übergeben wurden, um auf eine Wiederinbetriebnahme der Strecke hinzuarbeiten. 2004 hat die Gesellschaft die Zulassung als Eisenbahninfrastrukturunternehmen gemäß § 6 Allgemeines Eisenbahngesetz erhalten. Der Krautheimer Gemeinderat hat 2006 alle zuvor getroffenen positiven Beschlüsse zur Jagsttalbahn aufgehoben und eine finanzielle Beteiligung bei der Streckensanierung abgelehnt. Die Jagsttalbahnfreunde wollen das Projekt jedoch weiter verfolgen und nach anderen Finanzierungsmöglichkeiten Ausschau halten.

Der Verein konzentriert sich derzeit auf den Wiederaufbau der Bahnanlagen im Bahnhof Dörzbach und unterstützt die Bemühungen der Wiederinbetriebnahme der Anliegergemeinden Widdern und Jagsthausen.

Anreise

Die Veranstaltungen der Jagsttalbahn finden im Bahnhof Dörzbach, dem Endpunkt der Strecke, statt. Dieser liegt 39 (!) Kilometer vom Bahnhof Möckmühl, dem ehemaligen Ausgangspunkt der Strecke, entfernt. Dörzbach ist an Sonn- und Feiertagen jedoch mit dem Omnibus erreichbar. Es gibt verschiedene Möglichkeiten: Entweder die Buslinie 11 ab Möckmühl Bahnhof (teils mit Umstieg in Krautheim) oder von Bad Mergentheim Bahnhof mit der Buslinie 19 Richtung Künzelsau. Diese Busverbindung kann auch vom Bahnhof Waldenburg (mit Umstieg in Künzelsau) genutzt werden.

Kontakt

Jagsttalbahnfreunde, Bahnhofstraße 8, 74677 Dörzbach, Tel. 0 79 37/2 77, E-Mail: post@jagsttalbahn.de, www.jagsttalbahn.de.

Die Zahnradbahn-Sammlung

Der Verein Freunde der Zahnradbahn Honau-Lichtenstein (ZHL) wurde im Jahre 1985 mit dem Ziel gegründet, die württembergische Zahnraddampflokomotive 97 501 in Betrieb zu nehmen sowie die Zahnradstrecke von Honau nach Lichtenstein und den Gleisanschluss an den Bahnhof Kleinengstingen als Museumsbahn wieder aufzubauen. Die Zahnraddampflok 97 501 konnte der Verein bereits 1985 erwerben. Zuletzt stand sie als Denkmal in Obernzell bei Passau. 1986 wurde die Maschine nach Tübingen überführt und wird seitdem Schraube um Schraube von den Vereinsmitgliedern instand gesetzt.

Der Kessel wurde im Ausbesserungswerk Meiningen der Deutschen Bahn AG aufgearbeitet. Da die meisten Arbeiten in Eigenleistung und aus eigenen finanziellen Mitteln erbracht werden müssen, dauert die Aufarbeitung nun schon mehrere Jahre. Neben der Zahnraddampflok besitzt der Verein seit 1996 auch fünf Zahnradschienenbusse (drei Trieb- und zwei Steuerwagen), die ebenfalls speziell für die Zahnradbahn Honau-Lichtenstein gebaut wurden. Außerdem befinden sich drei Dieselloks sowie verschiedene Personen- und Güterwagen im Bestand, die vom Verein ebenfalls aufgearbeitet und erhalten werden.

Dazu konnte eine Werkstatt in einer Halle auf dem Reutlinger Westbahnhof eingerichtet werden. Seit 1986 verkehren gelegentlich außerdem Sonderzüge auf dem Reststück der ehemaligen Bahnstrecke Reutlingen–Gönningen.

GESCHICHTE

1892 entstand mit der Strecke Reutlingen–Honau eine der erste Nebenbahnen in Württemberg, die bereits im folgenden Jahr bis Münsingen und einige Jahre später bis Schelklingen mit Anschluss an die Donautalbahn nach Ulm verlängert wurde. Die Strecke hatte damit insgesamt eine Länge von 58 Kilometern. Zwischen Honau und Lichtenstein musste ein Höhenunterschied von 179 Metern überwunden werden. Damit die Nebenbahn hier möglichst einfach und damit kostengünstig trassiert werden konnte, entschied sich die damalige Königlich Württembergische Staatseisenbahn erstmals für den Bau einer Zahnradbahn und die Beschaffung spezieller Fahrzeuge, die sowohl auf den herkömmlichen Reibungsstrecken als auch auf der Zahnradbahn eingesetzt werden konnten. Lokomotiven, Wagen und Zahnstangen lieferte die Maschinenfabrik Esslingen.

Der Güterverkehr spielte auf der Zahnradbahn nie eine große Rolle, während der Personentransport besonders am Wochenende durch den Ausflugsverkehr beachtlich war. Allerdings nahmen, wie auf vielen anderen Nebenbahnen auch, bedingt durch den zunehmenden Individualverkehr, ab den 50er-Jahren die Beförderungszahlen stetig ab, so dass 1969 der Abschnitt Honau–Kleinengstingen und damit auch die letzte DB-Zahnradstrecke stillgelegt wurde.

EXPONATE

Zahnradbahndampflok 97 501

Die Dampflok wurde 1922 von der Maschinenfabrik Esslingen für die Zahnradbahn Honau-Lichtenstein gebaut. Mit Inbetriebnahme der Zahnradschienenbusse der Baureihe VT97 im Jahr 1962 wurde der Dampfbetrieb auf der Zahnradbahn Honau-Lichtenstein eingestellt. Die Zahnradfahrzeuge konnten sowohl auf der Zahnradbahn als auch auf normalen Strecken eingesetzt werden, dazu durften jedoch die Bahnübergänge an der Strecke keine Überhöhung in der Gleismitte enthalten und manche Weichen mussten mit Aussparungen für das Zahnrad versehen werden. So war dann auch der Einsatz dieser Fahrzeuge nur auf die Strecken Reutlingen–Schelklingen und Tübingen–Reutlingen–Esslingen beschränkt. Nach der Ausmusterung wurde die 97 501 als Denkmal am Bahnhof Münsingen aufgestellt. Später kam sie nach Obernzell bei Passau.

Ein ehemaliger Zahnrad-Schienenbus bei Münsingen im Einsatz.

Diesellokomotiven

Zum Rangieren sind bei den Zahnradbahnfreunden drei kleine Dieselloks vorhanden. Lok 1 ist eine Weiterentwicklung der Kö I, die 1963 an die Textilfabrik Ulrich Gminder in Reutlingen geliefert wurde.

Lok 2 ist eine Köf II, die 1938 von der Berliner Maschinenbau AG, vormals L. Schwartzkopff, Berlin, gebaut wurde. Nach einem abwechslungsreichen Leben wurde die Kleinlok dann bei der Deutschen Bundesbahn ausgemustert.

Zahnrad-Schienenbusse

Als Ersatz für die Dampflokomotiven wurde 1958 der Bau von zunächst je sechs Zahnradtrieb- und Steuerwagen für die Strecke Honau–Lichtenstein beschlossen. Die wesentlichen Baumerkmale der bewährten Schienenbusse der Baureihe VT 98 wurden dabei übernommen. Die Achsen waren mit je einem Zahnrad ausgerüstet. Nach Stilllegung der Honauer Zahnradbahn im Jahre 1969 wurde das Zahnrad ausgebaut und die Fahrzeuge auf den Strecken

Nur wenige Personenwagen der Königlich-Württembergischen Staatseisenbahnen blieben erhalten.

255

Arbeiten an der Zahnradbahn-Dampflok.

in Betrieb genommen werden. Die Aufarbeitung eines Triebwagens ist erst mittelfristig vorgesehen.

Waggons

Bei den ZHL sind außerdem vier Plattformwagen, sog. Donnerbüchsen, vorhanden. Diese Fahrzeuge wurden in den 2oer-Jahren gebaut und von der Deutschen Bundesbahn nach Außerdienststellung zu Arbeitsfahrzeugen umgebaut. Mehrere Arbeitsfahrzeuge und Güterwagen ergänzen den Fuhrpark der Eisenbahnfreunde.

Reutlingen–Honau und Göppingen –Schwäbisch Gmünd eingesetzt. Nach Stilllegung dieser Strecken erfolgte 1984 die erste Ausmusterungswelle. Die drei verbliebenen Einheiten kamen dann noch auf der Strecke Göppingen–Boll zum Einsatz. Zuletzt waren die Fahrzeuge im Raum Tübingen im Einsatz. 1996 konnten nach langwierigen Verhandlungen die Fahrzeuge vom Verein erworben werden. Der VS 97 605 steht seit 1999 wieder betriebsfähig für Sonderfahrten zur Verfügung, der VS 97 604 konnte 2006 wieder

VERANSTALTUNGEN

Einen Blick hinter die Kulissen des Vereins bieten die beiden öffentlichen Veranstaltungen ZHL-Sommerhockete im Sommerhalbjahr und der Werkstatt-Kehraus Ende November oder Anfang Dezember. Die beiden Schienenbussteuerwagen des Vereins verkehren auf der Anschlussbahn nach Betzingen an verschiedenen Terminen im Jahr. Mittwochs und samstags von 10 bis 18 Uhr wird jeweils an den Fahrzeugen gearbeitet.

Anreise
Das Vereinsgelände liegt direkt am Reutlinger Westbahnhof, der von den Regionalbahnen von und nach Tübingen angefahren wird. Über eine Unterführung erreicht man nach wenigen Metern den offiziellen Zugang zum Vereinsgelände am Lokschuppen.

Kontakt
Freunde der Zahnradbahn Honau-Lichtenstein, Tübinger Str. 21, 72762 Reutlingen, E-Mail: info@zhl.de, www.zhl.de.

Unterwegs mit dem Vororttriebwagen

Bekannt sind die Einsätze der historischen Elektrotriebwagen ET 25 und des „Roten Heulers" ET 65 auf den Strecken von Stuttgart nach Bad Wildbad und nach Freudenstadt. Bei zahlreichen Veranstaltungen sind diese Fahrzeuge außerdem noch im Einsatz zu beobachten. Relativ unbekannt ist, dass das Kerngeschäft dieses Vereins und seiner Verkehrsgesellschaft im Bereich von Party- und Fußballsonderzügen liegt.

GESCHICHTE

Die Schienenverkehrsgesellschaft (SVG) wurde im Jahre 1996 gegründet.

Bereits zwei Jahre zuvor entstand der gemeinnützige Verein „Freunde zur Erhaltung historischer Schienenfahrzeuge (FzS)". Ziel des Vereins ist die betriebsfähige Erhaltung historischer Eisenbahnfahrzeuge Baden-Württembergs. Die Vereinigung hat in den letzten Jahren zahlreiche museale Einzelstücke erworben oder zur musealen Erhaltung leihweise erhalten. Der Bestand an historischen Fahrzeugen soll auch in den kommenden Jahren stetig erweitert werden. Damit die Fahrzeuge auf den Strecken des öffentlichen Netzes verkehren können, wurde die Schienenverkehrsgesellschaft mbH als Betriebsgesellschaft gegründet. Die SVG ist die operativ tätige Gesellschaft für die Betriebsführung, während dem gemeinnützigen Verein die eigentliche Wartung, Erhaltung und Pflege der über 60 Fahrzeuge übertragen wurde. Über 25 Aktive zählt der Verein, die ehrenamtlich diese Aufgaben sowie die Fahrgast-Betreuung bei Sonderfahrten übernehmen.

EXPONATE

Zur betriebsfähigen Sammlung gehören die Elektrotriebwagen der Baureihen ET 65, der ET 25 sowie ein Schienenbus der Baureihe 798. Mit diesen Fahrzeugen führt die SVG mehrmals im Jahr historische Sonderverkehre mit insgesamt über 50 Betriebstagen durch. Daneben verfügt die SVG über eine große Sammlung von historischen Personen- und Güterwagen verschiedenster Bauarten, die künftig in der SVG Eisenbahn-Erlebniswelt Horb am Neckar ausgestellt werden sollen,

In ganz Deutschland trifft man auf Sonderzüge der SVG.

darunter auch der ET 32, ET 27 und der Triebkopf ET 30.

IM EINSATZ

Die Fahrzeuge der SVG werden in drei Geschäftsbereichen eingesetzt. Zum einen ist dies der Bereich der Partyzüge, die rund die Hälfte der Verkehrsleistungen erbringen. Die SVG ist durch besonderes Wagenmaterial spezialisiert auf Musik-Sonderzüge mit speziell dafür ausgestatteten Disco-, Party- und Barwagen, die aus ehemaligen Bahnpostwagen entstanden. Große Sonderzüge mit über 15 Wagen verkehren jährlich zur Streetparade und Loveparade oder auch zu zahlreichen Fußballspielen namhafter Bundesligavereine. Der zweite Geschäftsbereich ist der Nischenmarkt der Gourmetzüge. Hierfür werden von der SVG ein ehemaliger 1. Klasse- und ein Speisewagen aus der großen Zeit des TEE-Verkehrs zu besonderen Anlässen eingesetzt oder in große Sonderzüge eingereiht. Im dritten Geschäftsbereich, dem Nostalgieverkehr, ist die SVG mit ihren historischen Elektrotriebwagen Marktführer. Regelmäßig verkehren diese Triebwagen zwischen Stuttgart und Bad Wildbad (siehe Seite 94) sowie zwischen Stuttgart und Freudenstadt (siehe Seite 100). Die SVG ist Nostalgiepartner des DB-Museums und beherbergt auch einige Fahrzeuge des DB-Museums.

PROJEKTE

Beim Bau der neuen Eisenbahneng-stelle „Stuttgart 21" verliert die Bahn das gesamte Gelände, auf dem bislang das Bahnbetriebswerk Stuttgart-Rosenstein untergebracht ist. Hier befindet sich auch die ehemalige Posthalle, die von der Deutschen Post AG zur Verladung der Postgüter auf die Bahn genutzt wurde. Seit 1997 haben Lkw und Flugzeug diese Aufgabe übernommen und in der Posthalle sind heute die Fahrzeuge der Ulmer Eisenbahnfreunde und der SVG untergebracht. Weil die Halle geräumt werden muss, entsteht auf dem Gelände des ehemaligen Horber Güterbahnhofs die SVG Eisenbahn-Erlebniswelt. Das Museum soll als lebendiges Mobilitätszentrum die Vergangenheit, Gegenwart und Zukunft der Eisenbahn in Baden-Württemberg präsentieren und wird im Mai 2011 eröffnet.

Kontakt
Schienenverkehrsgesellschaft mbH (SVG), Geschäftsfeld Nostalgieverkehr, Marienbader Straße 48, 70372 Stuttgart, Tel. 0 71 95/95 20 10.

Leiter Nostalgieverkehr
Markus O. Robold,
E-Mail: m.robold@svgmbh.com,
www.et65.de, www.svgmbh.com.

Schwäbischer Eisenbahnverein

FAHRTAGE jeden 2. und 4. Sonntag im Monat und bei vielen Veranstaltungen des Museumsdorfs.

Und mit Großveranstaltung „KÜRNBACHER DAMPFFEST" immer am 2. Wochenende im Juni.

Dampfbahn Kürnbach
in Bad Schussenried – Kürnbach beim Oberschwäbischen Museumsdorf.

Die Bundesbahnklassiker

Seit Mitte der 50er-Jahre prägten sie den Bahnbetrieb auf elektrifizierten Strecken der Deutschen Bundesbahn bzw. später der Deutschen Bahn AG. Lange Jahre wurden sie von Eisenbahnfreunden sträflich missachtet, teils sogar angefeindet, weil mit dem Einsatz von Einheitslokomotiven viele ältere Maschinen, die teils noch aus Länderbahnzeiten stammten, abgelöst wurden. Seit Ende der 90er-Jahre werden vermehrt Triebwagen im Personenverkehr eingesetzt, was zu massiven Bestandsreduzierungen der robusten Loks führte. Auch im Güterverkehr wurden neue Maschinen beschafft oder aufgrund des massiven Verkehrsrückgangs die alten Maschinen ausgemustert.

FAHRZEUGE

110 228 ist eine so genannte kastenförmige elektrische Einheitslok. Die Gruppe der elektrischen Einheitslokomotiven umfasst insgesamt vier Fahrzeugbaureihen, die Baureihe E 10, E 40, E 41 und die Baureihe E 50 sowie deren Unterbaureihen E 10.12 und E 40.11. Die Lokomotiven wurden ab Ende der 50er-Jahre bis Anfang der 70er-Jahre von fast allen namhaften Lokomotivfabriken gebaut und ersetzten nicht nur die Dampfloks, sondern mit den Jahren auch zahlreiche Vorkriegsmaschinen. Die Fahrzeuge der Baureihe E 10 deckten das ganze Spektrum des Verkehrs der damals noch jun-

gen Deutschen Bundesbahn ab. Von schweren Güterzügen bis hin zu den TEE-Zügen waren die elektrischen Einheitslokomotiven anzutreffen und bildeten lange Jahre das Rückgrat der elektrischen Zugförderung auf den Schienen der Bundesrepublik Deutschland. Im Rahmen der Einführung der EDV-gerechten Baureihenbezeichnung bekamen alle E-Loks bei der Deutschen Bundesbahn vor ihre Baureihenbezeichnung eine 1 sowie am Schluss eine Kontrollziffer gesetzt, so dass aus E 10 228 nun 110 228-4 wurde. Von der Baureihe E 10/110 wurden 379 Stück gebaut, während die schwere Güterzuglok E 50 nur auf 194 Exemplare kam. Deutlich mehr Loks gab es von der kleineren Baureihe 141, nämlich 451

Stück. Die am weitesten verbreitete Baureihe war die E 40 mit 879 Stück.

Die vom Verein betreute 110 228 wurde unter der Fabriknummer 18708 von Krauss-Maffei (mechanischer Teil) und von den Siemens-Schuckert-Werken (elektrischer Teil) gebaut. 1961 konnte sie in Betrieb genommen werden. Ihre erste Heimat fand sie zusammen mit der E 10 229-238 im Bahnbetriebswerk Stuttgart-Rosenstein. Bis auf die Jahre 1977 bis 1983 war die Lok in Stuttgart stationiert. Leider kam es 2003 zu einem folgenschweren Zwischenfall: Kurz vor Stuttgart-Vaihingen erlitt die 110 228-4 einen schweren Schaltwerksschaden, der nicht mehr repariert wurde. Seitdem gehört sie

Als 110 228 noch betriebsfähig war, bespannte sie einen IRE nach Ulm, der gerade die Geislinger Steige passiert.

Bis heute sind Einheitslokomotiven im Einsatz. Die Baureihe 150 ist inzwischen jedoch ausgemustert.

zum Bestand des DB-Museums und ist in Stuttgart beheimatet.

VEREIN

Der Verein IG Einheitslokomotiven ist ein sehr junger Verein. Er wurde erst 2008 infolge der fortschreitenden Ausmusterungswelle der so genannten Einheitslokomotiven gegründet. Führend bei der Gründung des Vereins waren Lokführer der DB Regio AG, dem Nahverkehrstochterunternehmen der DB AG. Nach anfänglichen Gesprächen über die Möglichkeiten einer Erhaltung einer Einheitslok dauerte es bis 2008, bis der Beschluss gefasst wurde, einen Verein zu gründen. Zum Zeitpunkt der Vereinsgründung ist die Einsatzgeschichte der Einheitsloks, bis auf die Baureihe 110 in der Bauart als „Bügelfalten-110", schon abgeschlossen. In Stuttgart befindet sich jedoch seit 2001 abgestellt die 110 228, die noch im alten blauen Lackschema lackiert ist. Diese Ma-

schine gehört dem DB-Museum Nürnberg und wird durch die Interessengemeinschaft betreut. Zur Zeit wird sie optisch restauriert. Ein Problem des Vereins ist, dass E-Loks nie auf das Interesse stoßen, wie es etwa Dampfloks tun. Daher gibt es in Deutschland auch kaum betriebsfähige historische E-Loks.

IM EINSATZ

Die 110 228 wird gerade optisch aufgearbeitet. Sie soll künftig bei Bahnhofsfesten und ähnlichen Veranstaltungen dem Publikum als Vertreterin der lange Jahre alltäglichen Einheits-E-Lokomotiven gezeigt werden.

> **Kontakt**
> IG Einheitslokomotiven, 1. Vorsitzender Sven Kober, Friedhofstraße 11, 70191 Stuttgart, E-Mail: info@ig-einheitsloks.de, www.ig-einheitsloks.de.

Unterwegs mit dem Stuttgarter Rössle

1953 wurde der VT 12.5 hauptsächlich für den Städteschnellverkehr zwischen Dortmund und Köln beschafft und im Bahnbetriebswerk Dortmund beheimatet. Schon 1954 erfolgte jedoch die Umstationierung zum Bw Hamburg-Altona. Hier versah er – ebenfalls im Städteschnellverkehr – vorwiegend Leistungen zwischen Bremen, Flensburg und Lübeck. Letztlich kam er sogar zu internationalen Ehren: Über 20 Jahre fuhr er zwischen Hamburg und Kopenhagen.

Durch die Umstellung der Schnellzüge auf Wagenzüge mit Lok beschränkte sich sein Einsatz zunehmend auf den Nahverkehr. Im Sommer 1985 gingen die letzten Triebwagen dieser Baureihe, die wegen ihrer Stromlinienform auch „Eierkopf" genannt wurden, „in Rente".

Heute befindet sich das Fahrzeug wieder im Originalzustand, was den Oldtimerfreunden der BSW-Freizeit-

gruppe Stuttgart zu verdanken ist. In akribischer Detailarbeit restaurierten sie den vierteiligen Zug. Das Ergebnis: authentisches 50er-Jahre-Feeling auf allen 213 Sitzplätzen. Bis 2006 befand sich das Fahrzeug im Eigentum des DB-Museums Nürnberg. Seit Mai 2006 ist das Stuttgarter Rössle im Eigentum der DB Zug-Bus Regionalverkehr Alb-Bodensee GmbH (RAB). Betreut und unterhalten wird das Rössle weiterhin durch

Zwischenhalt in Bad Grönenbach.

die BSW-Freizeitgruppe VT 12.5 und steht damit Gruppen, Firmen, Vereinen und Verbänden für Ausflüge oder Auslandsreisen zur Verfügung. Zu besonderen Anlässen wird es im Publikumsverkehr eingesetzt.

VERANSTALTUNGEN

Neben Sonderfahrten für geschlossene Gesellschaften finden auch mehrere öffentliche Tages- und Mehrtagesfahrten mit dem Stuttgarter Rössle statt. Außerdem ist das Fahrzeug gelegentlich zu bestimmten Anlässen im Planeinsatz zu sehen.

Kontakt
BSW-Freizeitgruppe VT 12.5, c/o Manfred Buchholzer, Bühlgärten 39, 71409 Schwaikheim, Tel. 0 71 95/5 17 68, E-Mail: d-buchholzer@web.de.

Zu 90 Jahre Außerfernbahn kam das „Rössle" bis nach Reutte in Tirol.

Reptilien auf Schienen

Lange Jahre waren sie im Güterverkehr unersetzlich: Die „Krokodile". Ab 1933 waren sie in Deutschland und in Österreich im Einsatz. Ihr Vorbild war das größere Schweizer „Gotthard-Krokodil".

FAHRZEUGE

Es gibt zwei Bauarten deutscher Krokodile: Die E 93 und die etwas größere E 94.

Die erste E 93 wurde im Jahr 1933 in Betrieb genommen und wurde speziell für den Einsatz auf der Geislinger Steige konstruiert. 1984 wurde die letzte E 93 außer Dienst gestellt. Heute sind noch drei E 93 erhalten: E 93 07 als rollfähiges Exponat bei der Interessengemeinschaft Deutsches Krokodil in Kornwestheim, E 93 08 als Denkmal beim Atomkraftwerk Neckarwestheim (siehe Seite 302) und E 93 012 in Privateigen-

tum zur Aufarbeitung hinterstellt. Die zweite Baureihe des Deutschen Krokodils ist die E 94. Sie ist eine Weiterentwicklung der E 93 und wurde ab 1940 in insgesamt 200 Exemplaren bis 1956 in Dienst gestellt. Neben der Deutschen Bundesbahn war die Lok auch bei der Deutschen Reichsbahn in der DDR (als Baureihe 254) und in Österreich bei den Österreichischen Bundesbahnen (als Baureihe 1020) im Einsatz. Bei der Deutschen Bundesbahn kam 1988 das Ende für diese Baureihe, während die Reichsbahn der DDR noch 1991 acht betriebsbereite Maschinen hatte, die aber noch im gleichen Jahr ausgemustert wurden. Am längsten waren die Krokodile in Österreich im Einsatz: Ihr Einsatz dort endete erst 1995. Die Bahnreform in Deutschland ermöglichte es ein paar Krokodilen, wieder in den Einsatz zurückzukehren. Da die DB AG keine ihrer moderneren Elektroloks an ihre Mitbewerber verkauft, hat die Prignitzer Eisenbahn GmbH ab Frühjahr 2002 zunächst die E 94 052 (Ex-Eisenbahnmuseum Dieringhausen) und später auch noch die E 94 051 (Denkmallokomotive der Stadt Singen) für ihren Güterverkehr reaktiviert. Die E 94 051 wurde im Herbst 2004 an die Pfalzbahn GmbH in Worms weitergegeben, welche sie

sporadisch im Güterverkehr und für historische Sonderzüge einsetzt. Die E 94 052 wurde etwa zur gleichen Zeit nach einem Schaden abgestellt und im Jahr 2006 an die Leipziger Eisenbahngesellschaft mbH weitergegeben. Die 194 580 und 194 158 werden vom Eisenbahnverkehrsunternehmen rail4U im Güterverkehr eingesetzt.

Die nach dem Krieg in Österreich verbliebene E 94 103 (ÖBB 1020 041) fährt inzwischen für die Mittelweserbahn im Güterverkehr.

ORGANISATION

1985 wurde die Interessengemeinschaft E 93 07 gegründet. Die Interessengemeinschaft wurde als Frei-

E 93 07 stand lange Zeit abgestellt in Kornwestheim.

Die heutige Museumslok im Plandienst.

zeitgruppe in das Bahnsozialwerk (BSW) eingegliedert. Im Vorfeld war mit dem Verkehrsmuseum in Nürnberg bereits abgeklärt worden, dass die E 93 07 zur Pflege nach Kornwestheim kommen würde. Anfang Juli 1985 wurde die Lok in München wieder rollfähig hergerichtet und nach Kornwestheim überführt. Leider scheiterte die Wiederinbetriebnahme der Lok an den hohen Kosten. Nun bemühte sich die Gruppe um eine der in absehbarer Zeit aus dem Betriebsdienst scheidenden E 94. Im Februar 1987 erreichte die Interessengemeinschaft die frohe Botschaft, dass eine E 94 betriebsfähig erhalten und in Kornwestheim stationiert werden würde. Die E 94 279 und als Ersatzteilspender E 94 281 kamen nach Kornwestheim. 2003 wurde die Umbenennung in „Interessengemeinschaft Deutsches Krokodil E 94 279, Bw Kornwestheim" – kurz IG Deut-

sches Krokodil – beschlossen. Die in das Bahnsozialwerk integrierte IG Deutsches Krokodil hat heute 105 Mitglieder und betreut mit der E 93 07, E 94 279 und E 94 281 drei historische Elektrolokomotiven. Während die E 94 279 bis zum April 2006 zum aktiven Museumsbestand des DB-Museums gehörte und bei Sonderfahrten und Ausstellungen zum Einsatz kam, ist die E 93 07 in der Außenstelle des DB-Museums in Koblenz-Lützel abgestellt.

IM EINSATZ

Das in Kornwestheim verbliebene Krokodil wird gelegentlich auf Veranstaltungen gezeigt und kann nach Absprache besichtigt werden.

Kontakt
Marcus Herold, Dammstraße 4, 70806 Kornwestheim, Tel. 0 71 54/73 40, E-Mail: marcus.herold@dbbahn.com, www.deutsches-krokodil.de.

Unterwegs mit dem ET 25

Mit fortschreitender Streckenelektrifizierung Anfang der 30er-Jahre beschafft die Deutsche Reichsbahngesellschaft in den Jahren 1935 bis 1936 39 Exemplare des zweiteiligen Einheitstriebwagens elT 18 a/b. Die zweiteiligen Triebzüge erreichten eine Höchstgeschwindigkeit von 120 km/h. Die gesamte elektrische Installation war neu unter dem Wagenboden angeordnet, so dass keine Nutzfläche im Fahrgastraum verloren ging. Die elektrischen und mechanischen Bauteile verschiedener Hersteller mussten einheitliche Abmessungen und Leistungen aufweisen, um die Austauschbarkeit zu gewährleisten. Jeder Triebwagen hatte einen eigenen Transformator, der in das äußere Triebdrehgestell eintauchte, sowie eine eigene elektrische Steuerung.

GESCHICHTE

Im Bereich der Deutschen Bundesbahn verblieben nach dem Krieg 20 ET 25 a/b, wobei der beschädigte ET 25 026 bereits 1950 zum ET 255 01 a/b und zwei weitere zu ET 55 a/b umgebaut wurden. Die restlichen 17 Triebzüge waren in Bayern, Württemberg und Baden eingesetzt. Im Rahmen einer Grundüberholung wurden sie von 1963 bis 1966 modernisiert und unter Einbeziehung ehemaliger Steuerwagen als Mittelwagen zu dreiteiligen Einheiten

Der Triebwagen in Leipzig.

Party im Triebwagen.

umgebaut. Dabei erhielten sie auch die geschlossenen Stirnfronten mit zwei großen Fenstern. Ab 1981 wurden die bewährten Triebwagen allmählich überflüssig.

Die BSW-Gruppe Historische Schienenfahrzeuge konnte den erstgelieferten ET 25 a/b im Jahr 1984 nach Haltingen überführen. 1985 erfolgte im Rahmen der Feierlichkeiten „150 Jahre deutsche Eisenbahn" eine Aufarbeitung und anschließend Einsätze bei Sonderfahrten in Deutschland und im benachbarten Ausland.

Das Ziel, Umbau in den Ablieferungszustand des Jahres 1935 mit zweifarbiger Lackierung, konnte am zweiteiligen Triebwagen im Jah-

re 1999 abgeschlossen werden. Ein Graffitianschlag war Ursache, dass der Triebzug ab 1999 in der Halle des Bahnbetriebswerks Haltingen abgestellt werden musste.

Dabei erlitt der Triebzug einen Rangierunfall mit einem Schaden von größer als 300 000 Euro. Seitdem ist das Fahrzeug abgestellt. 2003 wurde zur Geldbeschaffung der Förderverein IG eIT 1801 a/b gegründet.

Einsatz:

Der historische Triebwagen ist der Öffentlichkeit unzugänglich im Bw Haltingen bis zur Instandsetzung abgestellt.

Kontakt
Historische Fahrzeuge im Bw Haltingen, c/o Wolfgang Hugenschmidt, Dichleweg 11, 79588 Efringen-Kirchen, Tel. 0 76 28/24 28, E-Mail: Wolfgang.Hugenschmidt@ET25.de, www.et25.de.

Interessengemeinschaft eIT 1801 a/b, Willi-Baumann-Straße 21, 79576 Weil am Rhein, Tel. 0 76 21/91 35 11, E-Mail: IG1801ev@et25.de, www.et25-foerderverein.de.

Zu Jazz und Dampfbier

Im denkmalgeschützten Bahnbetriebswerk von Augsburg ist heute der Bahnpark Augsburg zu Hause. Früher bestand in Augsburg einmal das flächenmäßig größte Bahnbetriebswerk der Bundesbahndirektion München.

GESCHICHTE

Die Königlich Bayerische Staatsbahn errichtete bis 1906 auf einem rund 24 Hektar großen Areal ein modernes Bahnbetriebs- und Ausbesserungswerk. Die durch den Krieg fast unversehrte Anlage, hat das Bayerische Landesamt für Denkmalpflege unter Denkmalschutz gestellt. Ende der 90er-Jahre zog sich die Deutsche Bahn AG vom eigentlichen Betriebsgelände zurück. Innerhalb kürzester Zeit standen die altehrwürdigen Bauten leer. Heute wird das große Gelände wieder genutzt. Die junge Bayerische Regiobahn nutzt neben der DB Regio AG das Gelände. Auch die Staudenbahn (siehe Seite 20) nutzt das großräumige Gelände, in dessen Zentrum aber der Bahnpark Augsburg steht. Das Eisenbahnmuseum befindet sich noch im Aufbau. Künftig sollen dort unter anderem 29 historische Lokomotiven aus allen Mitgliedsstaaten der EU und der Schweiz im Rundhaus Europa gezeigt werden. So wird der zentrale, denkmalgeschützte Ringlokschuppen mit der Drehscheibe bezeichnet. Neben dem Ringlokschuppen gehören zu den Anlagen des Bahnbetriebswerkes noch drei historische Dampflokhallen und eine historische Schmiede. Der Bahnpark Augsburg ist kein konventionelles Eisenbahnmuseum. In Augsburg stehen die Fahrzeuge eher an zweiter Stelle. Der Bahnpark Augsburg steht für Kulturveranstaltungen und gehobene Gastronomie in Verbindung mit der Eisenbahngeschichte.

EXPONATE

In Augsburg sind einmalige Fahrzeuge der deutschen Eisenbahngeschichte untergebracht:

Schnellzugdampflok 01 1081: Sie wurde 1940 in kleiner Serie für die Deutsche Reichsbahn gebaut. 1988 kam die Lok zu den Ulmer Eisenbahnfreunden. Mit 01 1066 ist noch eine Schwestermaschine bei den Ulmer Eisenbahnfreunden (siehe Seite 245) betriebsfähig.

Universallok 41 018: Die betriebsfähige Dampflok ist der Star vom Bahnpark Augsburg. Sie wurde 1939 von der Lokomotivfabrik Henschel & Sohn in Kassel gebaut und ist mit Nostalgiefahrten in ganz Deutschland und dem benachbarten Ausland im Einsatz. Sie gehört der Dampflok-Gesellschaft München. Neben der 41 018 ist im Bahnpark auch die 41 364 vorhanden.

Güterzugdampflok 44 606: Gebaut wurde die starke Güterzugdampflok in Kriegszeiten 1941 bei Krupp in Essen. Die so genannten „Jumbos" der Baureihe 44 bildeten über Jahrzehnte hinweg das Rückgrat im schweren Güterzugdienst.

Schnellzuglok E 16 009: 1927 wurde die E 16 009 bei Krauss und BBC für die Gruppenverwaltung Bayern der Deutschen Reichsbahn gebaut. Die Baureihe verfügt als erste deutsche Elektrolokomotive über einen Einzelachsantrieb der Bauart „Buchli" nach Schweizer Vorbild. Die Lok befindet sich in Privatbesitz.

Schnellzuglok E 18 08: Für die Deutsche Reichsbahn wurden von der AEG in Berlin insgesamt 55 schwere Schnellzuglokomotiven der Baureihe E 18 gebaut. Mit einer Leistung von 3040 kW galt die E 18 weltweit als stärkste Lokomotive ihrer Klasse und wurde auf der Weltausstellung in Paris im Jahr 1937 dreimal mit dem Grand Prix ausgezeichnet. Die 1936 gebaute Lok gehört dem DB-Museum Nürnberg.

Rangierlok E 63 05: 1935 bis 1938 wurden von mehreren Firmen insgesamt acht unterschiedliche elektrische Rangierlokomotiven ausgeliefert, die als E 63 bezeichnet wurden. Die Loks wurden bis 1978 im Rangierdienst auf verschiedenen Bahnhöfen eingesetzt. Die Rangierlok gehört dem DB-Museum Nürnberg. In Stuttgart ist die E 63 01 als Denkmal vorhanden (siehe Seite 219), im Süddeutschen Eisenbahnmuseum

Heilbronn steht die 163 008 (siehe Seite 222).

Lokalbahnlok E 69 02: Die älteste erhaltene E-Lok im Bahnpark ist die E 69 02. Die zweiachsige Maschine in grüner Farbgebung wurde im Jahr 1909 für die „Localbahn Actiengesellschaft München" gebaut, die sie auf der Strecke zwischen Murnau und Oberammergau einsetzte. Mit kurzen Unterbrechungen versah sie dort ihren Dienst bis zum Jahr 1981. Die Maschine gehört dem DB-Museum Nürnberg.

Güterzuglok E 91 99: Die Museumslok gehört dem DB-Museum Nürnberg. Sie wurde 1929 von der AEG in Berlin für den Einsatz in Bayern und Schlesien gebaut. 1975 wurde die Lok ausgemustert. Im Einsatz waren die Maschinen unter anderem im Erzverkehr nach Geislingen-Altenstadt.

Drehstromlok 120 003: Heute werden viele InterCity-Züge mit der Baureihe 120 bespannt. Die Vorserienmaschine von 1979 stellt einen Meilenstein in der Technikgeschichte dar: Mit den Universal-Lokomotiven wurden zahlreiche Versuchs- und Testfahrten unternommen. Die Maschine gehört dem DB-Museum Nürnberg.

Kleinlokomotiven Köf 6311 und Köf 6580: Für den Rangierdienst beschaffte die Deutsche Reichsbahn in den 30er-Jahren die ersten Kleinlokomotiven mit Ölmotor und Flüssigkeitsgetriebe, kurz „Köf" genannt. Gebaut wurden die beiden Kleinloks 1958 und 1961. Die Köf 6311 gehört der Dampflok-Gesellschaft München, die Köf 6580 ist in Privatbesitz.

Draisinensammlung: Neben den großen Loks sind in Augsburg auch die kleinsten Fahrzeuge zu sehen. Draisinen wurden früher zur Inspektion und zur Wartung von Gleisanlagen und Signalen eingesetzt. Die Draisinenfreunde Bayern stellen verschiedene Bauarten für verschiedene Zwecke aus.

„Gläserner Zug" ET 91 01: 1935 wurden von der Deutschen Reichsbahn zwei elektrische Aussichtstriebwagen in Dienst gestellt, von denen ein Fahrzeug im Krieg zerstört wurde. Der ET 91 01 hingegen wurde auch nach dem Krieg als einzigartiger Touristikzug in nahezu ganz Europa eingesetzt, bis er 1995 bei einem Unfall in Garmisch-Partenkirchen schwer beschädigt und abgestellt wurde.

Ein Alleinstellungsmerkmal für den Bahnpark Augsburg ist die Sammlung so genannter Botschafterloks: Künftig sollen 29 historische Lokomotiven aus allen Mitgliedsstaaten der EU und der Schweiz im Rundhaus Europa gezeigt werden.

Vorhanden ist bereits die Elektrolok 1141.03 mit Baujahr 1955 aus Österreich. Aus Tschechien stammt die Dampflok Č SD 477.060, die

Der Restaurantzug „Blue-Star-Train" steht auch im Bahnpark Augsburg.

erst 1955 gebaut wurde. Italien ist mit der großen Elektrolok E 636 147 vertreten. Aus der Schweiz stammt die grüne Elektrolok Ae 4/7 10949, die auch als Gotthard-Lok bezeichnet wird und 1931 gebaut wurde. Eine Schnellzuglok von 1969 ist die CC 6503. Sie vertritt die Französische Staatsbahn im Rundhaus Europas. Eine bei Borsig in Berlin gebaute Schnellzugdampflok von 1930 vertritt Slowenien. Das großherzogliche Krokodil BB 3602 von 1958 wurde aus Luxemburg als Vertretung gesandt. Die Nebenbahn-Tenderdampflok 93 1410 von 1928 stammt aus Österreich. Zwei Maschinen dieses Typs sind bei Museumsbahnen in Baden-Württemberg zu sehen (Sauschwänzlebahn, siehe Seite 138, und Kandertalbahn, siehe Seite 151). Aus Rumänien stammt die Waldbahn-Dampflok 764.449 Cozia-2. Sie ist eine Schmalspurlok von der bekannten Wassertalbahn. Ergänzt wird die Fahrzeugsammlung durch den Blue-Star-Train, einen ehemaligen TEE-Triebwagen von 1957 der Deutschen Bundesbahn, der als Restaurantzug in Augsburg genutzt wird.

VERANSTALTUNGEN
Viele Veranstaltungen prägen das Jahr im Bahnpark Augsburg. Das Bahnpark-Gelände ist derzeit ausschließlich bei öffentlichen Veranstaltungen zugänglich.

JAZZ IM BAHNPARK
Jeden ersten Sonntag eines Monats zwischen Mai und November spielen Bands aus Augsburg und Umgebung im besonderen Ambiente. Die Palette reicht vom Jazz bis zum Big-Band-Sound. Dazu gibt es einen zünftigen Frühschoppen mit bayerischen Spezialitäten sowie das Bahnpark-Dampfbier. Karten dazu sind jeweils an der Tageskasse erhältlich. Die Museumsnachmittage sind etwas für Familien mit Kindern: In der

Dampflokwerkstatt kann man hautnah die schweißtreibende Arbeit an den Dampflokomotiven früherer Zeiten erleben! Manche der alten und neuen Loks sind an den Museumsnachmittagen für Besucher geöffnet und bieten die Möglichkeit, einmal selbst ins Führerhaus einer richtigen Lok zu klettern. Auch die Schmiede aus dem Jahr 1913 ist warm.

Unter fachkundiger Anleitung dürfen Kinder selbst zum Hammer greifen und sich an Esse und Amboss im Schein des Feuers kleine Andenken schmieden. Ergänzt wird die Veranstaltung durch einen Eisenbahn-Flohmarkt, Draisinenfahrten und die bewirtete Dampflokhalle. Neben den Museumsnachmittagen finden auch Familienfeste statt, bei denen ein großes Programm angesagt ist.

Kultur und Gastronomie der Länder der Botschafterloks sind an den Tagen der Familienfeste zu genießen. Eine weitere Veranstaltung, die 2009 zum ersten Mal durchgeführt wurde, ist die Rail & Road KLASSIK. Wie der Name schon sagt, treffen an diesem Tag Oldtimer auf der Straße und Schiene in Augsburg zusammen. Neu ist auch die Veranstaltungsreihe „Bahnpark-Forum". In lockerer Folge werden hier Vorträge und Diskussionsveranstaltungen zu verschiedensten Themen rund um die Eisenbahn angeboten.

Der Bahnpark Augsburg ist das Ziel vieler Dampfzugfahrten und gelegentlich auch Ausgangspunkt von Tagesausflügen mit historischen Eisenbahnfahrzeugen.

Anreise

Wer zu Fuß in den Bahnpark kommen möchte, sollte am Haltepunkt Augsburg-Morellstraße aussteigen. Dort halten die Regionalbahnen von und aus Richtung Kaufering und Buchloe. Am Bahnsteigabgang unten links geht es aus der Unterführung heraus gleich wieder links in die Windprechtstraße hinein. Nach gut 200 Metern führt der Weg links unter der Bahnunterführung hindurch in die Schertlinstraße. Nach rund 150 Metern auf Höhe des Prinz-Karl-Palais' muss man rechts in die Firnhaberstraße abbiegen. Die Eingänge „Freigelände" und „Dampflokhalle" zum Bahnpark befinden sich auf der rechten Seite der Firnhaberstraße. Bei größeren Veranstaltungen besteht oftmals ein kostenloser Pendelverkehr zwischen dem Augsburger Hauptbahnhof und dem Bahnpark Augsburg. Zur Anreise eignet sich das Bayern-Ticket, das ab Ulm Hbf. gültig ist. Es gilt analog zum Baden-Württemberg-Ticket an Samstagen, Sonn- und Feiertagen zeitlich unbegrenzt. Zur Anreise aus Baden-Württemberg ist das Schöne-Wochenende-Ticket günstiger als ein Baden-Württemberg-Ticket und ein Bayern-Ticket zusammen.

Kontakt

Bahnpark Augsburg, im ehemaligen Betriebswerk der Deutschen Bahn AG, Firnhaberstraße 22, 86159 Augsburg, Tel. 08 21 / 65 07 59-0, www.bahnbark-augsburg.de.

Über 50 Loks und 200 Wagen

Mitten im Nördlinger Ries liegt das Bayerische Eisenbahnmuseum Nördlingen, das seit 1985 ein Anziehungspunkt für Eisenbahnfreunde ist. Über 50 Loks, davon 27 Dampfloks und ca. 200 historische Wagen können im Bayerischen Eisenbahnmuseum Nördlingen besichtigt werden. Auf zwei Museumsbahnstrecken wird ein historischer Bahnbetrieb präsentiert (siehe Seite 26).

GESCHICHTE

Bereits im Jahr 1849 entstand mit dem Bau der „Ludwigs-Süd-Nord-Bahn" von Lindau nach Hof eine Werkstatt für die Instandhaltung von Lokomotiven und Wagen in Nördlingen. Aus dieser Zeit, der Anfangszeit der Deutschen Eisenbahnen, stammen noch Trakt 2 und 3 des Ringlokschuppens, die zwar mehrfach umgebaut wurden, aber bis heute erhalten sind. Auch die Werkstattgebäude gehören zu den ältesten

Anlagen im Bahnbetriebswerk. Die Betriebsanlagen wurden im Laufe der Zeit bis 1937 dem gestiegenen Bedarf ständig angepasst. Der letzte große Umbau erfolgte in den Jahren 1935 bis 1937, als die Lokschuppenstände verlängert und eine 20-Meter-Drehscheibe eingebaut wurde. Kurz vor Ende des Zweiten Weltkriegs wurden weite Teile der Bahnanlagen im Luftkrieg zerstört. Verschont blieben lediglich Trakt 2 und 3 des Ringlokschuppens neben den Werkstattgebäuden und dem Wasserturm. Aber der Wiederaufbau dauerte nicht lange, und so waren die Anlagen bis 1949 größtenteils wieder hergerichtet und zugleich modernisiert.

Nun folgte die letzte Blütezeit des Bahnbetriebswerks mit der Zuteilung von Dieseltriebfahrzeugen der Baureihe V100 (211 und 212) und der Schienenomnibusse VT 98 (798). Eine Besonderheit war die Stationierung der Akkutriebwagen ETA 150 (515) in Nördlingen. Diese leisen und umweltfreundlichen Fahrzeuge waren bei der Deutschen Bahn AG noch bis 1995 im Einsatz, allerdings nicht mehr in Nördlingen. 1966 endete in Nördlingen die Zeit der Dampflokomotiven. Damit war eine Eisenbahn-Epoche zu Ende.

Mit der Elektrifizierung der Strecken Donauwörth–Aalen und Neuoffingen–Ingolstadt und der Stilllegung der von Nördlingen ausgehenden Nebenbahnen führten dann bis 1985 zu einem schleichenden Ende des Bahnbetriebswerks. Offiziell war das Bw Nördlingen schon seit 1982 Geschichte, als es zur Außenstelle des Bw Augsburg wurde.

m Jahr 1985 konnte das Bayerische Eisenbahnmuseum die teilweise demontierten und heruntergekommenen Anlagen übernehmen und in mühevoller Kleinarbeit wieder ein komplettes Bahnbetriebswerk einrichten, wie es sich heute dem Besucher zeigt.

EXPONATE

Über 120 Jahre Eisenbahngeschichte wird in Nördlingen mit Lokomotiven und Waggons am Leben erhalten. Von der modernen Nachkriegs-Einheits-E-Lok der Baureihe 141 bis hin zur ältesten betriebsfähigen Dampflok Deutschlands reicht das Fahrzeugspektrum im Bayerischen Eisenbahnmuseum. Bei der Sammlung wurde auch Wert darauf gelegt, ehemalige Fahrzeuge, die früher in Nördlingen zu Hause waren, der Nachwelt zu erhalten. Von den meisten Besuchern unbeachtet gehört hier der Akkutriebwagen der Baureihe 515 dazu. Leider sind die Batterien des Fahrzeugs nicht mehr funktionsfähig, so dass er nicht fahrend präsentiert werden kann. Die Dieselloks der Baureihen V 100 und V 60 sind auch im Güterverkehr der BayernBahn im Einsatz, der Betriebsgesellschaft des Museums. Somit sorgt das Bayerische Eisenbahnmuseum nicht nur für die Erhaltung altehrwürdiger Stücke deutscher Eisenbahngeschichte, sondern auch für die Aufrechterhaltung des Güterverkehrs auf der Schiene, der von der Deutschen Bahn AG „DB Schenker Rail AG" leider vernachlässigt wird.

Die Lok 7 „Füssen" ist die älteste betriebsbereite Dampflok Deutsch-

Der Star im Bayerischen Eisenbahnmuseum Nördlingen ist die bayerische S 3/6 in Grün.

lands. Sie wurde 1889 für die Lokalbahn Marktoberdorf–Füssen beschafft. Die Lok „Füssen" wurde 1911 nach Oberschwaben umgesetzt und kam fortan auf der damals neu eröffneten Strecke Niederbiegen–Weingarten/Baienfurt zum Einsatz. 1928 wurde sie als Werklok an die Papierfabrik Baienfurt verkauft.

Überregionale Bekanntheit erreichte das Nördlinger Museum mit der Wiederinbetriebnahme der 18 478, einer bayerischen S 3/6 im Jahr 1996. Die windschnittige Schnellzuglok wurde 1918 gebaut und konnte durch einen Privatmann in der Schweiz vor der Verschrottung bewahrt werden. Seit 2010 ist die 87 Jahre alte Schnellzuglok wieder betriebsfähig.

Eine weitere Schnellzuglok ist die 01 066 von 1928. Die von Schwartzkopff in Berlin gebaute 01 066 war bis 1977 bei der Deutschen Reichsbahn in der DDR im Dienst und wurde später als Heizlokomotive im VEB Waschmittelwerk Genthin in Nauen eingesetzt. Das Bayerische Eisenbahnmuseum in Nördlingen ließ die nur teilweise erhaltene Lokomotive im Dampflokwerk Meiningen aus Einzelteilen anderer Lokomotiven wieder zusammenbauen.

Die in der DDR rekonstruierte 03 295 gehört zur Baureihe 03, die zwischen 1930 und 1938 als Schnellzuglokomotive für Strecken in Betrieb genommen wurde, die nur für Achslasten bis 18 Tonnen geeignet waren. Von dieser konstruktiv an die Baureihe 01 angelehnten Maschine wurden 298 Exemplare in Dienst gestellt.

Eine Vertreterin einer leichteren Güterzugdampflok ist mit 41 1150

Akkutriebwagen der Baureihe 515 waren in den 80er-Jahren im Nördlinger Ries unterwegs.

im Museum vertreten. 1938 ging die erste Serie der Baureihe in Bau. Kriegsbedingt stagnierte die Abnahme der schnellen Güterzuglokomotiven zunehmend, bis im Jahr 1941 die bereits vergebenen Aufträge komplett storniert wurden. Die Lok wurde ebenfalls wie die 03 295 in der DDR grundlegend modernisiert.

Für V 60 860 gibt es keinen Nachfolger. Die Diesellokomotiven der Baureihe V 60 fielen dem Strukturwandel ab Mitte der 80er-Jahre und der massiven Verlagerung des Güterverkehrs von der Schiene auf die Straße durch die DB AG im Rahmen von MORA C ab 2002 zum Opfer. 1955 wurden von der Baureihe V 60 die ersten Serienlokomotiven in Auftrag gegeben. Einige wenige

Loks befinden sich noch heute im Bestand der DB AG.

Ähnlich erging es der Baureihe V 100: Zusätzlich zu den zahlreichen Streckenstilllegungen ab Mitte der 70er-Jahre wurden die bewährten Zugmaschinen im Personenverkehr ab 1996 durch moderne Nahverkehrstriebwagen, im Güterverkehr durch den Lkw ersetzt. Sie war für den leichten Reise- und Güterzugdienst auf Nebenstrecken bestimmt. Ab 1961 wurden die Dieselloks in Serien beschafft, die Auslieferung dauerte bis 1963. Viele dieser Maschinen sind heute bei Privatbahnen, im Ausland oder bei Museumsbahnen zu finden. V 100 1365 ist stellvertretend mit weiteren Maschinen ähnlicher Bauart heute im Bayerischen

Eisenbahnmuseum Nördlingen zu finden.

VERANSTALTUNGEN

Neben den Einsätzen auf den vereinseigenen Museumsbahnen Nördlingen–Dinkelsbühl–Dombühl (Romantische Schiene) und dem Seenland-Express zwischen Nördlingen und Gunzenhausen gibt es auch im Museumsjahr einige Höhepunkte. Zweimal pro Jahr finden die bekannten Rieser Dampftage statt. Es sind verschiedene Dampflokomotiven im Betrieb zu sehen.

Zusätzlich werden einige Gastloks mit ihren Sonderzügen in Nördlingen erwartet, die dann wie früher mit Wasser und Kohle versorgt werden müssen. In den Werkstätten kann man die notwendigen Arbeiten zur Dampflokunterhaltung live erleben. Über 30 Lokomotiven werden getrennt nach DB/DR-Zugehörigkeit rund um die Drehscheibe oder mit passenden Wagengarnituren ausgestellt.

Zwischen 9 und 10 Uhr bleibt das Bw Fotografen und Videofilmern vorbehalten. Weitere Veranstaltungen sind die Dampfsaisoneröffnung im April mit zahlreichen angeheizten Dampfloks, das Zusammentreffen von Straßenfahrzeugen und Schienenfahrzeugen beim Rieser Jung- und Oldtimertreffen und das Rieser Traktoren- und Schleppertreffen. Bei den beiden letztgenannten Veranstaltungen haben die Fahrer und deren Mitfahrer der historischen Fahrzeuge freien Eintritt ins Museum.

Anreise

Nördlingen liegt an der Bahnstrecke Aalen–Goldshöfe–Harburg–Donauwörth (Kursbuchstrecke 995) und wird im Stundentaktverkehr mit modernen Triebwagen der DB Regio bedient. Von Baden-Württemberg kommend ist das Baden-Württemberg-Ticket bis Nördlingen gültig. Wer mit dem Bayern-Ticket unterwegs ist bzw. von Süden kommt, erreicht Nördlingen über Donauwörth und Harburg (Schwaben).

Öffnungszeiten

Das Bayerische Eisenbahnmuseum in Nördlingen ist von März bis Oktober geöffnet. In den Monaten März und April sowie im Oktober hat das Museum samstags von 12–16 Uhr geöffnet, an Sonn- und Feiertagen von 10–17 Uhr. Zur Freiluftsaison kann man das Museum täglich außer Montag besuchen. Geöffnet hat es dann von 12–16 Uhr und an Sonn- und Feiertagen von 10–17 Uhr.

Kontakt

Bayerisches Eisenbahnmuseum, Postfach 1316, 86713 Nördlingen, Tel. 0 90 83/3 40 (Herr Böhnlein), Fax 0 90 83/3 88, E-Mail: ries-express@ bayerisches-eisenbahnmuseum.de, www.bayerisches-eisenbahnmuseum.de.

Internationale Eisenbahnnostalgie

Bereits 1962 konnte in Basel die EuroVapor (Europäische Vereinigung von Eisenbahnfreunden zur Erhaltung von und für den Betrieb von Dampflokomotiven) gegründet werden. Ziel der Vereinigung war von Anfang an die Förderung und Erhaltung der Dampfeisenbahn. Seit 1968 fahren unter Regie der EuroVapor Dampfzüge.

GESCHICHTE

Ein erster Versuch, eine Museumsbahn zu gründen, scheiterte jedoch 1965 an den damals noch fehlenden finanziellen Mitteln. Geplant war ein Fahrbetrieb mit Lok 7 der Tegernseebahn auf der noch vorhandenen Strecke Furtwangen–Donaueschingen.

1968 klappte es dann. Mit der ehemaligen Lok 30 der Südwestdeutschen Eisenbahngesellschaft wurden erste Fahrten auf der Kandertalbahn durchgeführt (siehe Seite 151).

Von diesem Erfolg beflügelt, fuhren 1973 bereits auf fünf Strecken historische Dampfzüge der EuroVapor. In Baden-Württemberg war dies auf der Strecke Metzingen–Bad Urach der Fall, die seit 1999 für den regulären Verkehr wieder in Betrieb genommen wurde. Gegen Ende der 70er-Jahre konnten mit Unterstützung der „Genossenschaft der Dampflokfreunde" auch einige Großdampflokomotiven der Deutschen Bundesbahn (23 058, 41 073, 50 2988) erworben werden. In Zusammenarbeit mit der Stadt Blumberg wurde 1977 die Sauschwänzlebahn eröffnet (siehe Seite 138). Die 80er-Jahre standen weniger unter der Prämisse, neue Fahrzeuge zu erwerben, sondern galten der Sicherung der vorhandenen Fahrzeuge und Strecken. Zum 25-jährigen Jubiläum 1987 hatte die EuroVapor 15 Dampflokomotiven, einen Dieseltriebwagen, einen Eisenbahnkran und 60 Waggons im Bestand. Um den inzwischen gewachsenen Museumsbahnen etwas mehr Handlungsspielraum geben zu können, wurde beschlossen, dass für die einzelnen Sektionen die Möglichkeit bestehen sollte, sich rechtlich zu verselbstständigen. Durch einen besonderen Passus in den jeweiligen Vereinssatzungen bleibt jedoch die Bindung an die EuroVapor erhalten.

SEKTIONEN
Wutachtalbahn
Die Wutachtalbahn betreibt die Sauschwänzlebahn Blumberg–Zollhaus–Weizen im südlichen Schwarzwald (siehe Seite 138), www.wutachtalbahn.de.

Kandertalbahn
Die Kandertalbahn betreibt die Strecke zwischen Haltingen und Kandern im Markgräfler Land (siehe Seite 151), www.kandertalbahn.de.

Nostalgie-Rhein-Express
Der Verein Nostalgie-Rhein-Express ist die Nachfolgeorganisation des ehemaligen Betriebes Basel/Haltingen und hat das Ziel, einen historischen, internationalen Fernschnellzug aus dem Dampfzeitalter betriebsfähig zu erhalten und bei Sonderfahrten einem breiten Publikum zu präsentieren. Die erwirtschafteten Einnahmen dienen komplett dem Erhalt der Fahrzeuge. Der Standort des Schnellzuges ist Haltingen bei Basel, der Ausgangspunkt der Kandertalbahn.

TICKETS
Tickets für den Nostalgie-Rhein-Express erhält man im Regelfall nur im Vorverkauf. Für die angebotenen Sonderfahrten ist eine Mindestteilnehmerzahl erforderlich, weshalb die Fahrten nur bei ausreichenden Anmeldungen stattfinden können.

IM EINSATZ
Der Nostalgie-Rhein-Express verkehrt nicht regelmäßig auf einer bestimmten Strecke. Vom Verein werden Ein- und Mehrtagesfahrten vorwiegend zu Zielen in Deutschland und der Schweiz angeboten. Der Zug ist jedoch in fast ganz Europa zugelassen.

FAHRZEUGE
Unterschiedliche Lokomotiven kommen von befreundeten Verei-

nen und Sektionen vor den Zügen des Nostalgie-Rhein-Express zum Einsatz. Vom Verein selbst betreut werden fünf Schweizer Schnellzug-Abteilwagen, die in den Jahren von 1957 bis 1962 von den SBB für den internationalen Fernverkehr durch Umbau von Wagen aus den 20er-Jahren beschafft wurden. In den Jahren 1984 bis 1987 wurden von der EuroVapor sechs dieser Wagen erworben. Ergänzt wird der Zug mit einem Speisewagen, dessen Typ in den Jahren 1983 bis 1984 von der Deutschen Reichsbahn der DDR für den internationalen Fernverkehr beschafft wurde. Im Jahr 1996 wurde ein Teil dieser Speisewagen bereits wieder ausgemustert. Seit 1997 befindet sich der Wagen im Einsatz beim Nostalgie-Rhein-Express. Noch zwei weitere Wagen sind beim Nostalgie-Rhein-Express im Einsatz: Der Gesellschaftswagen aus den 50er-Jahren kommt ursprünglich von der Deutschen Bundesbahn. Der Wagen entstand 1950 durch Umbau eines Sitzwagens und war bei der Bundesbahn bis in die 70er-Jahre im Einsatz. Er wurde 1980 durch die EuroVapor übernommen und in den historischen Zug integriert. Ein Schmuckstück ist der Chaletwagen. Der ehemalige Gepäckwagen ist für seinen Einsatz als fahrbare „Bauernstube" hergerichtet. Der Wagen ist im ehemaligen Stauraum vollständig mit Holz verkleidet, verfügt

über eine Theke und 24 Sitzplätze, die je nach Bedarf ausgebaut werden können.

Kontakt

Verein Nostalgie Rhein Express, Postfach 327, CH-4008 Basel, Tel. ++41 (0) 61/4 01 11 07, E-Mail: info@nostalgie-rhein-express.ch, www.nostalgie-rhein-express.ch.

Club 41 073

Gegründet wurde der Verein im Jahr 2000 in Freiburg/Breisgau als indirekte Sektion der EuroVapor zur Revision der Dampflok 41 073, die ursprünglich zur Sektion Basel/Haltingen gehörte. Die Lokomotive 41 073 wurde 2001 in das Vereinseigentum überführt. Ziel des Vereins ist die betriebsfähige Aufarbeitung der Lokomotive. Die Lokomotive ist zum Einsatz am Nostalgie-Rhein-Express sowie für andere Vereine vorgesehen. 2003 konnte der Verein einige Schürzenwagen sowie einen ehemaligen Postwagen erwerben, welche im Industriegebiet Freiburg zurzeit noch aufgearbeitet werden. Aufgrund der hohen Mietkosten musste die Halle im Bahnbetriebswerk Haltingen inzwischen geräumt werden.

FAHRZEUGE

Im Verein sind zwei Dampfloks vorhanden. Die „Ochsenlok" 41 073 gehört zur Reihe der Einheitsloks, die die Deutsche Reichsbahn in den

30er-Jahren entwickeln ließ. Sie wurde als schnell fahrende Güterzuglokomotive mit 90 km/h Höchstgeschwindigkeit konzipiert. 366 Maschinen dieser Baureihe wurden gebaut. Probleme gab es ab 1943 mit dem Kessel: Der Kesselbaustoffstahl St. 47 K war nicht alterungsbeständig und zudem auch noch schweißbrüchig. Daher mussten bereits in Kriegszeiten einige Kessel getauscht werden. Nach dem Krieg rüstete die Deutsche Bundesbahn zwischen 1957 und 1962 102 Lokomotiven mit geschweißten Hochleistungskesseln aus. Weitere 40 Maschinen wurden zudem noch mit Ölhauptfeuerung ausgerüstet, wodurch eine weitere Leistungssteigerung erreicht werden konnte. Das endgültige Aus für die DB-Maschinen kam im Sommer 1971.

Im Privateigentum befindet sich die Dampflok 50 3673. Sie wurde als eine der letzten regelspurigen Dampfloks in der DDR 1987 in Karl-Marx-Stadt (Chemnitz) ausgemustert. Die Wiederinbetriebnahme nach Komplettierung und aufwendigen Reparaturen erfolgte 1993. Seitdem ist die Lok bei zahlreichen Museumsbahnen im Einsatz. Die diesel-elektrische Rangierlokomotive „Reinhardle" kommt bei einem befreundeten Verein zum Einsatz.

Zusätzlich befinden sich einige Schnellzugwagen, sog. ehemalige Schürzenwagen im Besitz des Vereins.

VERANSTALTUNGEN

Die Fahrzeuge befinden sich gerade in der Aufarbeitung, weshalb sie noch nicht einsatzfähig sind.

Kontakt

Club 41 073, 1. Vorsitzender Jonny Sperling, Winkelweg 3, 79692 Kleines Wiesental, Tel. 0 76 29/90 89 81, www.club41073.de.

VEREINE

Neben den EuroVapor-Vereinen in Deutschland gibt es noch weitere Sektionen in der Schweiz und in Liechtenstein, die dort, teils sogar mit deutschen Dampflokomotiven, sehr erfolgreich die Geschichte der Dampfeisenbahn am Leben erhalten, wie dies einst bei der Gründung der EuroVapor als Ziel formuliert wurde.

Kontakt

EuroVapor – Europäische Vereinigung zur betriebsfähigen Erhaltung von Dampflokomotiven und historischem Eisenbahnmaterial, Postfach 3469, CH-8021 Zürich, Tel. ++41 (0) 51/2 22 84 17.

Unterwegs mit dem Roten Flitzer

Im April 2010 startete er zu seinen ersten Einsätzen: Der Schienenbus Roter Flitzer. Stationiert sind die Wagen, aus denen die Garnitur des Roten Flitzers besteht, in Kornwestheim. Der Schienenbus stammt ursprünglich von den Österreichischen Bundesbahnen. Dem Förderverein Schienenbus e. V. nahe steht die Firma DNV-Touristik, die sich bereits mit dem Sonderzug Classic Courier einen guten Namen gemacht hat. Während der Classic Courier europaweit zum Einsatz gelangt, ist der Schienenbus hauptsächlich in Baden-Württemberg und Bayerisch-Schwaben im Einsatz.

GESCHICHTE

Die Geschichte von DNV-Touristik begann vor über 30 Jahren als Reiseabteilung des größten deutschen Naturschutz-Verbandes. Den Angeboten lag der Gedanke einer natur- und umweltverträglichen Urlaubsgestaltung zugrunde, weshalb DNV-Tours u. a. auch Bahnreisen durchführte. Seit 2001 ist DNV-Tours mit dem eigenen Sonderzug Classic Courier unterwegs. Gemäß dem Motto „Gemütlich reisen im Stil der alten Zeit" verkehrt der Classic Courier seither europaweit zu Zielen wie „Masuren–Königsberg–Danzig" sowie „Breslau–Lemberg–Krakau". Weitere Ziele sind Italien, die

Schweiz, Österreich, Ungarn, Rumänien, Tschechien und die Slowakei. Seit 2010 bereichert der Schienenbus Roter Flitzer das Angebot. Zur Erhaltung und Pflege der Schienenbusgarnitur wurde der gemeinnützige Förderverein Schienenbus e. V. ins Leben gerufen.

FAHRZEUGE
Classic Courier

Der Classic Courier ist ein Schnellzug, der aus Waggons der ehemaligen Deutschen Bundesbahn besteht. Die Wagen stammen aus den 40er- bis 80er-Jahren des letzten Jahrhunderts und sind im nostalgischen Ambiente eingerichtet. Außen in elegantem Dunkelblau gehalten, haben sie sich auf Schie-

nenkreuzfahrten durch ganz Europa bewährt. Gezogen wird der Classic Courier von den unterschiedlichsten Lokomotiven, von Dampfloks bis hin zu hochmodernen Elektrolokomotiven. Die Sitzwagen des Zuges gehören zur Waggonbauart ABm 023. Zwei Gesellschaftswagen vom Typ WGm dienen als Bar- und Salonwagen während der Reise. Für die Verpflegung an Bord stehen der Rote Speisewagen (Typ WRm) und der Blaue Speisewagen (Typ WRsz) von 1940 zur Verfügung.

Schienenbus Roter Flitzer

In den 50er-Jahren kamen in Deutschland die ersten Schienenbusse der Baureihe VT 95 und VT 98 erfolgreich auf Nebenbahnen zum

Unterwegs durch ganz Europa mit dem Classic Courier.

Der Rote Flitzer im Stuttgarter Hauptbahnhof.

Einsatz. Diese Entwicklung wurde auch von den Nachbarn in Österreich interessiert verfolgt. 1954 entwickelte die Firma Simmering-Graz-Pauker eine österreichische Variante des Schienenbusses. Zu einer Serienfertigung der eigenen Entwicklung kam es allerdings nie. Stattdessen entschied man sich zum Ankauf von deutschen Schienenbussen der Waggonfabrik Uerdingen. In Lizenz wurden später bei den Jenbacher Werken und der Firma SGP Wien weitere „deutsche" Schienenbusse gefertigt, so auch der heutige Schienenbus Roter Flitzer. Gegenüber dem deutschen Original wurden mehrere Verbesserungen vorgenommen: Die

Waggons bekamen Übersetzfenster zur besseren Lüftung im Sommer sowie einen niedrigeren Einstieg für flache Bahnsteige und bessere Scheinwerfer. Von Anfang an hatten die Triebwagen eine automatische Türschließeinrichtung, die bei den Exemplaren der Deutschen Bundesbahn erst ab 1987 eingebaut wurde. Leider konnte sich in Österreich der Einmannbetrieb aufgrund von Einwänden der Personalvertretung nie durchsetzen. Der Einsatz der Fahrzeuge war deshalb, im Gegensatz zu Deutschland, auf Nebenbahnen sehr teuer, da teilweise pro Waggon ein Schaffner benötigt wurde. Deshalb kamen die Triebwagen auch vermehrt auf Hauptbahnen als Schnellzüge zum Einsatz. Dafür waren die Fahrzeuge allerdings nicht ausgelegt, was teilweise zu technischen Problemen führte. Trotz der Beliebtheit bei den Fahrgästen wurden die Fahrzeuge bei den Österreichischen Bundesbahnen bis 1994 außer Dienst gestellt, sechs Jahre vor dem Schienenbuseinsatzende bei der Deutschen Bahn AG. Der Rote Flitzer kam über Zwischenstationen bei der Staudenbahn (siehe Seite 20) und der Westmecklenburgbahn (WEMEG) nach Kornwestheim. Der Rote Flitzer ist aus nachfolgenden Fahrzeugen gebildet: Der ehemalige ÖBB-Triebwagen 5081 561 von 1965 verkehrt als VT 798 469-2. Er ist mit zwei Motoren mit je 150 PS ausgestattet.

Als antriebslose Beiwagen sind der ehemalige 6581 013, der heutige VB 998 513-5 und der ehemalige 6581 054 als VB 998 554-9 im Einsatz. Während am einen Ende des vierteiligen Zuges der Motorwagen steht, kann der Zug auch vom Steuerwagen, dem ehemaligen 7081 017, der als VS 998 417-9 bezeichnet wird, gefahren werden.

Damit erspart man sich das von Dampfzügen bekannte „Umsetzen"

der Lok von einem Zugende zum anderen, wie es an Endbahnhöfen von Nebenbahnen oft praktiziert wurde.

IM EINSATZ

Startbahnhof für die Ausflugsfahrten im Schienenbus Roter Flitzer ist meist der Stuttgarter Hauptbahnhof. Von dort werden zu den unterschiedlichsten Zielen in Süddeutschland Tagesfahrten angeboten. Seltener sind längere Ausfahrten des Triebwagens wie zum Beispiel in den Harz oder ins winterliche Erzgebirge. Selbstverständlich sind die Fahrzeuge im Nostalgieeinsatz auch bewirtschaftet. Die Klapplehnen ermöglichen, dass man immer in Fahrtrichtung sitzen und so dem Lokführer über die Schulter schauen kann.

Kontakt

DNV-Touristik GmbH, Förderverein Schienenbus e. V., Heubergstraße 21, 70806 Kornwestheim, Tel. 0 71 54 /13 18 30, E-Mail: info@ foerderverein-schienenbus.de, www.foerderverein-schienenbus. de, www.dnv-tours.de.

Denkmalloks
Denkmalloks

Schon lange bevor in Deutschland Ende der 6oer-Jahre die ersten Museumsbahnen gegründet wurden, gab es Denkmalloks. Viele Maschinen sind in Deutschland nach ihrer aktiven Karriere als Denkmal erhalten worden, insbesondere Dampfloks. Leider setzt die Witterung den Denkmälern sehr zu, so dass diese regelmäßig gepflegt werden müssen.

Die meisten Denkmäler sind dem Wetter schutzlos ausgeliefert, was dem Erhalt der Fahrzeuge nicht zuträglich ist. In den letzten Jahren konnten in Deutschland viele Maschinen, die jahrelang als Denkmal fungierten, wieder für den Museumsbahndienst reaktiviert werden.

Um diesen kleinen Reiseführer zu Museums- und Touristikbahnen zu komplettieren, dürfen die wichtigsten Denkmalloks Baden-Württembergs und Schwabens hier nicht fehlen. Auf den nachfolgenden Seiten werden separat aufgestellte Denkmalloks, die nicht zu einer Museumsbahn oder einem Museum gehören, vorgestellt. Aufgrund der Vielzahl der Denkmäler wurde eine Auswahl getroffen. Auf Denkmalwaggons, abgestellte Fahrzeuge ohne Denkmalcharakter, Feld- und Industriebahnen haben wir hier verzichtet. In der Übersichtskarte am Anfang des Buches sind auch die Standorte der Denkmäler eingezeichnet.

Schmalspur-Dampflok 99 651

Die 750-mm-Schmalspurlokomotiven wurden ursprünglich für die Deutsche Heeresfeldbahn entwickelt. Die Sächsischen Staatseisenbahnen kamen 1919 in den Besitz von 15 kräftigen Heißdampflokomotiven dieser Bauart, die sie auf den Schmalspurbahnen im Erzgebirge einsetzten. Die Maschinen mit den Nummern 99 650 und 99 651 gelangten schließlich in den 30er-Jahren zur Deutschen Reichsbahn, wo sie bei der Bottwartalbahn Heilbronn-Süd–Marbach zum Einsatz kamen. Die Fahrzeuge mit den Nummern 99 643 und 99 647 gingen 1938 an die Waldviertler Schmalspurbahnen nach Österreich. Dort wurden sie auf 760 mm Spurweite umgespurt. Die nach dem Krieg in der DDR verbliebenen Fahrzeuge wurden zum Teil rekonstruiert. Die Fahrzeuge der Bottwartalbahn wurden am 31. Juli und am 29. September 1969 ausgemustert. Lok 99 651 wurde in Steinheim an der Murr als Denkmal aufgestellt. Sie war die einzige Schmalspurdampflokomotive der Deutschen Bundesbahn, die noch eine EDV-Betriebsnummer erhalten hatte (099 651-2). Vor ihrem Einsatz auf der Bottwartalbahn war die Lok auch auf der Öchsle-Schmalspurbahn zwischen Biberach über Wart-

hausen nach Ochsenhausen sowie auf der Federseebahn Schussenried über Bad Buchau nach Riedlingen im Einsatz. Die Öchsle-Schmalspurbahn ist heute zwischen Warthausen und Ochsenhausen als Museumsbahn reaktiviert (siehe Seite 124).

Technische Daten
Länge über Puffer: 8226 mm
Höchstgeschwindigkeit: 30 km/h
Dienstgewicht: 40,4 Tonnen

Anreise
Vom S-Bahnhof Marbach fährt der Bottwartal-Bus der Linie 461 nach Großbottwar über Steinheim (Murr). Die Lok steht direkt am Bahnhof in Steinheim. Das Bahnhofsgebäude selbst ist ein württembergischer Einheitsbahnhof.

Auf der Schwäbischen Eisenbahn

1991 ließ der Unternehmer, Goldsucher und Visionär Alfons Walz ein Denkmal für die „Schwäbische Eisenbahn" am Bahnhof Durlesbach errichten. Die Dampflok mit ihren beiden Wagen, mit den Figuren Bäuerle, Kondukteur und Geißbock des Künstlers René Auer ist heute eine kleine touristische Attraktion und wird gerne von Radfahrern und Wanderern aufgesucht, die in Durlesbach Station machen. In Gestalt des Kondukteurs hat sich der Stifter übrigens selbst ein kleines Denkmal gesetzt. Heute wird das Ensemble vom Verein Durlesbach-Bähnle unterhalten. Das bekannte Lied von der Schwäbischen Eisenbahn hat die besungene Bahnstrecke von Stuttgart über Ulm nach Friedrichshafen in den Rang eines Kulturdenkmales erhoben und den heute stillgelegten Bahnhof Durlesbach weit über die Grenzen Oberschwabens hinaus

bekannt gemacht. Leider wissen nur wenige, wo er überhaupt liegt. Die Fahrzeuge des Denkmals wollen auch gar nicht so recht nach Oberschwaben passen: Es handelt sich nämlich um eine polnische Schlepptender-Schmalspurlokomotive vom Typ Px 48. Die Geschichte der Px 48 geht auf das Jahr 1927 zurück. Damals baute der polnische Lokproduzent Fablok zwei Prototypen einer vierachsigen Schmalspurlok. Auf Grundlage der 1943 in der Fablok-Fabrik von den Polen vor den deutschen Truppen geretteten Baupläne wurden in der Nachkriegszeit zwischen 1949 und 1955 insgesamt 214 Exemplare der Px 48 (vierachsiger Tender) und Px 49 (dreiachsiger Tender) in Polen gebaut. Sie wurden zunächst für die Spurweite 750 mm sowie 785 mm (Oberschlesische Schmalspurbahn) gebaut. Auch die Waggons sind nicht oberschwäbischer Herkunft, sondern stammen aus der Schweiz.

Anreise
Mit dem Zug kann man am Bahnhof Durlesbach nur vorbeifahren. Zielbahnhof ist daher Mochenwangen. Entlang der Bahnstrecke Richtung Aulendorf (Norden) erreicht man in rund einer Stunde zu Fuß den ehemaligen Bahnhof Durlesbach.

Die Schmalspurdampflok 99 637

Nicht viele Fahrzeuge der Königlich Württembergischen Staats-Eisenbahnen (KWStE) haben überlebt. Die Lok in Bad Buchau ist eine davon.

Gebaut wurde die kleine Dampflok 1904 in der Maschinenfabrik Esslingen unter der Fabriknummer 3294. Die Schmalspurdampflok mit der Spurweite von 750 mm (die Normalspur beträgt 1435 mm) war ihr Einsatzleben lang auf der Federseebahn Bad Schussenried–Bad Buchau –Riedlingen im Einsatz. Mit der Stilllegung der Federseebahn 1965 wurde die Lok ausgemustert. Bei der nahen Öchsle-Museumsbahn ist die baugleiche Lok 99 633 bald wieder im Einsatz zu sehen (siehe Seite 124). Im Park vor dem Postamt von Bad Buchau erinnert sie seit 1971 an die Federseebahn. Die Maschine befindet sich in einem gepflegten Zustand. Nahe dem Denkmal befindet sich das erhaltene Bahnhofsgebäude von Bad Buchau. Bei diesem Gebäude handelt es sich um einen württembergischen Einheitsbahnhof vom Typ 3a (siehe Seite 234 und 236).

Technische Daten
Länge über Puffer: 8226 mm
Höchstgeschwindigkeit: 30 km/h
Leistung: 185 PSi
Dienstgewicht: 28,7 Tonnen

Anreise
Die Lok steht in einer Parkanlage gegenüber dem ehemaligen Bahnhof Bad Buchau. Sie ist erreichbar mit dem Regionalbus von Riedlingen (DB Kursbuchstrecke 755 Ulm–Neustadt), Bad Schussenried oder Biberach (DB Kursbuchstrecke 751 Ulm–Friedrichshafen). Die nahe gelegene Bushaltestelle ist Bad Buchau-Post.

Die Kleindiesellok Köf 5000

von der Deutschen Bundesbahn für Rangierzwecke beschafft. Auch zahlreiche Privatbahnen, Industriebetriebe und die deutsche Wehrmacht beschafften diesen Lokomotivtyp. Die schwarz lackierte Lok wird als Köf 5000 bezeichnet und hat eine Reichsadlernachbildung an der Türe. Im Dritten Reich wurden vor allem Schnellzuglokomotiven mit Reichsadler und Hakenkreuz verziert, für Kleinlokomotiven wurden diese im Regelfall nicht verwendet.

Im Ortsteil Thalhofen von Marktoberdorf befindet sich das Eisenbahn-Museum Allgäu. Alte Modellbahnen und schön gestaltete Anlagen lohnen einen Abstecher dorthin. Im angeschlossenen Museumsladen sind neue und gebrauchte Modellbahnen erhältlich. Im Außenbereich wurde 2007 eine Kleinlok als Denkmal aufgestellt. Die Maschine wurde 1942 von der Berliner Maschinenbau AG, vormals L. Schwartzkopff, gebaut und war nach dem Krieg bei der Deutschen Reichsbahn in der DDR im Einsatz. Der Name Köf bezeichnet eine Kleinlok, die ölgefeuert (Diesel) ist. Der dritte Buchstabe sagt aus, dass die Lok mit einem Flüssigkeitsgetriebe ausgestattet ist. Zahlreiche Maschinen dieses Typs wurden bei der Deutschen Reichsbahn ab 1932 und auch später nach dem Zweiten Weltkrieg

Technische Daten
Länge über Puffer: 6450 mm
Höchstgeschwindigkeit: 30 km/h
Leistung: 105 PS
Dienstgewicht: 16 Tonnen

Anreise
Zielbahnhof zum Besuch des Eisenbahn-Museums Allgäu ist Marktoberdorf-Schule. Dieser Haltepunkt liegt an der Strecke (München–Kaufbeuren–)Biessenhofen–Füssen, die auch als König-Ludwig-Bahn bezeichnet wird. Es gibt direkte Züge von München, aber im Regelfall muss man in Kaufbeuren oder Buchloe auf eine RB nach Füssen umsteigen. Vom Bahnhof Marktoberdorf-Schule sind es noch 1,5 km Fußweg entlang der B 472 bis zum Museum. Wer vom Bahnhof Marktoberdorf aus startet, hat einen rund 2 km langen Weg bis zum Erreichen des Ortsteils Thalhofen. Das Museum liegt direkt an der Bundesstraße.

Der Schnelltriebwagen SVT 137

Kein Denkmal im eigentlichen Sinn ist der in Konstanz zwischen den Gleisen und dem Hafen als Vereinsheim der Angelsportfreunde aufgestellte ehemalige Schnelltriebwagen der Bauart SVT 137. Da das Fahrzeug aber doch etwas Besonderes ist, sollte es in dieser Übersicht nicht fehlen. Der Schnellverbrennungstriebwagen (SVT) 137 gehört zur Familie der Fliegenden Züge der Deutschen Reichsbahn Gesellschaft (DRG) und wird auch als „Bauart Köln" bezeichnet. Zur Familie der „Fliegenden Züge" gehörten auch die dreiteiligen SVT der Bauarten Leipzig und Hamburg, die fast zeitgleich mit den Zügen der Bauart Köln in Betrieb genommen wurden. Namensgeber für diese Familie der Schnelltriebwagen war der legendäre Fliegende Hamburger, der ab Mai 1933 Berlin und Hamburg in 138 Minuten miteinander verband. Zum Vergleich: Der ICE benötigt heute zwischen Berlin und Hamburg exakt die gleiche Zeit. Die Fliegenden Züge waren zu ihrer Zeit die schnellsten Züge der Welt! Schnelltriebwagen verkehrten ab 1936 bis zum Zweiten Weltkrieg von Berlin aus nach Köln, Hamburg, Frankfurt, Stuttgart und München. Dazu gab es noch Verbindungen von Leipzig aus nach Köln

und Bremerhaven. Es existieren heute noch drei vollständige Exemplare der legendären „Fliegenden Züge", von denen aber kein Fahrzeug eine Betriebszulassung hat. Der in Konstanz stehende Triebwagen ist der SVT 137 851.

Technische Daten
Länge über Kupplung: 44 756 mm
Höchstgeschwindigkeit: 160 km/h
Leistung: 2 x 600 PS
Dienstgewicht: 91,3 Tonnen

Anreise
Vom Zielbahnhof Konstanz sind es nur wenige Minuten Fußweg über die Bahnsteigüberführung und entlang der Gleise Richtung Kreuzlingen, bis am See der Schnelltriebwagen zu sehen ist.

Die Kleinbahndampflok der SWEG

Eine kleine Dampflok findet sich in Staufen im Pausenhof des Faust-Gymnasiums (Schulzentrum) als Denkmal wieder. Bei der Dampflok handelt es sich um eine Kleinbahndampflok, die große Ähnlichkeiten mit der preußischen T 2 hat. Zuletzt stand sie bei der Südwestdeutschen Eisenbahngesellschaft (SWEG) als Lok Nr. 7 im Einsatz. Die Dampflok wurde von der Firma Borsig 1907 erbaut und ursprünglich für die Kleinbahn Oberschefflenz–Billigheim der DEBG geliefert. Die Bahnbau- und Betriebsgesellschaft Vering & Waechter eröffnete dort den Betrieb am 12. Juni 1908. Das Eigentum an der Bahn ging am 1. April 1917 auf die Deutsche Eisenbahn-Betriebsgesellschaft (DEBG) über. Nach deren Auflösung über-

nahm 1963 die Südwestdeutsche Eisenbahn-Gesellschaft (SWEG) diese Strecke, stellte aber schon am 30. Juni 1965 den gesamten Betrieb ein und baute die Gleise ab. Seit 1963 steht die Dampflok daher als Denkmal in Staufen und wird regelmäßig restauriert.

Technische Daten
Länge über Puffer: 8089 mm
Höchstgeschwindigkeit: 40 km/h
Leistung: ca. 150 PSi
Dienstgewicht: 27,5 Tonnen

Anreise
Sowohl mit dem Omnibus als auch mit der Münstertalbahn der Südwestdeutschen Eisenbahngesellschaft ist die Denkmallok sehr gut zu erreichen. Sie steht direkt neben dem Streckengleis vor der Haltestelle Staufen-Süd, die mit Zug und Bus bedient wird.

Schwere Tenderlok 85 007

wurde aber ebenfalls Ende 1961 ausgemustert.

Von 1966 bis 1979 stand die schwere Dreizylinderdampflok vor der Fachhochschule in Konstanz. Anschließend wurde sie als rollfähige Ausstellungslokomotive aufgearbeitet und im Bahnbetriebswerk Freiburg aufgestellt. Bis Mitte der 80er-Jahre wurde sie gelegentlich zu Bahnhofsfesten und Ausstellungen transportiert. Die bestens gepflegte Maschine steht trocken unter einem hölzernen Wetterschutz.

Von der Firma Henschel wurden 1932 und 1933 insgesamt zehn Lokomotiven der Baureihe 85 gebaut. Die Maschinen waren die Voraussetzung dafür, dass auf der Höllentalbahn zwischen Freiburg und Titisee auf einen Zahnstangenbetrieb verzichtet werden konnte. Die Lok 85 004 fiel dem Zweiten Weltkrieg zum Opfer, alle anderen neun Dampfloks waren bis 1961 im Höllental und auf der Schwarzwaldbahn im Einsatz. Probeweise war die Baureihe 85 auch auf anderen Steilstrecken im Einsatz, so auch an der Geislinger Steige. 1961 kam die Ausmusterung der Loks. Die 85 007 war noch wenige Monate vom Bahnbetriebswerk Wuppertal-Vohwinkel eingesetzt,

Technische Daten
Länge über Puffer: 16 300 mm
Höchstgeschwindigkeit: 80 km/h
Leistung: 1500 PSi
Dienstgewicht: 133,6 Tonnen

Anreise
Zielbahnhof ist Freiburg Hauptbahnhof. Von dort sind es zu Fuß rund 45 Minuten entlang der Bahngleise Richtung Süden über die Schnewlinstraße und Heinrich-von-Stephan-Straße. Am Ende der Heinrich-von-Stephan-Straße führt die Basler Straße rechts unter den Bahngleisen hindurch. Über die Zufahrt zum Bahnbetriebswerk kommt man zum Denkmal der Dampflok.

Die Tenderlok 92 011

Als eine der wenigen erhaltenen württembergischen Lokomotiven steht die 92 011 im badischen Europa-Park in Rust geschützt unter einem Glasdach. Die letzte erhaltene württembergische T 6 wurde bei der Deutschen Reichsbahn bei der Übernahme von den Königlich Württembergischen Staats-Eisenbahnen als 92 011 bezeichnet.

Die Baureihe T 6 wurde speziell für den schweren Rangierdienst beschafft und war vor allem im Bereich Stuttgart im Einsatz. Die Deutsche Reichsbahn übernahm elf Lokomotiven und ordnete sie als Baureihe 92.0 in ihren Nummernplan ein. Schon vor 1945 wurde ein Teil der Lokomotiven an Privatbahnen verkauft. Eine Maschine gelangte noch nach dem Zweiten Weltkrieg zur Deutschen Bundesbahn.

Technische Daten
Länge über Puffer: 10 600 mm
Höchstgeschwindigkeit: 50 km/h
Leistung: 500 PSi
Dienstgewicht: 60 Tonnen

Anreise
Der Europa-Park liegt in der Rheinebene bei Rust (Baden). Der Zielbahnhof ist Herbolzheim. Vom Bahnhof verkehren während der Saison des Europa-Parks in engem Takt Linienbusse. Für die Anreise bietet die Deutsche Bahn AG spezielle Kombi-Tickets an. Innerhalb von Baden-Württemberg ist aber oftmals die Anreise mit dem Baden-Württemberg-Ticket günstiger. Um die Lok zu besichtigen, ist auf jeden Fall eine Eintrittskarte des Europa-Parks erforderlich.

Lok 2 der Kleinbahn Achern–Ottenhöfen

Lange Jahre tat die kleine Dampflok für die Südwestdeutsche Eisenbahn-Gesellschaft auf der Nebenbahn Achern–Ottenhöfen ihren Dienst. Nach der Ausmusterung wurde sie als Denkmal aufgestellt. Nach Jahren im Regen und etwas vernachlässigt steht sie nun restauriert unter einem Dach und ist damit gegen die Witterung geschützt. Bei der Maschine handelt es sich um die ehemalige Lok 2 der Kleinbahn Achern–Ottenhöfen. Die Lokomotiven der Gattung T 3 sind laufachslose, dreifach gekuppelte Tenderlokomotiven. Es waren die ersten Lokomotiven, die nach den Normalien gebaut wurden. Die ersten Exemplare lieferte Henschel im Jahr 1882. 1897 wurde die Denkmallokomotive von Hanomag gebaut. Nach über 70 Jahren im Einsatz wurde die Lok 1968 ausgemustert und 1971 als Denkmal aufgestellt. Die Lok wurde von der Holzer GmbH & Co. (Masco Corp.) gestiftet, diese Firma befindet sich in unmittelbarer Nähe des Denkmals.

Technische Daten
Länge über Kupplung: 8300 mm
Höchstgeschwindigkeit: 40 km/h
Leistung: 290 PSi
Dienstgewicht: 30 Tonnen

Anreise
Der Haltepunkt Birach liegt an der Harmersbachtalbahn zwischen Biberach (Baden) und Oberharmersbach-Riersbach; er wird heute von der Ortenau-S-Bahn bedient.

Die Schienenbusgarnitur VT 98

überlebten dank der Schienenbusse die großen Stilllegungswellen der 70er- und 80er-Jahre. Bei der DB AG waren Schienenbusse bis zum Jahr 2000 vom Bahnbetriebswerk Tübingen aus im Einsatz. Und noch bis heute verkehren diese Triebwagen im regulären und touristischen Zugbetrieb in ganz Deutschland. In Baden-Württemberg ist die Schwäbische Alb-Bahn mit dem Roten Brummer und dem Schienenbus Ulmer Spatz ein Schienenbus-Eldorado (siehe Seite 70). Auch im Nördlinger Ries (siehe Seite 26) und auf der Krebsbachtalbahn (siehe Seite 112) fahren heute wieder Schienenbusse im Touristikverkehr.

Frisch restauriert bei der Hochwaldbahn in Hermeskeil präsentiert sich in Schiltach im Schwarzwald, unter einem Wetterschutz stehend, die dreiteilige Schienenbusgarnitur, bestehend aus Motorwagen 798 726, Beiwagen 996 297 und Steuerwagen 996 742. Die Fahrzeuge stehen auf dem ehemaligen Streckengleis der Bahnstrecke Schiltach–Schramberg, die 1992 abgebaut und in einen Radweg verwandelt wurde. Die Schienenbusse wurden ab Mitte der 50er-Jahre von der damaligen Deutschen Bundesbahn als Nachfolger veralteten Rollmaterials auf Nebenbahnen beschafft. Im Gegensatz zu Dampfzügen waren sie wirtschaftlicher zu unterhalten und zu betreiben. Viele Nebenbahnen konnten so noch lange betrieben werden oder

Technische Daten
Länge über Puffer je Fahrzeug:
13 950 mm
Höchstgeschwindigkeit: 90 km/h
Leistung je Motorwagen: 2 x 150 PS
Dienstgewicht (Motorwagen):
12 Tonnen

Anreise
Der Zielbahnhof ist Schiltach an der Strecke zwischen Freudenstadt und Hausach. Die Ortenau-S-Bahn verkehrt dort mit modernen Triebwagen vom Typ RegioShuttle, den Nachfolgern vom legendären Schienenbus der 50er-Jahre.

Die Badische Schnellzuglok 18 323

Die ab 1918 von Maffei gebauten Lokomotiven der Baureihe IV h der Großherzoglich Badischen Staatsbahn sollten ältere Schnellzuglokomotiven auf der Rheintalbahn zwischen Basel und Mannheim ersetzen. Entsprechend einer Schnellzuglok wurde die Baureihe mit 2100 mm Treibraddurchmesser kompromisslos als Flachlandschnellzuglokomotive ausgelegt. Die Treibräder waren die größten, die weltweit jemals an einer in Serie gebauten Schnellzugdampflok verwendet wurden. Dennoch waren die badischen IV h aus bremstechnischen Gründen zunächst nur für 110 km/h zugelassen. Die 18 316 und 18 323 wurden erst 1969 ausgemustert; sie waren die letzten Vierzylinder-Verbundmaschinen in Deutschland. Die beiden Lokomotiven blieben als Denkmal erhalten; die 18 316 kam in einen Vergnügungspark bei Minden und steht nach einigen Jahren Fahrbetrieb bei den Ulmer Eisenbahnfreunden heute im Technoseum in Mannheim, die 18 323 wurde vor der Ingenieur-Schule in Offenburg aufgestellt.

Technische Daten
Länge über Puffer: 23 230 mm
Höchstgeschwindigkeit: 140 km/h
Leistung: 1950 PSi
Dienstgewicht: 97 Tonnen

Anreise
Vom Hauptbahnhof Offenburg erreicht man die Fachhochschule und den Standort der Dampflok 18 323 am besten mit dem Bus der Linie S 6. An der Haltestelle Uffhofen Platanenallee-Nord sollte man in die Stadtbuslinie S 8 umsteigen oder von dort in wenigen Minuten zu Fuß über die Murgbrücke zur Fachhochschule laufen.

Werksrangierlok der Firma Freudenberg

Nahe des Bahnhofs Weinheim auf dem Firmengelände der Firma Freudenberg steht neben einem sehr schön restaurierten Wasserturm die ehemalige Werklok als Denkmal. Die Tender-Dampflokomotive wurde von der Firma Henschel & Sohn, Kassel, im Jahr 1896 gebaut und am 25. Juni 1896 zum Rangierdienst an die Firma H. Hildebrand & Söhne (Mühle) in Weinheim verkauft. Im Jahr 1929 erwarb die Firma Porphyrwerke Weinheim-Schriesheim AG in Schriesheim die Lokomotive zum Transport im Steinbruch. Während des Zweiten Weltkriegs wurde sie an die Firma Carl Freudenberg ausgeliehen. Im Jahr 1954 verkauften die Porphyrwerke die Lokomotive an Carl Freudenberg. Sie wurde ein-gesetzt, um die Waggons mit Rohhäuten vom Bahnhof abzuholen und in die Gerberei zu ziehen sowie die Kisten mit Fertigledern wieder zum Bahnhof zu bringen. Bis 1960 wurde sie noch zum Transport eingesetzt. Am 30. September 1962 wurde die Lokomotive unter Denkmalschutz gestellt.

Technische Daten
Höchstgeschwindigkeit: 25 km/h
Weitere Daten sind nicht bekannt.

Anreise
Die Dampflok und der alte Wasserturm befinden sich zwischen Bahnhof und Werksgelände der Firma Freudenberg in Weinheim und sind vom Bahnhof Weinheim aus durch die nördliche Fußgängerunterführung zu erreichen.

Kleindiesellok Köf II

In Bad Friedrichshall-Jagstfeld-Kochendorf steht auf dem Gelände der Südwestdeutschen Salzwerke AG in einem parkähnlichen Umfeld auf einem Stück Gleis die ehemalige Werklok als Denkmal. Die Rangierlok wurde von Gmeinder unter der Fabriknummer 5235 im Jahr 1960 direkt an die Salzwerke geliefert und war somit nie in Staatsbahnbeständen. Seit 1996 ist die Lok als Denkmal aufgestellt. Der Name Köf bezeichnet eine Kleinlok, die ölgefeuert (Diesel) ist. Der dritte Buchstabe sagt aus, dass die Lok mit einem Flüssigkeitsgetriebe ausgestattet ist. Zahlreiche Maschinen dieses Typs wurden bei der Deutschen Reichsbahn ab 1932 und auch später nach dem Zweiten Weltkrieg von der Deutschen Bundesbahn für Rangierzwecke beschafft. Auch zahlreiche Privatbahnen, Industriebetriebe und die Deutsche Wehrmacht beschafften diesen Lokomotivtyp.

Technische Daten
Länge über Puffer: 6450 mm
Höchstgeschwindigkeit: 30 km/h
Leistung: 107 PS
Dienstgewicht: 16 Tonnen

Anreise
Zielbahnhof ist die Station Bad Friedrichshall-Jagstfeld-Kochendorf. Vom Bahnsteig aus ist die Lok schon auf der gegenüberliegenden Seite vom Bahnhofsgebäude zu sehen. Sie steht im nicht zugänglichen Werksgelände des Salzbergwerks, ist aber von außen zu fotografieren und zu sehen.

Deutsches Krokodil 193 008

Die Geislinger Steige der im Jahr 1933 elektrifizierten Hauptbahn Stuttgart–Ulm verlangte die Anschaffung leistungsfähiger Elektroloks für den Güterverkehr. Noch im Jahr 1933 lieferte die Firma AEG zwei Lokomotiven aus, weitere folgten 1935 und 1937. Wegen der guten Erfahrungen bei der Baureihe E 44 wählte man auch für die Baureihe E 93 einen Tatzlagerantrieb. Aufgrund ihrer charakteristischen Vorbauten und der grünen Farbgebung erhielten die Loks schnell den Spitznamen Deutsches Krokodil. Auch in der Schweiz und in Österreich gab es ähnliche Bauarten, die ebenfalls als Krokodile bezeichnet wurden.

Die Loks waren bis 1984 im Güter- und Personenzugdienst im Einsatz. Drei Maschinen blieben der Nachwelt erhalten: Die 193 012 im Eisenbahnmuseum Neustadt an der Weinstraße, die 193 007 als offizielle DB AG Museumslok (siehe Seite 265) und die Denkmallokomotive 193 008 im Kernkraftwerk Neckarwestheim.

Technische Daten
Länge über Puffer: 18 592 mm
Höchstgeschwindigkeit: 100 km/h
Leistung: 1180 PSi
Dienstgewicht: 78,2 Tonnen

Anreise
Als Zielbahnhof eignet sich der Bahnhof Kirchheim (Neckar). Von dort fährt die Buslinie 651 nach Heilbronn in vier Minuten zum Atomkraftwerk Neckarwestheim. Die Haltestelle heißt GKN Verwaltung Neckarwestheim. Aber auch zu Fuß ist in rund 45 Minuten Fußweg das Gelände des Atomkraftwerks zu erreichen. Vom Bahnhof Kirchheim über die Bahnhofstraße und Bahnhofsallee parallel der Bahnstrecke Richtung Süden folgen und mit der Max-Eyth-Straße den Neckar überqueren. Dem weiteren Straßenverlauf Richtung Neckarwestheim folgen. Die Lok steht auf dem Gelände des Atomkraftwerks und ist nicht öffentlich zugänglich. Die Maschine ist aber auch von außen gut sichtbar.

Die Güterzugdampflok 052 908-1

Die ab 1939 gebauten Einheits-Güterzuglokomotiven der Baureihe 50 (ab 1968 wurden die Loks teilweise, je nach Bauart, als 050, 051 und 052 bezeichnet) zählen zu den gelungensten Konstruktionen der damaligen Deutschen Reichsbahn. Die Baureihe 50 wurde im Rahmen der Kriegsproduktion in Deutschland in einer großen Stückzahl beschafft. Bis 1948 wurden 3164 Maschinen der 80 km/h schnellen Baureihe von nahezu allen europäischen Lokomotivfabriken, zuletzt als Übergangskriegslokomotive 50 ÜK, gebaut.

Als ÜK wurde die abgespeckte Variante der Baureihe 50 bezeichnet, die nur für eine kurze Zeit bis zum erwarteten deutschen Endsieg im Einsatz stehen sollte. Nach dem Krieg gelangten noch über 2000 Loks in den Bestand der Deutschen Bundesbahn. Am Ende der Dampflokzeit war die Baureihe 50 eine Universallok, die dank der niedrigen Achslast auch auf Nebenbahnen mit leichterem Oberbau eingesetzt werden konnte. Das Besondere an dieser Denkmallok ist der Kabinentender. 735 Maschinen waren mit einem solchen Tender ausgestattet. Durch die Kabine im Tender konnte der meist bei Güterzügen vorhandene Begleitwagen für das Rangierpersonal einge-spart werden. Die 052 908-1 bekam 1961 im damaligen AW Lingen ihren Kabinentender. Die Lok wurde 1977 ausgemustert. Loks der Baureihe 50 sind bei der Strohgäubahn (siehe Seite 58), der Sauschwänzlebahn (siehe Seite 138), auf der Albtalbahn (siehe Seite 180) und im Bayerischen Eisenbahnmuseum (siehe Seite 275) im Einsatz zu sehen.

Technische Daten

Länge über Puffer: 22 940 mm
Höchstgeschwindigkeit: 80 km/h
Leistung: 1625 PSi
Dienstgewicht: 86,9 Tonnen

Anreise

Die Dampflok steht in Lauda in der Nähe des Bahnhofs. Parallel zu den Gleisen in Richtung Würzburg verläuft die Bahnhofstraße. Der Straße ist zu folgen, bis auf der linken Seite auf dem Sparkassengelände die Dampflok zu sehen ist.

Bundesbahn-Neubaudampflok 23 029

Die Lokomotiven der Baureihe 23 waren Personenzuglokomotiven der Deutschen Bundesbahn, die nach dem Zweiten Weltkrieg als Ersatz für alte Länderbahndampfloks aus der Zeit vor dem Krieg beschafft wurden. Ab 1950 wurden 105 Exemplare der neu konstruierten Baureihe gefertigt. Mit der Einführung des neuen Baureihenschemas der Deutschen Bundesbahn zum 1. Januar 1968 wurde die Baureihennummer in 023 geändert. Die letzten Lokomotiven wurden 1976 im Bahnbetriebswerk Crailsheim ausgemustert. Die 23 029 wurde im November 1975 wegen loser Radreifen abgestellt und zum Jahresende ausgemustert. Sie wurde jedoch nicht zerlegt, sondern vom Baron Koenig-Fachsenfeld dem Ostalb-Kreis gestiftet. Seit der Überführung von Crailsheim nach Aalen am 22. September 1977 steht die hervorragend gepflegte Lok in Aalen vor dem Berufsschulzentrum im Stadtteil Weidenfeld.

Technische Daten
Länge über Puffer: 21 325 mm
Höchstgeschwindigkeit: 110 km/h
Leistung: 1785 PSi
Dienstgewicht: 82,8 Tonnen

Anreise
Die Denkmallokomotive steht beim Berufsschulzentrum in Aalen. Die Anreise kann bis Aalen (Württ.) mit der Bahn erfolgen. Von dort ist es ein Fußweg von ca. 30 Minuten. Vom Bahnhof hält man sich Richtung Innenstadt und folgt beim Erreichen des Kocher diesem bis zum Kreisverkehr vor dem Berufsschulzentrum. Von dort sieht man die Lok bereits.

Elektrische Rangierlok 163 001

Bemerkenswert ist, dass von nur sieben gebauten Maschinen vier Stück erhalten sind. Neben unserem Denkmal 163 001 steht eine Maschine im Süddeutschen Eisenbahnmuseum Heilbronn, eine im Bahnpark in Augsburg (siehe Seite 270) und eine befindet sich in Privatbesitz in Kriegenbrunn bei Herzogenaurach. Wenn Stuttgart 21 verwirklicht wird, wird auch die 163 001 umziehen müssen.

Der Bedarf an elektrischen Rangierlokomotiven war mit der Indienststellung der Baureihe E 60 noch nicht gedeckt. Die Deutsche Reichsbahn bestellte daher 1934 bei AEG vier und bei BBC drei Rangierlokomotiven der Baureihe E 63. Die Fahrmotoren entsprechen jener Bauart, wie sie auch in der Schnellzuglok E 18 zum Einsatz kamen. Zwei Lokomotiven waren ursprünglich für den Verschubdienst in Stuttgart Hbf. eingeteilt, drei Loks in München. Nach einer Grundüberholung kamen alle drei Lokomotiven, die nach neuem EDV-Nummernschema 163 hießen, nach Stuttgart. Märklin-Bahner kennen die kleine rote Rangierlok gut. Sie war von 1953 bis 1997 für die Modellbahn von Märklin erhältlich.

Technische Daten
Länge über Puffer: 10 200 mm
Höchstgeschwindigkeit: 45 km/h
Leistung: 725 kW
Dienstgewicht: 53,1 Tonnen

Anreise
Die Lokomotive steht im Bahnbetriebswerk Stuttgart-Rosenstein auf einem Denkmalsockel auf der Seite des Schlossparks. Man erreicht sie am besten über die S-Bahn-Station Stuttgart-Nordbahnhof. Den Bahnhof verlässt man in Richtung Süden durch die Straßenunterführung. Weiter geht es östlich der Bahngleise entlang der Ehmannstraße, bis diese eine scharfe Linkskurve macht. Man folgt der Straße zu den Verwaltungsgebäuden der Deutschen Bahn AG. Die Lok steht geschützt durch die Gebäude des Bahnbetriebswerkes.

Preußische Schlepptenderlok 38 3650

1922 bei AEG und Borsig wurde die preußische P 8, wie ihre Länderbahnbezeichnung lautete, erbaut. Die Baureihe ist die erfolgreichste preußische Dampflok und wurde bis 1928 in rund 3800 Exemplaren gebaut. Der gute Ruf der Lok drang weit über die damaligen Landesgrenzen hinaus, so dass mehrere ausländische Bahnverwaltungen ebenfalls Loks dieser Baureihe beschafften. Mehr als 3000 Lokomotiven übernahm die Deutsche Reichsbahn von der Preußischen Staatsbahn. Nach dem Zweiten Weltkrieg verblieben viele Maschinen im Ausland, unter anderem in Polen. Bei der Deutschen Bundesbahn wurde die Maschine bis Anfang der 70er-Jahre im regulären Zugdienst eingesetzt. Die als Ersatz für die Baureihe 38 beschaffte Baureihe 23 überlebte sie nur um wenige Jahre. Seit 1979 steht die 38 3650 in Böblingen im Industriegebiet Hulb vor dem Multi-Center/Real-Center. Vorher war sie lange Zeit in Breitenholz bei Tübingen abgestellt. Der Eigentümer der Lok ist die Firma Kriegbaum.

Technische Daten

Länge über Puffer: 18 592 mm
Höchstgeschwindigkeit: 100 km/h
Leistung: 1180 PSi
Dienstgewicht: 78,2 Tonnen

Anreise

Die Lok steht in einem Industriegebiet von Böblingen auf einem Parkplatz zusammen mit einem Formsignal. Die Lok ist frei zugänglich und vom Bahnhof aus über die Talstraße Richtung Herrenberg und anschließend über die Bahnstrecke entlang der Calwer Straße in rund 20 Minuten Fußweg zu erreichen.

Die Schnellzuglok 03 188

Die Fahrzeuge der Baureihe 03 wurden zwischen 1930 und 1938 als Schnellzuglokomotiven für Strecken gebaut, die nur für Achslasten bis 18 Tonnen geeignet waren. Von dieser konstruktiv an die Baureihe 01 angelehnten Maschine wurden 298 Exemplare von den Firmen Borsig, Krupp, Henschel und Schwartzkopff gebaut. Die letzten zehn Lokomotiven, der später als Baureihe 003 bezeichneten Maschinen, wurden ab 1971 von Ulm aus eingesetzt, 1972 wurden als letzte Loks 03 088, 03 131 und 03 268 ausgemustert.

Seit 1970 steht die 03 188 in Kirchheim (Teck) im Hof der Max-Eyth-Schule. Im Frühjahr 2006 wurde sie von einer Fachwerkstatt optisch aufgearbeitet und befindet sich in einem guten Zustand.

Technische Daten
Länge über Puffer: 23 905 mm
Höchstgeschwindigkeit: 130 km/h
Leistung: 1785 PSi
Dienstgewicht: 100,3 Tonnen

Anreise
Die 03 188 steht als Denkmal im Pausenhof der Max-Eyth-Schule in Kirchheim (Teck). Kirchheim ist die Endstation der Stuttgarter S-Bahn-Linie S1. Vom Bahnhof gelangt man über die Schöllkopfstraße entlang der Bahnstrecke Richtung Wendlingen und über die rechts abzweigende Boschstraße in rund 20 Minuten Fußweg zum einstigen Stolz des Bahnbetriebswerks Ulm.

Die Güterdampflok 50 245

Geliefert wurde die Lok von der Firma Krauss-Maffei mit der Fabriknummer 15764 im Jahr 1939 an das Bahnbetriebswerk Plattling. Später kam sie in der Reichsbahndirektion Oppeln zum Einsatz. Wo sie das Kriegsende erlebte, ist nicht bekannt. Nach dem Zweiten Weltkrieg bekam sie 1959 einen von dem Schwermaschinenbau Karl Liebknecht in Magdeburg gelieferten Neubaukessel. Die Lok hieß nun 50 3580. Noch 1989 erhielt sie den Kessel von 52 8113.

1991 wurde die Lok von den Eisenbahnfreunden Zollernbahn (EFZ) (siehe Seite 239) erworben und – mit Unterstützung der Firma Krauss-Maffei – im Aussehen einer Bundesbahnlok angepasst. Anschließend war die Lok im Museumsverkehr bei den EFZ im Einsatz. Ab 1997 häuften sich Lagerschäden am Fahrwerk der 50 245, die letzt-lich zu einer Abstellung der Lok in Tübingen führten. Anfang 2010 entschied die Gemeinde Triberg, die Lok als Erinnerung an den Dampfbetrieb auf der Schwarzwaldbahn als Denkmal aufzustellen.

Loks der Baureihe 50 sind bei der Strohgäubahn (siehe Seite 58), der Sauschwänzlebahn (siehe Seite 138), auf der Albtalbahn (siehe Seite 180) und im Bayerischen Eisenbahnmuseum (siehe Seite 275) im Einsatz zu sehen.

Technische Daten
Länge über Puffer: 22 940 mm
Höchstgeschwindigkeit: 80 km/h
Leistung: 1760 PSi
Dienstgewicht: 88,2 Tonnen

Anreise
Die Dampflok ist ganz neu in Triberg. Sie ist vom Bahnhof zu erreichen, indem man den Wegweisern zum Wasserfall folgt.

Badische Schmalspurbahn 99 7202

Die Berliner Lokomotivfabrik Borsig lieferte 1904 vier kleine Dampfloks an die Deutsche Eisenbahn-Betriebsgesellschaft, die als Badische C bezeichnet wurden. Die Maschinen hatten die Fabriknummern 5324 bis 5327. Die Loks kamen mit ihrer Leistung von 160 PSi, die sie über drei gekuppelte Achsen auf die Schiene übertrugen, bei schwierigen Geländeverhältnissen oft an ihre Leistungsgrenze. Nach der Betriebsübernahme durch die Deutsche Reichsbahn erhielten die Loks die Betriebsnummern 99 7201, 99 7202, 99 7203 und 99 7204. Im Jahr 1964 wurden die vier Dampfloks auf der Strecke Mosbach–Mudau durch zwei moderne Diesellokomotiven der Baureihe V 52 der Firma Gmeinder in Mosbach mit den Betriebsnummern V 52 901 und V 52 902 ersetzt. Aber auch diese modernen Dieselloks konnten das Ende der Bahnlinie Mosbach–Mudau

nicht verhindern. Die 99 7202 steht heute unter dem Dach des ehemaligen Güterschuppens am Bahnhof Mudau. Von 1970 bis 1982 stand sie vor der Odenwaldhalle. Die baugleiche Lok 99 7203 verkehrt heute in den Sommermonaten zwischen Amstetten und Oppingen auf der Schwäbischen Alb (siehe Seite 46).

Technische Daten
Länge über Puffer: 7060 mm
Höchstgeschwindigkeit: 35 km/h
Leistung: 160 PSi
Dienstgewicht: 23 Tonnen

Anreise
Die Anreise nach Mudau muss heute mit dem Omnibus oder dem Fahrrad erfolgen, nachdem die Bahnverbindung leider aufgegeben und abgebaut wurde. Zielbahnhof ist der Bahnhof Buchen (Odenwald). Von dort verkehrt die Buslinie 821 bis zur Zielhaltestelle Mudau-Bahnhof. Der Bus verkehrt weiter zum Rathaus Mudau.

Ortsverzeichnis